KB236260

# 한재준 원장의 골프

## 의도와 반응에 답하다

Answering to Intention and Reaction

한재준

박영사

## 긴 골프 여정에
## 길잡이와 기준점이 될
## 교습서

골프는 단순한 기술 습득의 영역을 넘어, 몸과 마음, 그리고 지식이 조화를 이룰 때 비로소 완성되는 깊이 있는 여정입니다. 저는 저자가 걸어온 길을 가까이서 지켜본 사람으로서, 지난 30여 년간의 현장 경험과 끊임없는 연구, 그리고 부상과 재활을 통한 깨달음이 이 책 속에 고스란히 담겨 있음을 잘 알고 있습니다.

저 또한 수년간 골프 업계에서 선수들과 함께 호흡하며, 스포츠 마케팅과 투어 운영 현장을 경험해 왔습니다. 그 과정에서 골프 스윙이 얼마나 민감하고 예민한지 몸소 느껴왔기에, 이 책이 갖는 가치를 더욱 확신 있게 말씀드릴 수 있습니다. 이 책은 골프를 처음 시작하는 이들에게는 올바른 기초를 다져줄 든든한 길잡이가 되고, 이미 필드를 누비는 골퍼들에게는 잊고 있던 기본을 되새기게 하는 귀중한 교본이 될 것입니다.

특히 저자가 택한 접근 방식―스윙의 본질을 해부하듯 분석하고, 생각의 의도와 몸의 반응을 연결 지어 설명하는 방식―은 투어 선수들조차 언제든 다시 돌아와 확인하고 싶은 '기준점'이 될 만한 가치를 지니고 있습니다.

무엇보다 『한재준 원장의 골프, 의도와 반응에 답하다』는 한재준 원장의 진심이 담긴 책입니다. 단순히 공을 잘 치는 방법을 넘어, 골프 원리를 이해하고 자신의 스윙을 의도대로 만들어가며, 지치지 않고 꾸준히 자신을 연마하게 하는 깊은 통찰을 제공합니다. 필드 위에서 삶을 배우는 경험까지 이끌어내는 점은 특별합니다.

이 책을 펼치는 순간, 독자 여러분은 '골프를 배우는' 단계를 넘어 '골프를 이해하는' 즐거움을 경험하게 될 것입니다. 저는 자신 있게 말씀드립니다. 이 책은 골프 인생의 새로운 장을 열어줄 최고의 동반자가 될 것입니다. 끝으로, 어려운 시기를 딛고 이 귀중한 집필을 완성해 낸 한재준 원장에게 진심 어린 박수를 보냅니다.

김민성

전 CJ 스포츠마케팅 담당 / 임성재 재단 전무이사

## 언제든지 되돌아
## 다시 볼 수 있는
## 교습서

　골프라는 것은 끝내 알 수 없기에 어렵지만, 바로 그 때문에 우리를 매혹시키는 매력이 있습니다. 한 치 앞을 내다볼 수 없는 경기의 흐름, 어제의 감각이 오늘은 통하지 않는 현실, 그리고 아무리 노력해도 뜻대로 되지 않는 순간들…. 그것이 골프를 더욱 어렵게 만들지만 동시에 평생을 붙잡고 놓을 수 없게 만드는 이유이기도 합니다.

　저 역시 PGA 투어에서 첫 우승을 하기 전, 잊을 수 없는 경험이 있습니다. 전 대회에서 3라운드까지는 우승 경쟁에 있었지만, 마지막 4라운드에서 샷이 전혀 뜻대로 맞지 않았습니다. 수많은 기대와 응원을 등에 짊어진 채 스스로 무너져 가는 그 순간은 정말 견디기 힘들었고, 결국 순위는 크게 밀려나고 말았습니다. 골프장을 떠나는 길에 느꼈던 좌절감과 허탈함은 지금도 생생합니다.

　하지만 그 실패 이후 제가 선택한 것은 더 큰 목표를 바라보는 것이 아니라, 다시 기본기로 돌아가는 것이었습니다. '다시 처음처럼 기본만 점검하자.'는 마음으로 다음 대회를 준비했습니다. 놀랍게도, 그렇게 마음을 내려놓은 그 순간, 제게는 오히려 기대하지 않았던 첫 우승이 찾아왔습니다. 그 경험은 골프가 얼마나 알 수 없는 경기인지, 그리고 결국 우리를 지켜주는 것은 화려한 기술이 아니라 단단한 기본기라는 사실을 다시금 깊이 깨닫게 해주었습니다.

　프로 선수조차도 공이 뜻대로 맞지 않을 때 결국 돌아가는 곳은 기본기입니다. 그 기본기를 어떻게 이해하고 다져야 하는지가 골프의 본질이자, 끝없는 과제입니다. 바로 그렇기 때문에, 저는 이 책이 더욱 소중하다고 생각합니다. 이 책은 단순한 기술의 나열이 아니라, 골퍼라면 누구나 언젠가는 반드시 부딪히게 되는 그 '벽'을 넘어설 수 있도록 방향을 제시해 줍니다.

　저는 확신합니다. 『한재준 원장의 골프, 의도와 반응에 답하다』는 초보 골퍼에게는 흔들리지 않고 기초를 다져나갈 힘을, 경험 많은 골퍼에게는 다시 길을 찾을 수 있는 나침반을 줄 것입니다. 그리고 모든 골퍼들에게는 골프라는 끝없는 여정을 더욱 깊이 사랑하게 만들어줄 동반자가 될 것입니다.

이경훈 PGA Tour

PGA Tour Champion(AT&T 바이런 넬슨 우승 2021/2022)

# 골퍼가 반드시
# 옆에 두어야 할
# 교본

골프를 오래 해 본 사람이라면 누구나 안다. 이 운동이 단순히 공을 치는 행위가 아니라는 것을. 필드에 진심이었던 지난 시간 동안 나 역시 어떤 날은 방향을 잃고 흔들렸고, 또 어떤 날은 예기치 않게 최고의 스코어를 기록하기도 했다. 그래서 누구도 다음 라운드를 함부로 장담하지 못한다.

수년간 선수들을 후원하며 곁에서 지켜본 경험도 많은 것을 알려주었다. 한 시즌 내내 기복을 겪는 선수, 매 라운드마다 다른 감각에 흔들리는 선수들을 보며, 세계적인 선수조차 슬럼프를 피할 수 없다는 사실을 확인했다. 중요한 것은 그 시간을 어떻게 짧게 지나가느냐이며, 그 해답은 언제든 돌아가 봐야 할 기본기에 있다.

『한재준 원장의 골프, 의도와 반응에 답하다』는 바로 그 기본으로 돌아가는 과정을 가장 명확하게 안내한다. 저자는 수십 년간의 지도 경험과 동작 분석을 바탕으로, 몸이 의도대로 반응할 수 있는 길을 차분하고 쉽게 풀어냈다. 수년간 가까이서 지켜본 저자가 오랜 시간 품어온 생각들을 이렇게 글로 엮어낼 줄은 몰랐다. 하지만 완성된 책을 읽으며, 그가 걸어온 시간과 철학이 응집된 결과임을 새삼 확인하게 되었다.

내가 몸담은 내셔널비프가 선수들에게 단순히 로고만 얹는 후원이 아니라, 매주 직접 준비한 식사와 맞춤 케어로 진심을 전하려 했던 이유도 같다. 이 책 역시 골프의 본질을 사람을 향한 마음 속에서 찾고 있다.

이 책은 초보자에겐 기초를 세워주는 든든한 길잡이가 되고, 오랜 경험을 가진 골퍼에겐 본질을 되돌아보게 하는 성찰의 시간이 될 것이다. 무엇보다 '의도와 반응'이라는 화두는 골프의 본질을 꿰뚫는 동시에 삶의 태도와도 깊이 맞닿아 있다.

**이현동**
내셔널비프 한국지사장

푸른 초원을 보고 있으면 속이 시원할 정도로 가슴이 탁 트인다. 날씨 좋은 날 푸른 잔디에서 샷을 하는 상상을 하면 아직도 가슴이 뛸 정도로 흥분된 느낌이 든다.

골프는 너무나도 매력적인 스포츠임은 확실하다. 그렇지만 대부분의 사람들이 이런 매력과 즐거움을 누리지 못하는 게 안타까울 뿐이다. 필자가 처음에 그랬던 것처럼……

이 책을 통해 많은 사람들에게 골프의 매력과 골프의 깊은 의미를 전해주고 싶었다. 연습장에서 연습하는 재미와 필드에서 스트레스가 아닌 자연과 더불어 즐기는 골프를 알려주고 싶었다. 그러기 위해선 스윙의 기본 펀더멘털(fundamental)을 이해해야 한다고 느꼈다. 최소한 자신의 스윙 원리를 알고 있어야 한다고 생각했다. 책의 본문에는 어떤 스윙이 자신에게 효율적인지에 대해 이해하기 쉽게 설명이 되어 있다. 골프가 다른 종목에 비해 조금 더 지식을 요구하는 이유는 이렇다. 지속적인 움직임이 동반되지 않고 볼이 움직이지 않는 정적인 스포츠라 더욱 그렇다. 타 종목에 비해 동물적인 반사신경이 필요하지도 않다. 다만, 프로가 아니더라도 스윙의 원인과 결과에 대한 이해 능력은 큰 차이를 만들어 낼 수 있다.

지난 35년간 골프를 가르치는 동안 이런저런 많은 고민에 직면하게 되었다.

"왜 실력이 더 이상 늘지 않을까?"

"잘못된 스윙의 원인은 어디서 시작된 걸까?"

"잘 치던 선수의 스윙이 왜 무너진 걸까?"

지속적인 의문이 생기고 가르치면서 풀지 못하는 수학 공식처럼 끌고 갔다. 비디오 분석에도 수년간 매진했다. 보이지 않았던 부분을 접하면서 조금은 풀리는 듯 했다. 그러던 어느 날 뜻하지 않은 엘보(elbow) 부상이 찾아왔고, 재활 운동으로 수년을 버티다 수술을 선택하고 다시 재활에 전념했다. 이때 몸에 대해 조금씩 이해하기 시작했고 운이 좋아 국내 최고의 물리치료사 팀과 해외에 나가 해부학 공부와 골프 트레이닝을 접하면서 몸에 대해 눈을 뜨기 시작했다. 그동안 쌓여 있던 많은 의문들이 서서히 풀리기 시작했다. 결국 효율적인 스윙의 완성은 기술과 몸, 그리고 마음이 하나가 되어야 최고의 효율을 만들 수 있다는 것을 이해하고 실행에 옮기기 시작했다.

국내에서 최초로 골프 코치와 물리치료사, 그리고 트레이닝 파트가 한 팀이 되어 골퍼를 케어하는 스튜디오를 오픈했다. 그러면서 골프의 열정과 신념이 있는 사람들과 대한골프운동과학회를 창립하였다. 수많은 세미나와 강의를 통해 각 파트의 시너지가 넓게 형성되어 가장 효율적인 티칭 방법을 터득해 나갈 때는 정말 많은 변화가 일어났다. 컨설팅과 코칭을 통해 일반 아마추어와 각계각층의 CEO 및 임직원에게 변화를 주었다. 더불어 국가대표와 투어선수들의 데이터센터로 자리매김하게 하게 되었다. 이와 같이 축적된 실전 경험들과 데이터 학습을 통해 스윙에 가장 중요하고 필요한 기본기를 책에 실어 많은 골퍼들에게 전해주고 싶은 마음이다.

이 책의 본문은 8개의 챕터로 이루어져 있다. **챕터 1&2**에서는 스윙의 원칙(Swing Principle)과 프리 스윙(Pre-swing)의 시작을 바탕으로 골프 스윙순서(quence)에 대해 구체적으로 설명했다. 작은 손가락 근육부터 발바닥까지 그리고 몸의 세부적인 부분까지 동작의 의도를 표현했다. 여기에 더불어 동작에 대한 원인과 결과를 이해하기 쉽게 정확하고 간결하게 정리해 놓았다. 이는 본문의 60~70%에 해당하며 메인이 되는 부분으로 생각된다. **챕터3**에서는 퍼팅을 포함하여 숏 게임의 모든 것을 간편하게 정리해 놓았다. **챕터4&5**에서는 각 클럽별 사용 원리와 동작을 설명하여 보다 쉽게 이해할 수 있게 표현했다. **챕터6&7**은 전문성을 필요로 하는 기술 샷과 미스에 대한 원리와 해법이 포함되어 있어 구력이 많은 골퍼들을 포함해 모두를 위한 파트로 정리했다. 마지막 **챕터8**은 골퍼의 격을 높여줄 지식에 대해 설명했다. 볼을 치는 것 이외에 필요한 상식을 표현한 부분이라 골퍼의 수준을 한층 올려줄 수 있을 거라 생각한다. 이러한 내용들은 골프를 처음 시작한 사람은 물론이고 현재 골프를 전문적으로 하고 있는 모든 골퍼들도 되돌아 볼 수 있는 요소들로 구성되어 있다. 어느 광고 문구의 "안 본 사람은 있을 수 있어도 한 번만 본 사람은 없을 것이다"라는 말처럼 언제든지 다시 볼 수 있는 교본이 될 수 있도록 만들었다. 골프 스윙은 누구를 막론하고 자신에게 맞는 위치와 동작

을 반드시 찾아야 한다. 또한 찾은 스윙을 유지할 줄 알아야 골프에 대한 지속적인 매력과 기대감이 지속적으로 유지된다고 생각한다.

필자는 골프를 단지 책으로만 배울 수 있다고 말하지 않는다. 골프는 반복적인 동작으로 근육이 스윙을 기억하게 만들어야 하는 스포츠다. 또한 몸을 일관되게 움직일 수 있어야 효과가 있다. 수학 문제를 풀듯이 공식만을 대입시켜 골프를 배울 수 없는 이유다. 다만, '몸을 사용하는 수많은 시간 동안 몸에게 무엇을 주문할 것인가?'에 대한 질문을 했을 때 반드시 답을 알아야 쉽게 배울 수 있다. 대부분의 아마추어들은 이 답을 모른 채 연습장과 필드에서 수많은 시간을 투자한다. 물론 실전 경험도 너무 중요한 과정이고 필요한 요소임은 틀림없다. 다만, 원하는 목적 달성에 너무나 오랜 시간이 걸릴 것이다. 어쩌면 오랜 시간을 투자해도 수많은 아마추어 골퍼들이 벽에 부딪치는 이유이기도 하다.

책을 쓰게 된 가장 큰 이유는, 골퍼들이 느끼는 좌절감과 시련의 시간을 조금이라도 단축시켜 주고 싶은 생각이 절실했기 때문이었다.

이 책을 완성하기까지 많은 분들의 도움이 있었기에 가능했다. 집필에 눈을 뜨게 하고 지친 저를 끝까지 집필할 수 있도록 힘을 주신 피지오 컴퍼니 최영호 대표님, 오랜 기간 포기하지 않고 멘토 역할을 해주신 이상민 선생님, 바쁜 일정 속에서도 사진 촬영을 위해 달려와 준 함호영 작가님, 촬영에 도움을 준 이경훈 프로, 김동원 프로, 라타논 프로, 촬영 장소를 제공해주신 한화프라자 & 골든베이 골프 클럽 임직원분들께 깊은 감사를 드린다.

또한 좋은 책을 만들기 위해 편집을 맡아주신 박영사 탁종민 과장님, 마케팅을 담당하신 정성혁 과장님, 그리고 안상준 대표님께 감사의 마음을 전한다.

마지막으로, 너무도 힘든 시기를 보내는 중에도 집필에 전념할 수 있도록 전폭적으로 지원해

준 아내 예윤이, 우리 애기들 도윤, 유찬, 소윤이, 그리고 하늘의 별이 된 작은 천사 동준이에게 이 책을 바친다.
이 책이 골프를 사랑하는 모든 이들에게 든든한 길잡이가 되고, 여러분의 필드 위 발걸음이 더욱 즐겁고 의미 있는 여정이 되기를 진심으로 바란다.

한재준

# 차례


### 🏌 Chapter 1 골프의 기본 원칙은 바로 이것으로 시작한다

01 그립(Grip)-손이 해야 할 일이 있다   16

02 그립 포지션과 볼 방향성의 관계를 알아야 한다 Grip position & Ball direction   22

03 그립은 손가락 위치가 중요하다 Importance of a finger position in grip   26

04 그립의 강도가 중요한 이유 Importance of grip strength   32

05 에임(Aim)-몸이 해야 할 일이 있다 Importance of an aiming   35

06 셋업은 바닥부터 위로 만들어져야 한다 Importance of the feet   38

07 좋은 스윙을 하기 위해서는 균형 잡힌 셋업이 필수다

A balanced setup is essential for making a good swing   40

08 체중 분배와 볼 위치는 관계가 있다 Relation between weight distribution & the ball position   47

09 부드러운 준비를 하는 마지막 단계를 만들자 Ready for the ignition   56

### 🏌 Chapter 2 골프 스윙 동작에는 순서가 있다

01 첫 단추를 잘 채워야 하는 테이크어웨이 동작 Take away   60

02 양팔의 삼각형 그리고 왼팔의 연결성을 알자 Making a triangle   63

03 테이크어웨이 시 흔한 오류 동작 Common error in take away   65

04 백스윙과 탑포지션은 골프스윙의 90%다 Back Swing   69

05 손목 코킹 타이밍과 클럽페이스 방향   71

06 올바른 꼬임의 핵심은 무엇인가?   75

07 스웨이가 생기는 원인과 해법을 알자 Sway   79

08 탑포지션 샤프트 방향, 클럽페이스 각도와 손목포지션의 관계를 알자

Clubface angle, wrist position & shaft direction at the top   82

09 다운스윙 전환은 동시성에 의해 만들어진다 Downswing Transition   87

10 정확한 하체 역할을 알자   92

11 다운스윙 구간에 팔의 역할을 알자 94

12 탑스윙 위치에 따라 다른 스타일의 다운스윙을 알아보자 98

13 진실의 순간 임팩트는 결과물이다  Impact 102

14 임팩트 구간에서 발의 움직임이 중요하다 105

15 지렛대의 이용을 알아야 힘과 정확성을 동반한다  Lever system 113

16 임팩트는 왼손등으로 하라  Impact with the lead hand 115

17 릴리스와 팔로스루도 의도적으로 만드는 것인가?  Release & Follow-through 122

18 양팔을 마치 한팔처럼 움직이게 만들자  Creating the arm rotation as one 124

19 몸의 일체성 유지 연습이 필요하다 126

20 릴리스는 모션의 작용과 반대작용의 원리다  Action & Reaction 128

21 피니쉬는 좋은 리듬과 밸런스에서 만들어진다  Finishing with good Rhythm & Balance 133

22 리듬과 템포를 이해해야 좋은 피니쉬를 완성한다  Rhythm & Tempo 135

23 안정된 피니쉬 만드는 연습 방법 138


## 🏌 Chapter 3 숏게임은 전체 게임에 67% 해당된다
## 이 중 퍼팅이 40%다


01 퍼팅의 기본 개념을 알아야 한다 144

02 가장 이상적인 퍼팅 셋업을 만들다  Ideal putting setup 146

03 나에게 맞는 퍼팅 그립은 무엇일까? 150

04 퍼팅 스트로크와 퍼터의 관계성을 알아야 한다  Relationship between stroke & putter 156

05 숏퍼팅도 절대 그냥 들어가지 않는다  No putts are gimmy 165

06 롱 퍼팅은 거리감이 생명이다  Lag putting 172

07 그린을 읽는 방법을 터득하자 178

08 웨지샷의 승부는 정확한 거리감이다  Wedge 184

09 칩샷은 공격 리바운드와 같은 기회다  Rebounding with chip shot 186

10 피치 샷의 기본 펀더멘털을 알자  Basic fundamental of a pitch shot 192

11 그린 주변 어프로치를 성공해야 한다  Approach shot around the green 197

12 러프에서의 어프로치 샷 방법을 알자  Short game in the rough 200

13 그린 주변 상황에 따른 공략법과 클럽 선택  Strategy around the green 203

14 경사면 어프로치 샷도 공식이 있다  Formula in uneven lie 207

## 🏌 Chapter 4  정교한 아이언 샷 타점에 필요한 요소

01  정교한 아이언 샷을 위한 셋업 방법을 알아야 한다  212
02  숏 아이언은 무엇이 가장 중요한가?  Importance in short iron shot  214
03  아이언 샷의 다운 블로우와 정확한 타점 연습  Downblow & Impact spot  217
04  미들 아이언과 롱 아이언은 기본만 하면 된다  Middle & Long Iron  221
05  미들 아이언과 롱 아이언 공략은 다르다  Strategy for long iron shot  224
06  아이언 임팩트는 스윙궤도 최저점 직전이다  Low point of an iron  226


## 🏌 Chapter 5  우드는 시간이 필요하다

01  하이브리드 클럽은 당신의 구세주다!  Hybrid is your savior  230
02  언제 하이브리드를 사용하면 좋을까?  When to use hybrid club  232
03  페어웨이 우드의 구성과 셋업에 대해 알아보자  235
04  페어웨이 우드 스윙 방법의 키 포인트를 알자  Fairway wood  237
05  드라이버로 쇼를 보여주기 위해서는 기본기가 잡혀 있어야 한다  242
06  드라이버 셋업의 메인 포인트를 알면 쉽다  Key point for easier driver setup  245
07  드라이버는 스윙 아크가 중요한 역할을 한다  Driver swing Arc  247
08  드라이버 샷 페어웨이 안착률을 높이는 방법을 알아야 한다  Fairway regulation  250
09  드라이버 장타를 치는 비결을 알고는 있자  Gaining distances with a driver  252
10  위험을 감수해야 멀리 칠 수 있다  Draw shot  256
11  티 높이가 드라이버 샷에 미치는 영향이 있다  The tee height affects the driver shot  259


## 🏌 Chapter 6  볼은 언제나 내가 원하는 곳에 있지 않는다

01  내리막 경사면 샷을 잘 다루는 비결이 있다  Downhill lie  264
02  오르막 경사면 샷은 기회가 될 수 있다  Uphill lie shot  267
03  스탠스보다 볼이 낮은 상황엔 비밀이 있다  Ball lied below the feet  270
04  스탠스보다 볼이 높은 상황은 스윙궤도가 중요하다  Ball lied above the feet  273
05  벙커 샷을 너무 두려워만 하지 말자  Bunker shot  276
06  벙커 샷 미스 원인과 해법을 알아야 한다  Cause and Solution  279
07  상황에 따른 벙커 샷 종류와 대처 방법을 알아야 한다  Adjusting to various types  283

08  벙커 샷 연습은 이렇게 하자  Bunker shot drills  292

09  트러블 샷을 극복해야 진정한 위너가 될 수 있다  Trouble shot  296

10  깊은 러프에서의 샷을 연마하자  Heavy rough  299

11  바람을 이기려고 하지마라  Shot into the wind  302


## 🏌 Chapter 7  알아두면 편한 골프 어드바이스


01  생크는 고급 미스 샷이다  Shank  310

02  오른손을 강하게 쓰는 느낌과 심한 훅 구질(오른손과 왼손의 비율)  314

03  당신의 궁금증을 풀어줄 스윙 조정 관련 Q & A  318


## 🏌 Chapter 8  당신 골프 클래스를 높여줄 골프 상식


01  골프 코스 구성에 대해 알아보자  326

02  골프 코스 종류에 대해 알아보자  Various golf courses  330

03  클럽 선택은 타수와 직결될 수 있다  336

04  타수 계산은 정확히 해야 한다  Score Keeping  344

05  골프 에티켓과 룰은 당신의 명함이다  Etiquette & Rules of Golf  346

06  골프 용어는 당신의 품격을 말한다  Golf Terminology  352

# 골프의 기본 원칙은 바로 이것으로 시작한다

Chapter 1

## 골프의 기본 원칙은 바로 이것으로 시작한다
## Pre-Swing Principle

클럽을 움직이기 전에 정확히 이해하고 해야 할 동작들이 있다.

골프는 움직이지 않는 볼을 치는 운동이다. 많은 사람들이 초기에 골프를 얕보는 이유 중 하나다. 특히 운동 신경이 좋은 사람일수록 더욱 그렇다. 본인들이 움직이는 볼도 다뤄본 기억이 있어 안 움직이는 볼 정도는 만만하게 볼 수밖에 없다. 골프는 생각보다 지켜야 할 기본기가 중요한 운동이다. 기본기를 알고 나면 배우는 속도가 빠르게 향상되는 운동이다. 매력을 느끼기 전에 어려워지면 그만큼 많은 시간에 걸쳐 교정 기간이 필요하다.

모든 운동은 기본기를 중요하게 생각한다. 야구에선 배트를 쥐는 방법과 볼을 쥐는 손가락의 위치가 있다. 테니스와 탁구는 라켓을 쥐는 방법이 기본적으로 숙지가 돼야 한다. 골프는 움직이지 않는 볼을 상대하다 보니 기본기에 있어서 상대적으로 조금 더 디테일한 부분이 있다. 골프에 기본 원칙(Pre-swing principle)은 볼을 치기 전 준비 동작들에 대한 부분이다.

그립Grip: 손을 이용해 골프채를 잡는 방법

겨냥Aim: 몸을 이용해 방향을 결정

셋업Setup: 하체와 몸의 중심을 만드는 자세

# 01

## 그립(Grip)-손이 해야 할 일이 있다

**그립을 잘못 배우면 평생 골프가 힘들다.**

그립은 손으로 골프채를 잡는 동작을 말한다. 그립이 중요한 이유는 손은 우리 몸 중에 골프채와 유일하게 접촉이 되는 부분이라 그렇다. 손은 우리 몸이 가지고 있는 근육 중에 가장 미세한 근육들이 포함되어 있다. 골프는 손이 역할을 잘해주면 몸과 발의 역할이 한결 쉬워진다. 골프에 있어 그립의 영향력은 말할 수 없이 중요하다. 볼의 탄도와 방향 그리고 거리까지도 영향을 미치는 중요한 요소이다.

**그립에 대한 이해를 먼저 하자.**

그립에 대한 중요성은 누구나 알고 알지만 좋은 그립을 잡고 있는 골퍼는 거의 드물다. 많은 골퍼의 그립 오류에 대한 이유는 여러 가지가 있을 것이다. 한 가지 확실한 건 본인이 편한 대로 잡으면 좋은 그립을 잡기 어렵고 기술 향상이 어렵다는 점이다. 본인에게 맞는 그립을 먼저 찾은 후에 골프 클럽을 잡을 때마다 지속적으로 그립을 체크하는 습관을 들여야 한다. 그립을 선별하는 부분에서 고려해야 할 것은 손의 크기, 양손 힘의 비율 그리고 손목 유연성이 있다.

**그립의 종류도 다양하다.**

나에게 맞는 그립을 찾는 것이 키 포인트다.

## 인터로킹 그립 Interlocking Grip

양손 밸런스를 위한 그립이라고 생각하면 된다.

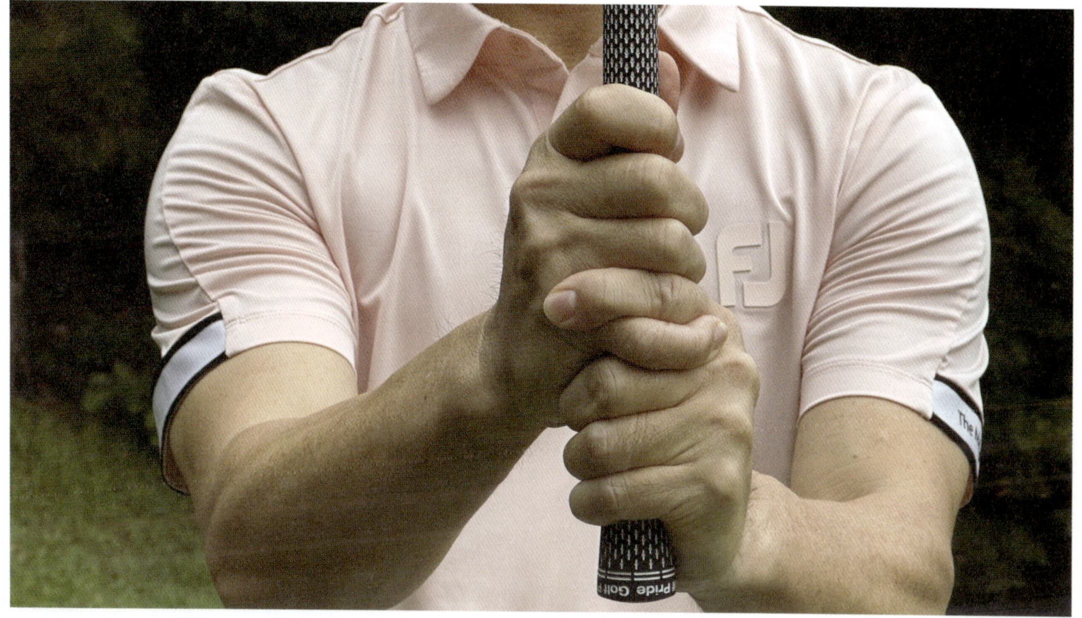

인터로킹

- ● **적합한 골퍼**

- 손이 작고 손가락 길이가 짧은 골퍼
- 왼손 힘이 오른손에 비해 약한 골퍼
- 손목 힘이 많이 없는 골퍼

- ● **장점**

- 오른손을 마음대로 쓸 수 없다(양손 일체감).
- 오른손 힘이 강한 골퍼는 어느 정도 왼손의 리드를 유도할 수 있어 힘을 분배할 수 있게
  만들어 준다.
- 미스 샷 오차 범위가 줄면서 방향성이 개선된다.

- ● **단점**

- 완전히 적응할 때 까지 신경쓰지 않으면 자칫 왼손이 위크weak 그립으로 돌아갈 수 있다
  (볼이 우측으로 돌 수 있다).
- 팔에 있는 힘을 온전히 다 사용하지 못하는 느낌이 든다(약간의 거리 손실).
- 손목이 약간 둔한 느낌이 든다.

- **그립 방법**

- 오른손 새끼손가락과 왼손 검지를 깍지 끼듯이 교차시키는 방식이다.

- 그립 마지막 단계에서 왼손 마지막 3개 손가락과 엄지 윗부분을 살포시 누른다.

- 왼쪽 팔꿈치를 오른쪽으로 살짝 돌려준다. 이때 왼쪽 어깨에 과한 힘이 들어가지 않게 유의해야 한다(이 방법은 왼손이 위크 그립이 되는 걸 제어해 준다).

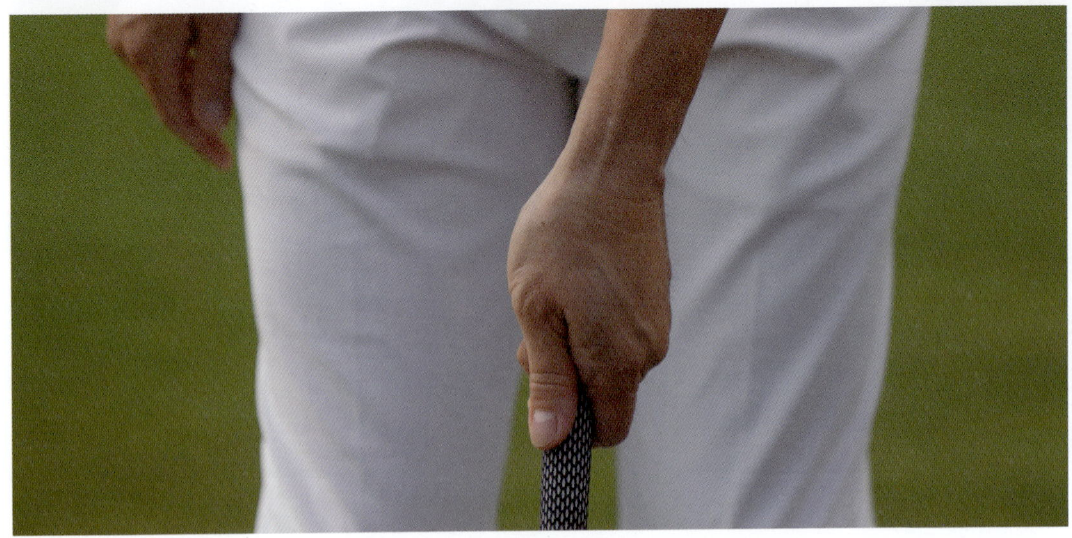

앞에서 본 왼손 짧은 엄지

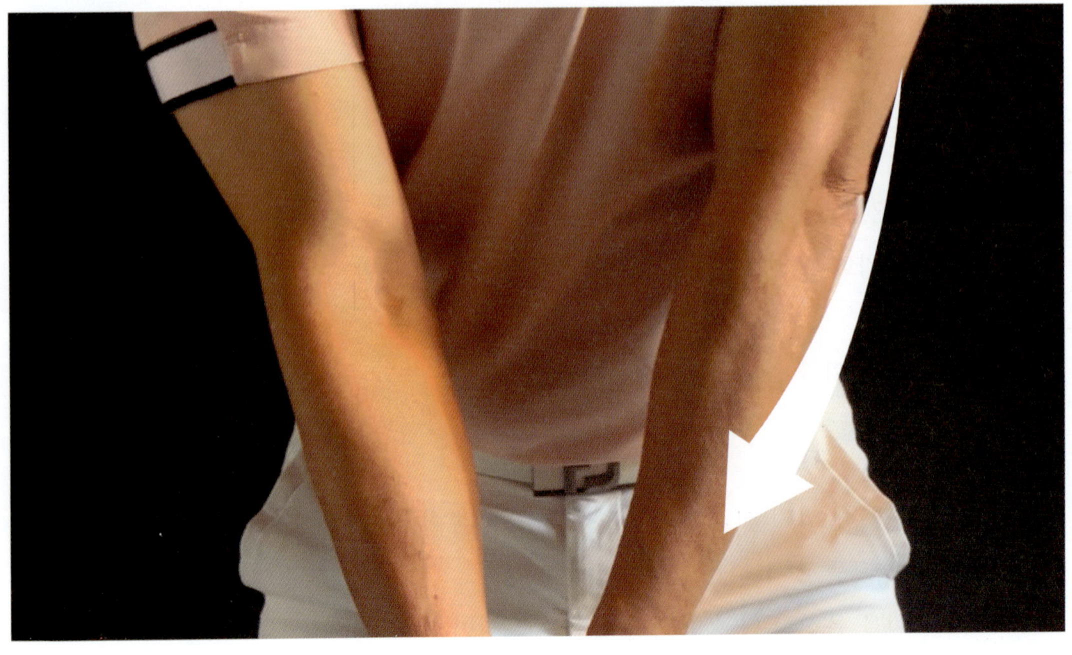

왼쪽 팔꿈치를 살짝 안으로 돌린다

## 오버래핑 그립 Overlapping Grip

이 그립은 클럽을 잘 다룰 수 있어 샷 메이킹에 도움을 줄 수 있다. 영국 프로골퍼 이름을 딴 바든vardon 그립이라고 불리기도 한다.

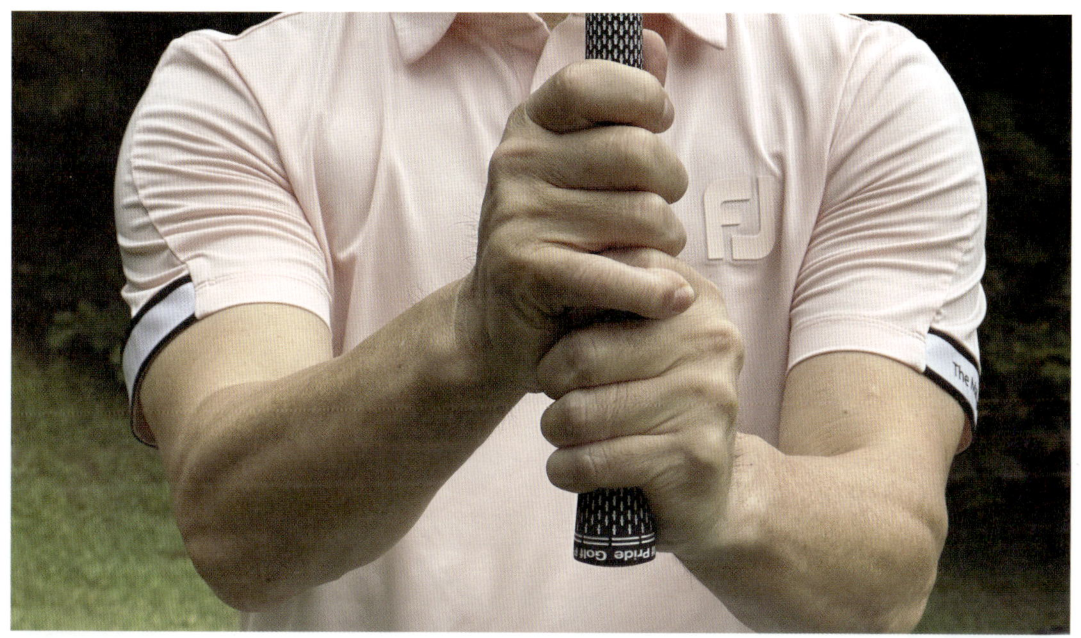

오버래핑 - 검지 사이에 포갠다

● **적합한 골퍼**

- 손이 크고 손목 힘이 강한 골퍼
- 왼손 힘이 오른손과 비슷하거나 더 나은 골퍼
- 손목이 유연한 골퍼

● **장점**

- 손목을 자연스럽게 움직일 수 있고 강한 원심력을 활용할 수 있다.
- 클럽을 컨트롤 하기 좋은 그립이다.

● **단점**

- 손이 작거나 팔에 힘이 없는 골퍼(볼 컨트롤이 어렵다)
- 왼손 힘이 오른손에 비해 약한 골퍼(오른손이 강한 경우엔 과한 사용이 될 수 있어 주의해야 한다)

- **그립방법**

- 오른손 새끼손가락을 왼손 검지와 중지 사이나 위에 포개어 놓은 형식이다.
- 왼손 손가락 사이가 촘촘하게 잡아줘야 유리하다.

## 인터메시 Intermesh

보통 인터로킹과 오버래핑 그립과 함께 베이스 볼(열 손가락 사용) 그립을 언급한다. 베이스 볼 그립은 현대 골프에선 거의 사용하지 않는다. 대신 인터메시라는 생소하지만 유용한 그립이 있어 소개하고자 한다. 많은 골퍼들이 알지 못하는 그립이다. 인터로킹과 오버래핑을 절충한 그립이라고 보면 된다.

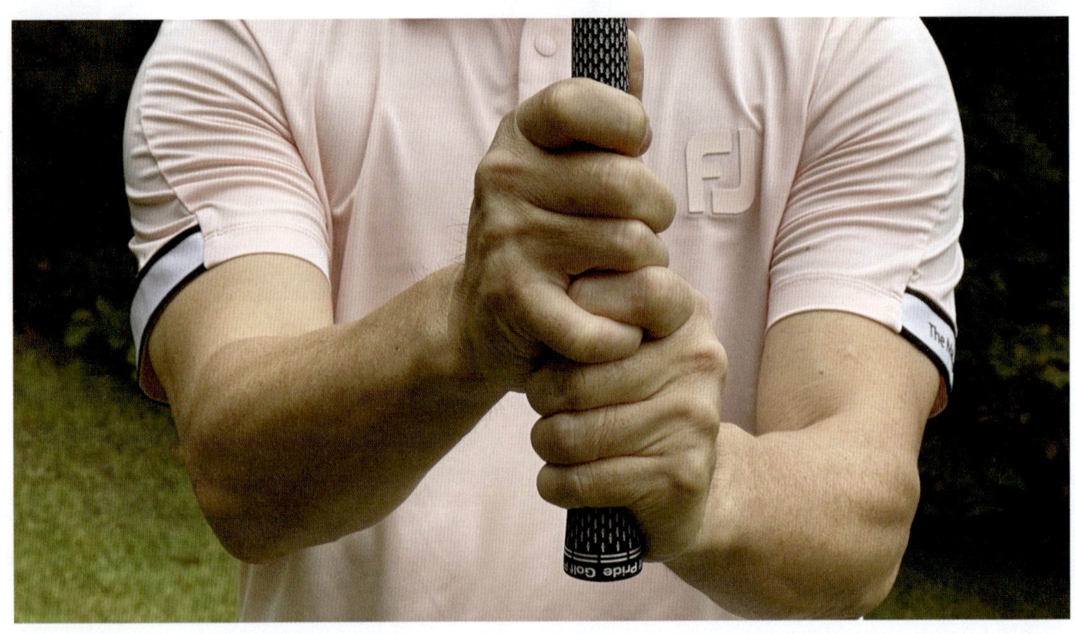

인터메시(왼손 검지와 가운데 손가락 사이에 끼운 모양)

- **적합한 골퍼**

- 전체적인 손의 악력과 손목 그리고 손가락 힘이 약한 골퍼에게 추천한다.
- 손이 작은 여성 골퍼
- 나이 어린 주니어 골퍼(성장하면서 힘이 생기면 다른 그립으로 변경해야 한다)

● **장점**

- 열손가락이 그립에 모두 접촉하기 때문에 클럽을 안정되게 잡을 수 있다.
- 오버래핑과 인터로킹 사이에서 고민하는 골퍼에게 적당하다.


● **단점**

- 손바닥의 많은 부분이 그립에 닿기 때문에 손목 코킹과 클럽의 원심력을 이용한 스피드를 내기 부족하다.


위 세 가지 그립 중 현재 가장 많이 사용되는 그립은 인터로킹 그립이다. 많은 교습가들도 추천하는 그립이기도 하다. 이유는 아무래도 골프의 중요한 요소인 방향성 때문인 것 같다. 현재 추세를 꼭 따라 갈 필요는 없다. 중요한건 여러 요소들을 고려해 본인에게 맞는 최상의 그립을 찾는 것이 중요하다. 세계적인 선수들도 자신에게 맞는 그립으로 오랜 연습과 노력을 통해 자신의 최상이 그립을 만든 것이다.

만일 그립을 처음 잡거나 교정하는 과정이면 당분간 불편함을 느낄 것이다. 연습을 통해 꾸준히 하다 보면 금방 익숙한 느낌을 갖게 될 것이다.

# 그립 포지션과 볼 방향성의 관계를 알아야 한다
## Grip position & Ball direction

## 그립 잡는 위치와 볼 방향의 관계

그립 포지션이 중요한 이유는 클럽페이스 각도와 연관있기 때문이다. 클럽페이스 각도의 따라 볼이 날아가는 방향이 좌우된다. 물론 모든 그립은 손을 사용하는 상황에 따라 볼의 방향을 통제할 수 있다. 다만 각 그립의 위치마다 상대적으로 쉽게 만들 수 있는 볼 방향이 있다. 그립 포지션은 보통 뉴트럴Neutral, 스트롱Strong, 그리고 위크Weak 이 3가지 그립으로 구분된다.

그립 포지션의 구분은 엄지와 검지 손가락이 만드는 V가 위에서 봤을 때 어느 방향에 위치하느냐에 따라 결정된다.

## 뉴트럴 그립 Neutral grip

말그대로 중립적인 그립 포지션을 말한다. 위에서 봤을 때 엄지와 검지의 V자가 오른쪽 가슴(약간 우측)을 향하고 있는 그립이다. 클럽페이스 각도를 직각square으로 만들기 가장 유리한 그립이기도 하다. 볼의 방향을 가운데로 출발시키기 유리한 그립 포지션이다.

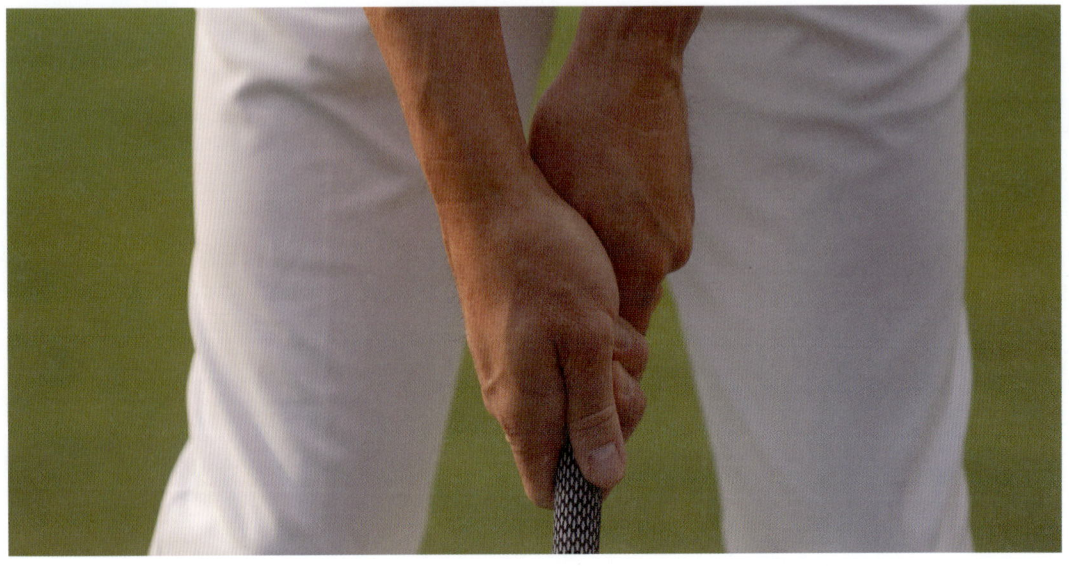

뉴트럴 그립

● 선호 대상

- 구력이 어느정도 있는 골퍼
- 양손에 힘이 균일하게 있는 골퍼

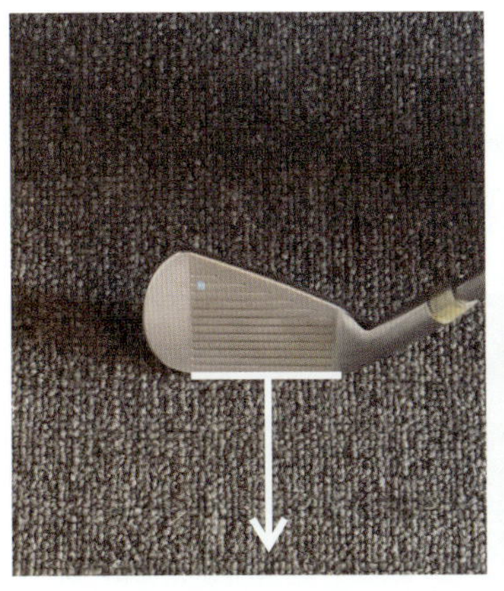

직각 페이스 각도

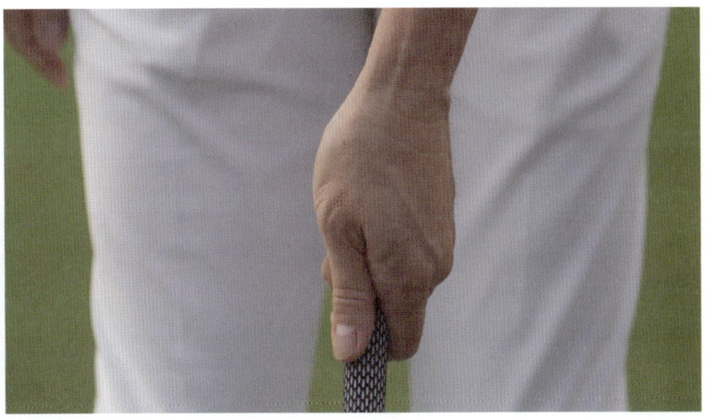

왼손 그립 V자 모양

## 스트롱 그립 Strong grip

이 그립의 포지션은 뉴트럴 그립에서 엄지와 검지 V자가 오른쪽 어깨를 향하고 있는 위치이다. 이 그립 포지션은 클럽페이스 각도가 닫힌 포지션이 만들어 지기 쉽다. 볼이 비교적으로 낮게 날아가고 왼쪽으로 가는 경향이 있다.

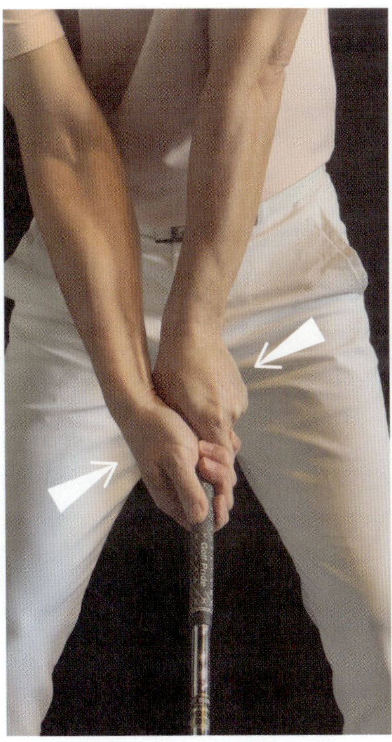

스트롱 그립

닫힌 페이스 각도

● 선호 대상

- 초보 골퍼 슬라이스(우측방향) 볼 방지 효과
- 팔에 힘이 없는 골퍼

### 위크 그립 Weak grip

가운데 중심에서 왼손 엄지와 검지 사이의 V자가 왼쪽으로 돌아 왼쪽 가슴을 향하는 그립이다. 볼이 많이 뜨고 슬라이스(우측 방향) 볼 구질이 많이 나오는 경향이 있다.

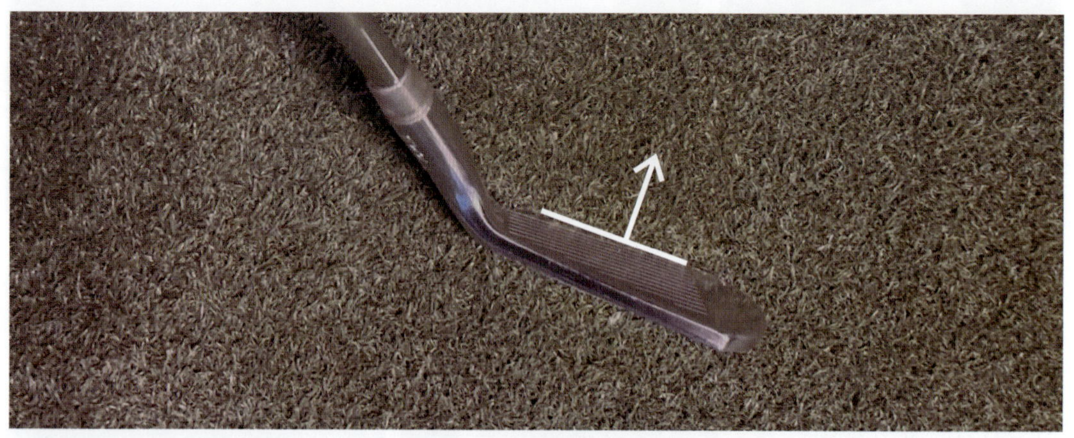

열린 페이스 각도

위크 그립

● 선호 대상

- 양팔 회전이 좋고 빠른 골퍼
- 훅(좌측방향)볼 구질이 나는 골퍼

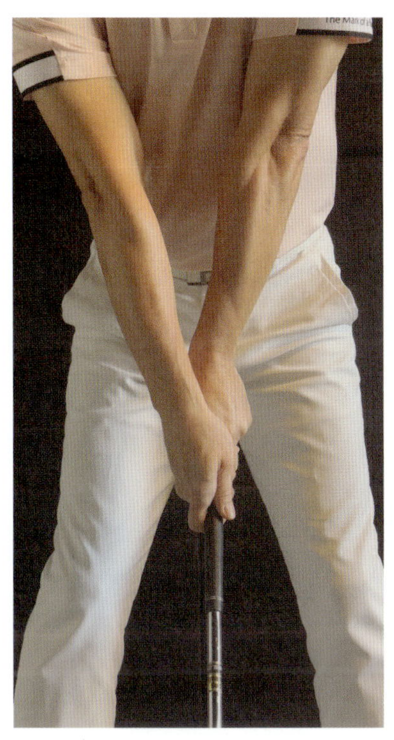

1. 왼손 스트롱 오른손 위크

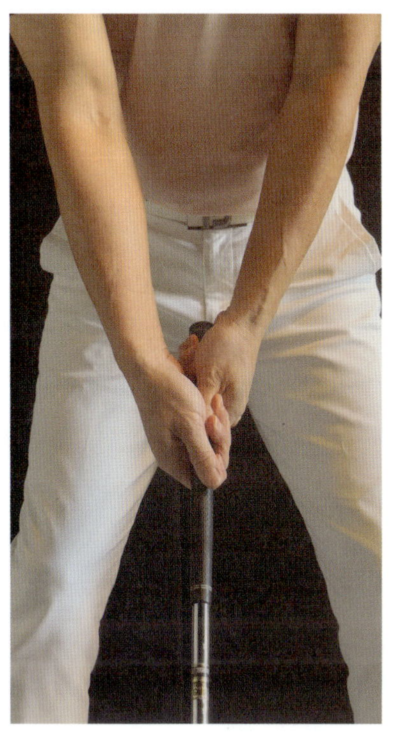

2. 왼손 위크 오른손 스트롱

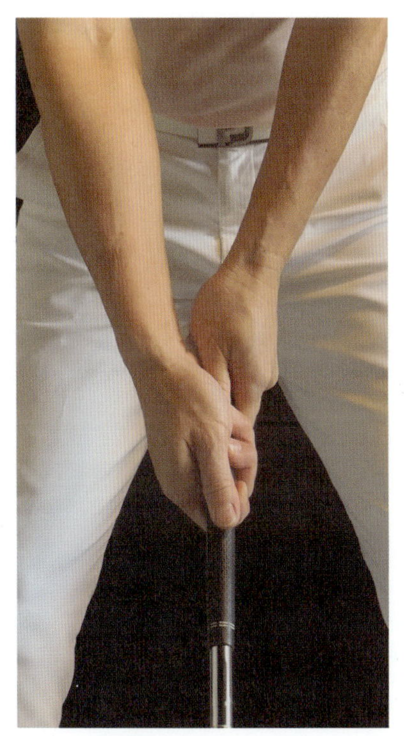

3. 양손 떨어진 그립

그립 포지션은 그립의 종류와 다르게 한 가지를 고정할 필요는 없다. 구력이 생기면서 스트롱 포지션에서 점점 뉴트럴로 변화되는 것이 자연스러운 현상이다. 반면에 힘들더라도 처음부터 뉴트럴 포지션을 만들어 지속적인 반복 연습을 하는 것도 좋다. 그립에서 가장 중요하게 작용되는 부분은 그립의 포지션이 뉴트럴 그립을 기준으로 약간 위크하거나, 약간 스트롱하게 잡은것은 그리 나쁘지 않다. 다만 양손의 위치가 서로 너무 떨어져 있거나 왼손과 오른손이 서로 상반되는 방향의 그립 포지션을 잡는 것은 효율성이 떨어지는 그립이다.

# 03 그립은 손가락 위치가 중요하다
# Importance of a finger position in grip

지금까지 그립에 대해 많은 정보를 제공하는 서적은 별로 있지 않았다. 필자의 생각은 골프 스윙에 있어 그립의 중요성이 절대적인 영향을 미치기 때문에 최대한 많은 정보를 알려드리고자 한다. 그립의 종류와 포지션을 알았으면 손가락의 위치에 대해 알아보도록 하자.

손가락의 위치가 중요한 이유는 효율적 기술 향상과 부상도 관련된 부분이기 때문이다. 특히 손목과 엄지 손가락 부상은 스윙에 있어 가장 흔하면서 치명적인 부위이기 때문이다. 한번 다치고 나면 재활 시간도 오래 걸리고 재발 확률도 높은 부위이다. 그립을 잡을 시 손가락의 위치는 이런 부상과도 직간접적인 관련이 있다.

## 왼손의 그립 방법 Left hand grip

먼저 왼손 그립을 쥐는 과정을 알아보자. 오른손으로 클럽을 받쳐주고 왼손이 들어올 자리를 만들어 준다. 수많은 골퍼의 문제는 바로 이 부분에서 시작된다. 왼손이 그립을 잡으러 들어오는 왼손목의 각도가 이미 아래쪽으로 꺾여 있기 때문이다(사진 참고). 이 동작은 긴 엄지 손가락Long thumb 그립을 만들게 된다. 왼손목 인대가 늘어나 있는 그립에서 볼을 치면 임팩트에서 오는 충격이 전체적으로 손목 인대로 전해지기 때문에 부상 위험이 따르는 이유다. 손목 인대의 부상은 곧 팔 전체로 퍼질 수도 있어 안일하게 보면 안 될 문제이다.

왼손이 그립을 잡으러 들어오는 좋은 각도는 왼손목에 부담이 덜어줄 수 있는 모양이 필요하다. 바로 짧은 엄지 손가락Short thumb 그립이다. 이 그립을 만들 때는 악수하는 모양을 하고 손가락을 총의 방아쇠를 당기는 모양을 만들어 주면 좋은 손목 각도가 나온다. 그립 잡을 때 손목 각도를 중요시하는 이유는 백스윙을 만드는 과정에서 손목은 상당히 중요한 부분이기 때문이다.

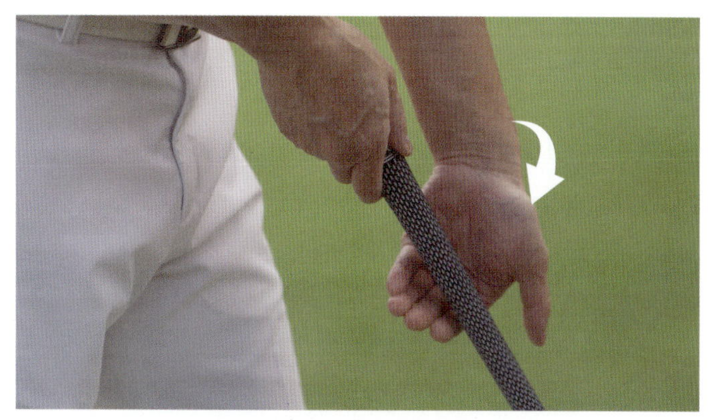

왼손목 각이 꺾여서 잡는 모양

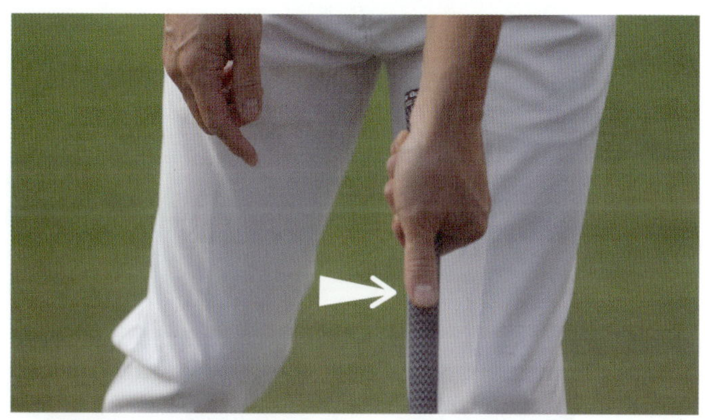

왼손 엄지가 롱섬으로 잡힌 모양

## 오른손의 그립 방법 Right hand grip

왼손의 그립이 완성된 후에 오른손 그립도 마찬가지로 손가락으로 클럽을 쥔다는 느낌으로 잡는다. 두 손의 가장 완벽한 결합 방법은 왼손 엄지를 오른손 바닥의 생명선이 감싸는 모양을 만들어 밀착시키는 것이다. 생명선은 오른손 엄지 밑에 도톰한 부위를 말하는 것이다. 그립이 균형감과 일체감을 가장 느낄 수 있는 포인트는 양손 힘에 대해 정확히 인지하는 것이다. 손바닥보다 손가락 위주로 그립을 잡는 이유이기도 하다.

오른손 생명선이 왼손 엄지를 살포시 덮는다

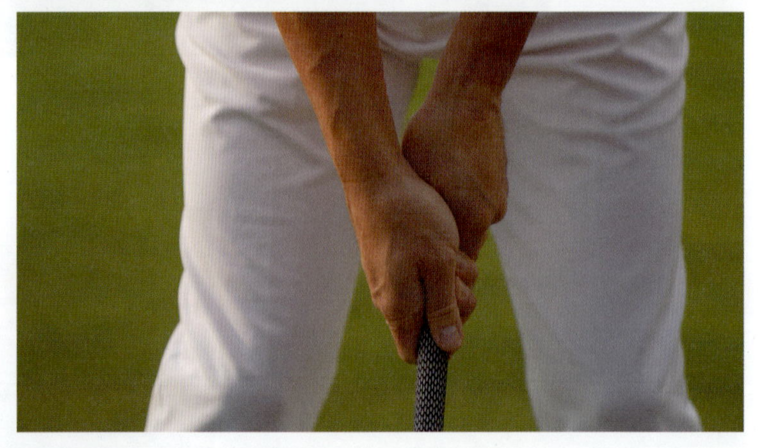

**양손 그립 모두 손가락 위주로 쥐는 것이 좋다.**

짧은 엄지 손가락 그립을 잡게 되면 자연스레 왼손 그립은 마지막 세 손가락으로 잡게 된다. 그립을 손가락 위주로 잡아야 손을 잘 다룰 수 있고 팔뚝 회전이 수월하다. 그립이 손가락 위주가 아닌 손바닥 쪽으로 치우칠 경우 손의 움직임이 둔해져 클럽을 잘 다룰 수 없게 된다. 만일 본인이 손목 가동성이 떨어지는 골퍼라면 더욱 긴 엄지 손가락 그립을 잡으려고 할 것이다. 걱정하지 말고 위에 말한 대로 손가락 위주로 잡고 연습을 하자. 손목 가동성이 떨어지면 코킹을 조금 덜 하면 된다. 정확한 그립을 잡고 연습하다 보면 처음보다 손가락 힘도 자연스레 생긴다.

마지막 세 손가락으로 잡는 모양

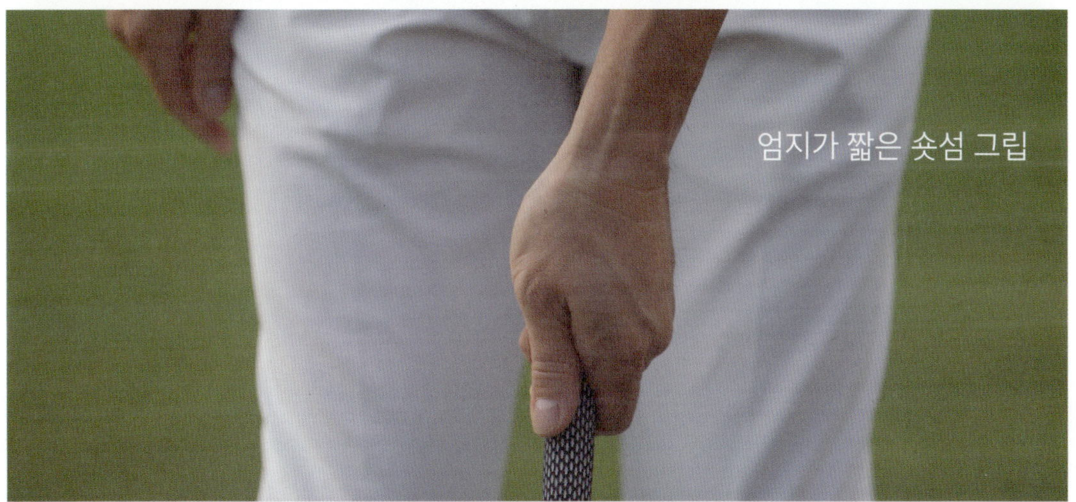
엄지가 짧은 숏섬 그립

숏섬 그립은 탑스윙을
제어하는 역할을 한다

손바닥 위주로 잡는 모양

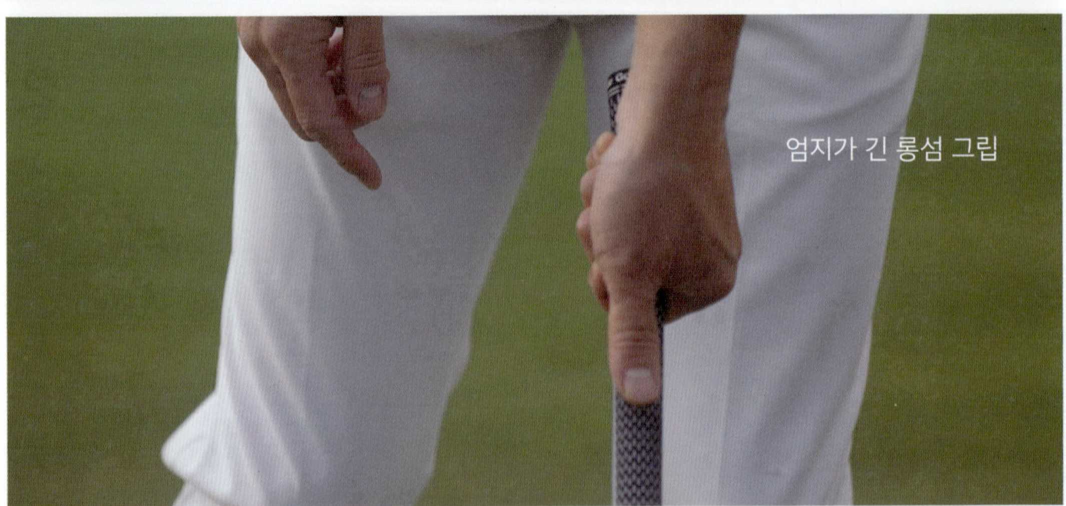

엄지가 긴 롱섬 그립

롱섬 그립은 탑스윙에서
제어가 어려울 수 있다

손 위치에 대한 체크포인트 Grip position check point

## 1. 그립은 손바닥보다 손가락 위주로 잡는다.

이때 손목 각도가 아래로 향해 손목이 꺾인 모양이 나오지 않게 한다.

## 2. 엄지와 검지 사이의 간격이 떨어지지 않고 타이트 하게 만든다.

그립을 잡고나서 물 샐틈 없이 촘촘하게 잡는 것이 좋다.

## 3. 오른손 엄지와 검지는 권총 방아쇠를 당기듯이 잡고 검지는 엄지보다 길게 잡는다.

엄지가 검지보다 아래로 내려오게 되면 손을 자유롭게 사용하지 못한다. 엄지를 당겨 손목 각을 만들어 주는 것이 좋다.

# 04 그립의 강도가 중요한 이유
# Importance of grip strength

그립 포지션을 잘해도 그립의 강도가 적당하지 않으면 골프 스윙은 좋은 결과를 낼 수 없다. 너무 강하면 손목과 팔을 잘 쓸 수 없고, 너무 약하면 손목과 클럽페이스 컨트롤이 잘 안 되어 고생을 한다. 무엇이 맞고 어떤 강도를 하면 좋을까를 고민해야 한다. 한 가지 고무적인 점은 올바른 그립으로 연습을 하면 적절한 그립 강도의 느낌이 상대적으로 빨리 온다는 점이다. 아래에서 적당한 그립 강도를 만드는 방법에 대해 알아보자.

먼저 그립 강도에 대한 중요한 팩트 몇 가지를 알아보도록 하자. 첫 번째는 프로들은 아마추어보다 평균적으로 그립 강도가 조금 세다. 오랜 기간 클럽을 다룬 구력이 있어 손목과 손에 골프 근육이 발달되어 있다. 두 번째는 프로들은 악력을 조절할 수 있는 능력이 있다. 강하고 부드러운 조절 능력을 말한다. 그립 강도의 메인 포인트는 손목 힘은 빠지면서 손에 힘은 클럽을 컨트롤 할 수 있게 만드는 것이 최상의 악력 조절 능력이라 할 수 있다. 대부분의 아마추어 골퍼는 이 부분을 어려워한다. 힘을 빼면 전체적으로 다 빼버려 손에 힘이 없다. 반대로 힘을 주게 되면 팔과 어깨까지 힘이 잔뜩 들어가는 그립을 쥐고 있다.

그립의 악력은 눈으로 확인되는 기술적인 부분이 아니라 판단하기 쉽지가 않다. 우리는 몇 가지 방법을 통해 적당한 악력을 확인해 보자.

**똑바로 서서 양손 그립을 잡고 클럽을 돌려 여러 개의 작은 원을 만들어 본다.**

동작을 할 때 어깨가 들썩이거나 작은 원이 동그랗게 그려지지 않으면 손에 힘이 많이 들어갔음을 알 수 있다.

최대 악력을 10이라고 볼 때 그립 악력을 5~7 사이 악력으로 잡도록 한다. 만일 5~7 사이 강도의 느낌이 오지 않으면 클럽을 들고 손목을 돌려보자. 아무런 무리 없이 손목과 클럽이 부드럽게 같이 돌면 중간 강도의 그립이라 할 수 있다.

**감각적인 부분을 통해서 그립의 강도를 확인해 보자.**

영국의 골프 교습가 닉 브래들리가 한 말을 인용하면 감각을 통해 그립의 강도를 연습하는 방법이 있다. 그립을 잡은 양손에서 가스가 새어 나오는 이미지를 연상하는 연습이다. 너무 꽉 잡으면 가스가 전혀 나올 수 없고 너무 느슨하게 잡으면 너무 많은 가스가 나올 것이다. 아주 적절한 가스가 스멀스멀 나올 수 있게 잡는 그립이 최상의 악력을 만들 수 있다. 우리의 손은 아주 감각적이고 민감하기 때문에 이런 미세한 감각을 느낄 수 있다. 그립이 좋은 골퍼는 끊임없이 감각을 찾고 유지하는데 많은 공을 들인다.

∴ **그립에 대해 정리하면서**

지금까지 그립의 종류, 포지션, 손가락의 위치와 강도에 대해 알아보았다. 그립에 대한 너무 과한 정보가 아닌가 싶은 독자도 있을 것이다. 절대 아니라고 확신할 수 있다. 그립은 절대 간단하고 단순하게 생각해선 안 되는 부분이라는 점을 말하고 싶다. 지금까지 필자의 30년 지도자 경력 중에 좋은 그립을 잡은 아마추어 골퍼를 접한건 단 5% 미만이었다. 골프를 전문적으로 치는 선수들도 교정을 했던 케이스도 많았다는 점을 말하고 싶다. 대부분의 아마추어 골퍼들은 힘은 많이 들어가면서 손이 편한대로 잡는 골퍼들이 대부분이었다.

그립을 처음 접하거나 교정할 때는 누구나 힘든 과정을 거치게 된다. 볼은 정타가 되지 않고 방향은 좌우로 왔다갔다하며 조절하기 어렵다. 거듭 강조하지만 이 과정을 참고 견뎌서 무의식 중에 나올 수 있는 습관을 만들기 바란다. 반드시 스윙을 하는데 있어 큰 도움을 받을 것이다. 그립은 우리 몸 중에 유일하게 손과 골프클럽이 맞닿은 부분이다. 훌륭한 연결고리를 만들어 스윙의 시작을 준비하길 바란다. 훌륭한 스윙은 좋은 그립의 결과물이기 때문이다.

# 05 에임(Aim)-몸이 해야 할 일이 있다
# Importance of an aiming

골프는 사격이나 양궁처럼 목표물이 정해져 있는 운동이다. 볼이 정해진 타겟에 근접하면 좋은 점수를 기대할 수 있다. 에임aim을 우리말로 풀이하면 조준이라는 말인데 골프에선 외래어를 주로 사용하다보니 조준보다는 에임으로 대부분 명시한다. 테크닉적으로 아무리 좋은 스윙 기술을 보유한 골퍼도 에임을 못하면 볼을 타겟으로 보낼 수 없다.

새로 골프 규칙이 개정되기 전인 2021년까지 캐디가 선수 뒤에 서서 에임을 봐줄 수 있었다. 2021년 이후 게임 시간이 너무 지연된다는 이유로 규칙이 개정된 것이다. 이 정도면 에임이 얼마나 중요하고 어려운지 알 수 있다. 아래에서 에임에 대해 배워 보도록 하자.

**에임이 틀어지면 좋은 샷은 기대하기 어렵다.**

에임은 볼과 타겟을 연결하는 선상의 직선 라인이 가장 중요하다. 이 선을 타겟 라인target line이라고 한다. 에임을 하러 들어갈 때는 클럽페이스를 타겟 라인에 맞추고 몸을 정렬해야 한다. 몸이 정렬된 라인을 바디 라인body line이라고 한다. 보통 이 두 라인은 어느 정도 평행을 이루고 있다.

볼 뒤에서 타겟 라인 이미지를 그린다

몸보다 클럽페이지스를 먼저 볼에 맞춘다

마지막으로 발로 스탠스를
만들며 바디 라인을 형성한다

1. 볼 뒤에 서서 직선의 가상 타겟 라인을 만든다

2. 양발을 모은 상태로 클럽페이스를 1m 안에
물체에 직각으로 맞춘다(시선은 타겟 쪽을 의식한다)

3. 양발을 벌리면서 클럽에 따른 스탠스를 만든다
(시선은 타겟쪽을 지속적으로 의식한다)

4. 타겟 라인을 보며 몸의 정렬을
살피면서 발을 조금씩 움직이면서 긴장을 푼다

국내 연습장에서 에임 연습을 하기 어려운 이유는 대부분의 연습장 타석이 인조 매트로 되어 있어 에임을 하지 않아도 사각형 매트가 자동으로 에임이 되기 때문이다. 연습장에서도 타겟을 바꿔가며 스틱을 이용한 에임 연습을 해야 한다. 에임은 프로들도 어려워하는 부분이다. 에임 순서를 끊임없이 반복하고 연습하면 본인만의 에임 루틴(습관)을 갖게 될 것이다.

# 06 셋업은 바닥부터 위로 만들어져야 한다
# Importance of the feet

**셋업은 바닥부터 위로 만들어져야 탄탄하다.** Making a setup from the bottom up

셋업setup은 그립grip, 에임aim과 함께 볼을 치기 전 마지막 자세를 만드는 동작을 말한다. 앞서 그립을 잡을 때 손이 클럽과 중요한 연결고리 역할을 하는 것을 우리는 알고 있다. 셋업을 만들고자 할 때 가장 중요한 부분은 "발"이라고 말한다. 손과 마찬가지로 발은 우리 몸 중에 유일하게 바닥과 연결된 부분이기 때문이다. 스윙을 잘하는 모든 골퍼들은 발바닥과 지면의 접지력을 잘 사용하고 있기 때문이다. 안정적이고 일관성 있는 스윙을 만들기 위해서는 손과 팔의 지원이 잘 돼야 한다. 이와 더불어 발과 하체의 견고한 기반이 동반돼야 견고하고 힘 있는 스윙을 만들 수 있다.

골프 스윙에 있어 전체 스윙의 흐름을 알아보는 것도 셋업이 바닥부터 만들어 져야 탄탄한 이유를 확실히 알게 된다.

- 클럽페이스는 손에 의해 움직인다.
- 팔은 손을 움직이게 한다.
- 팔은 몸통과 연결되어 움직인다.
- 몸통과 골반은 다리에 의해 움직일 수 있다.
- 다리는 바닥에 힘을 싣고 움직인다.

이와 같이 전체 스윙의 흐름은 시작부터 끝까지 모두 연결되어 있다. 이 연결성이 끊어지거나 다른 동작을 유발할 경우엔 길을 잃은 스윙이라 말할 수 있다. 강력하면서 힘있고 스피드 있는 스윙은 발과 바닥이 얼마나 잘 연결된 안정된 셋업을 만드냐에 달려 있다.

바닥부터 잘 만들어진 셋업으로 다이나믹한 자세를 연출한다

발을 지면으로부터 잘 딛고 있는 셋업이 중요하다

# 07 좋은 스윙을 하기 위해서는 균형 잡힌 셋업이 필수다
# A balanced setup is essential for making a good swing

역동적이고 파워풀한 스윙을 하기 위해선 균형잡힌 셋업setup이 필수이다. 균형 잡힌 셋업을 만들기 위해선 체중을 좌우 또는 앞뒤 어느 한쪽으로 치우치지 않게 분배시키는 것이 매우 중요하다.

아마추어 골퍼들은 대부분 스윙을 하고 난 후 피니쉬를 잡는 골퍼가 드물다. 물론 힘이 들어간 스윙이 주된 원인이 되겠지만 처음 셋업을 할 때 균형이 잡히지 않았기 때문인 경우가 훨씬 많다. 특히 좌우 체중은 클럽 선택에 따라 약간씩 변동이 있지만 앞뒤 체중은 크게 변하지 않는다. 균형잡힌 셋업이 중요한 이유는 체중 분배에 따라 손의 위치와 스윙 동작이 바뀌기 때문이다. 하체가 균형이 잘 잡힌 셋업에 대해 알아보자.

### 균형 잡힌 셋업의 핵심 Balanced setup

골프 용어 중에 어드레스address라는 말을 한다. 자세를 만들때 어드레스를 한다고도 한다. 셋업은 자세 전체를 말하는 것이고 어드레스는 자세를 잡는 중간 과정을 애기하는 걸로 이해하면 된다.

1. 클럽에 따라 약간씩 다른지만 아이언 기준으로 체중분배는 어느 한쪽으로 치우침이 없이 어깨너비로 벌리면서 발바닥을 지면에 확실히 밀착시킨다.
2. 등을 곧게 하고 등과 허리에 힘을 주기보다 하복부에 약간의 힘이 들어간 상태를 만든다.
3. 양팔은 겨드랑이를 감싸며 약간의 긴장감을 동반하며 어깨에서 늘어뜨리는 동작을 한다.
4. 엉덩이와 뒷허벅지 부분에 힘을 실어 앉는 느낌보다 서 있는 느낌을 느낄 수 있게 하자. 상체보다 하체에 견고한 느낌이 들어야 한다.
5. 마지막에 무릎은 살짝 구부려준다. 다리 안쪽에 힘이 몰리는걸 방지하기 위해 무릎을 살짝 바깥쪽으로 밀어내는 느낌을 갖는다(발 모양을 11자 모양보다 약간 오픈한 자세를 만들면 무릎이 안쪽으로 몰리는 걸 방지한다).

한 가지 짚고 넘어갈 포인트는 너무 견고한 나머지 로봇같이 경직된 느낌의 몸을 만들지 말아야 한다. 물론 너무 늘어지는 고무 풍선과 같은 느낌보다는 낫겠지만, 리듬이 필요한 골프 스윙 과정에서 몸이 경직되면 불리하다. 편안한 마음으로 위 동작을 반복해서 연습하면 일관성 있는 균형 잡힌 셋업을 만들 수 있게 된다.

**잘못된 셋업 자세가 균형에 미치는 영향을 알아보자 Setup Posture**

앞서 균형 잡힌 셋업에 대해 알아보았다. 그와 반대로 균형이 쉽게 깨질 수 있는 셋업 자세를 알아보자. 우리가 주목해서 신경써야 할 부분은 바로 등 부분이다. 목 뒷편(경추)에서부터 아래허리(척추)까지 내려오는 등에 곡선을 통해 확인해야 하는 부분이다. 등의 자세posture가 실질적인 균형을 좌우한다고 해도 과언이 아니다. 잘못된 등의 자세가 스윙에 미치는 영향과 해결책을 알아보기로 하자.

**● 첫 번째, S자 자세이다.**

1. 셋업을 했을 시 목이 내려가면서 경추쪽 등이 구부러진다.
2. 복부보다 아래 허리에 힘이 들어가고 안쪽으로 패인 S자 모양이 된다.

제한적인 몸통 회전으로 리버스 스파인(역척추각) 모양 발생

## • 문제점

이 자세는 하복부에 힘을 넣기 어려운 자세이고 허리가 과한 움직임을 만든다. 백스윙 시 상체가 많이 들리면서 꺾이게 되어 체중이 반대로 이동되는 리버스 척추각이 생긴다.

**• 해결방법**

1. 어드레스 시 엉덩이의 기울기를 어느 정도 만들어 주기 위해 꼬리뼈를 약간 들어준다.

2. 어드레스 시 고개를 숙이지 말고 턱을 들어 가슴을 올리는 느낌을 갖는다.

**● 두 번째, C자 자세**

1. 목(경추)에서 허리(척추)까지 전체적으로 구부러진 등에서 만든 C자 자세

2. 엉덩이가 아래로 내려지면서 C자 자세가 만들어 진다.

• 문제점

이 자세는 골프에서 중요한 몸통 회전이 제한될 수 있다. 또한 이로 인한 어깨 가동성과 팔의
연결성마저 제한적으로 움직이게 되어 연결성이 끊기게 된다.

몸통 회전이 제한되어 옆으로 밀리는 스웨이 동작

제한된 몸통 회전으로 팔로만 들어올린 동작

1. 허리를 세우고 가슴을 펴서 그립을 잡는다

2. 아랫배에 힘이 들어간 상태에서 골반을 접는 느낌을 갖는다
(폴더폰이 접히는 걸 연상한다)

잘못된 셋업 자세는 좋은 스윙을 만드는 몸의 움직임을 방해한다. 몸통은 팔과 하체를 연결하는 중요한 역할을 한다. 대부분의 잘못된 자세의 원인은 몸통의 불균형에서 온다고 볼 수 있다. 균형을 책임지는 여러 요소가 있지만 몸통이 차지하는 비중 또한 크기 때문에 셋업 시 반드시 습득해야 하는 중요한 부분이다. 올바른 몸통 자세를 통해 하체로 이어지는 균형있는 스윙의 기반을 만들기 바란다. 비유를 들자면, 몸통의 역할은 영화에서 조연 역할을 한다고 보면 된다. 손은 백스윙에서 주연 역할을, 하체는 다운스윙에서 주연 역할을 한다. 하지만 조연의 멋진 활약없이 성공한 영화가 없듯이 몸통 역할없이 멋진 스윙을 만들 수도 없다.

# 08 체중 분배와 볼 위치는 관계가 있다
# Relation between weight distribution & the ball position

골프 셋업setup 시 체중 분배는 틀림없이 지켜줘야 하는 사항이다. 클럽마다 똑같은 체중 분배를 하면 쉽게 생각하겠지만 조금씩 바뀌는 부분이 생기는 게 문제다. 우리가 보유하고 있는 14개 클럽마다 다 다른건 아니지만 크게 몇 가지 알아야 할 부분이 있는건 확실하다. 체중 분배와 함께 사용되는 용어는 스탠스stands이다. 어드레스 시 최종 발의 너비를 스탠스라고 한다. 일반적으로 골퍼들은 스탠스가 "넓다" 혹은 "좁다"로 표현한다. 보통 스탠스의 너비는 클럽에 따라 좌우된다. 스탠스의 너비에 따라 체중 분배와 볼 위치가 변하는 것을 이해하고 알아두면 스윙을 보다 빠르게 습득할 수 있다. 클럽 별 다른 체중 분배와 볼 위치를 알아보자.

**정면에서 바라본 좌우 체중 분배**

● **7번 클럽(중간 길이) Iron**

• 스탠스 - 어깨 너비 만큼 벌린다.

• 볼 위치 - 양발 중앙에서 볼 한 개 정도 왼쪽에 위치한다.

• 체중 분배 - 양발 50대50 비율로 만든다.

### ● 웨지 클럽(짧은 길이) Wedge

- 스탠스 - 어깨 안쪽 너비(약간 줄인다-스윙 크기가 작아진다)

- 볼 위치 - 양발 중앙에서 볼 1~2개 정도 오른쪽에 위치한다.

- 체중 분배 - 왼발 쪽에 10~20% 더 옮겨 놓는다.

### ● 드라이버 클럽(가장 긴 길이) Driver

- 스탠스 - 어깨 바깥쪽 너비(약간 늘린다-스윙 크기가 커진다)

- 볼 위치 - 왼발 엄지발가락 안쪽에 위치한다(긴 클럽의 특성상 왼발 쪽으로 이동).

- 체중 분배 - 오른발 쪽에 5~10% 더 옮겨 놓는다.

클럽마다 좌우 체중 분배와 볼 위치가 다른 이유는 클럽 별 길이 차이가 있기 때문이다. 클럽 길이에 따라 스윙의 최저점 각도가 달라진다. 골퍼들은 볼 위치와 체중 분배를 함으로써 최적의 효율성 있는 타점을 만들고자 한다.

## 볼 위치가 스윙 궤도에 미치는 영향 Ball position

### ● 볼 위치가 기준보다 왼쪽에 위치한 경우

이 볼의 위치는 대부분 팔의 동작들이 늦게 반응하는 경우가 많다. 볼의 시작 방향이 의도한 대로 시작하기 어렵다.

• 스윙 궤도: 왼발 쪽에 있는 볼을 맞추기 위해 몸이 따라 나가면서 아웃투인 궤도

• 볼 구질: 슬라이스(오른쪽으로 심하게 도는 구질), 혹은 심한 풀 샷(왼쪽으로 당기는 샷)

### ● 볼 위치가 기준보다 오른쪽에 위치한 경우

이 경우엔 팔의 반응이 빨라 동작을 미리 만드는 경우가 많다. 필요 이상의 팔 움직임과 보상 동작이 많아지니 만큼 좋은 샷이 나오기 어렵다.

• 스윙 궤도: 오른발쪽에 있는 볼을 맞추기 위해 몸이 뒤에 남아서 스윙하는 인투 아웃 궤도

• 볼 구질: 훅(좌측으로 심하게 도는 구질), 혹은 심한 푸쉬 샷(우측으로 밀어내는 샷)

이러한 볼 위치의 움직임은 나쁜점만 있는 것은 아니다. 숙련된 상급 골퍼들과 프로들은 의도적으로 상황에 따라 볼 위치를 변경해서 본인이 원하는 구질의 샷을 치기도 하기 때문이다. 단, 기본을 먼저 숙지하고 난 후에 난이도 높은 샷을 연습하길 바란다.

### ● 앞뒤 체중 분배와 백 스윙 궤도 Distance between the ball

앞뒤 체중 분배는 좌우 체중 분배에 비해 복잡하지 않다. 클럽에 따라 달라지는 것도 없고 스탠스 폭에 좌우되는 것도 없다. 철저하게 앞뒤의 균형을 중요시한 자세를 만들면 된다. 앞서 균형 잡힌 셋업을 만드는 과정에서 언급했던 부분을 기억하길 바란다. 발의 균형은 뒤꿈치 또는 앞 발가락 쪽에 무게를 두는 것보다 발 중간 도톰하게 올라온 발등 중심으로 체중을 실어주면 좋다. 앞뒤 체중 분배가 중요한 이유를 다음과 같이 정리해 보았다. 어드레스 한 상태에서 옆모습을 볼 때 발가락에 몸무게가 치우치고 손과 몸의 간격이 좁으면 백스윙이 가파르게 들릴 수 있다. 팔과 몸이 연결되어 움직일 수 있는 공간이 비좁기 때문이다. 반대로 체중이 뒤쪽에 치우치게 되면 손과 몸의 간격이 멀어지게 되는데 이런 현상에선 백스윙의 플레인이 플랫하게 움직이는 경우가 생겨 올바른 스윙 포지션을 만드는 게 쉽지 않다.

체중 분배를 발 가운데 중심으로 두면 양팔이 자연스럽게 어깨선에게 늘어지면서 주먹 한 개 이상이 왔다 갔다 할 수 있는 공간이 생긴다. 적당한 간격이 만들어지게 되면 백 스윙 플레인은 크게 걱정할 필요가 없다. 앞뒤 체중 분배에 있어 클럽 길이가 따라 미세한 간격 차이가 있을 수 있다. 체중 분배가 올바르면 앞서 얘기한 바닥에서 부터 위로 셋업이 만들어져 견고한 느낌을 갖게 된다.

체중이 앞쪽에 쏠린 셋업

체중이 뒤쪽으로 많이 쏠린 셋업

체중이 양쪽으로 균등하게 배분된 셋업

**항상 일정한 순서를 반복하는 게 중요하다.**

셋업setup에 대한 올바른 방법을 일정한 순서를 만들어 연습하는 습관을 갖는 게 중요하다. 아무리 좋은 자세도 매번 다른 순서로 준비하다 보면 무의식 중 다른 동작이 반응을 보여 자세가 흐트러지는 경우가 종종 생긴다. 특히 초보자일수록 이런 현상들이 자주 나타난다. 자세를 만드는 시작부터 끝까지 순서를 만들어 자연스럽게 외워질 때까지 연습을 하자.

1. 볼 후방에 서서 타겟을 설정한다(클럽을 가슴 높이로 올려 목표 겨냥을 하는 방법이 무난하다).

이 부분을 아마추어 골퍼는 거의 하지 않고 바로 타석으로 들어가 타겟을 정하려고 한다(연습 스윙은 이전에 이미 2번 이하로 끝냈어야 한다).

2. 허리를 숙여 볼에 클럽페이스와 타겟 조준을 한다.

아마추어 골퍼들은 반대로 스탠스를 먼저 만들고 그립을 잡고 클럽을 마추는 경우도 많다.

허리를 숙일 때 머리만 내리는 경우가 종종 있다(등이 굽은 C자 자세가 나올 수 있으니 주의하자).

3. 그립을 잡고 클럽에 맞는 스탠스를 만든다(초보자는 상체의 각도를 다시 한번 세워서 상
   체와 목이 동시에 내리는 방법도 좋다).

4. 다리는 펴져 있는 상태에서 마지막에 무릎을 약간 굽히면서 균형을 잡아준다.

마무리 단계에서 무릎을 맨 마지막 굽히는 이유는 있다. 먼저 굽히고 나면 엉덩이 위치가 너무 앉는 자세가 나와 체중이 뒤쪽으로 치우치기 때문이다. 최종적으로 발을 딛으면서 좌우 앞뒤 균형을 마추면서 준비를 마무리 하는 게 최상이다.

# 09 부드러운 준비를 하는 마지막 단계를 만들자
## Ready for the ignition

지금까지 모든 준비 루틴은 끝났고 어떤 식으로 방아쇠를 당길 건지만 남아 있다. 골퍼마다 스윙을 스타트하는 방법은 조금씩 다르다. 한가지 확실한 점은 가만히 서있는 부동 자세에서 시작하는 선수는 없다는 것을 명심하자. 타이거 우즈 이후 최고의 스윙을 하는 로리 맥길로이 선수는 오른발로 체중을 약간 실어주는 동작으로 시작한다. 또한 전설의 잭 니클라우스 Jack Nicklaus는 오른쪽 발뒤꿈치를 살짝 들었다 놓는 동시에 왼쪽 발꿈치를 들어줌으로써 테이크 어웨이 시동을 걸었다. 우리나라 김시우 선수도 왼발을 들면서 시동을 거는 동작을 하고 있다. 2000년 이후 가장 스타트 동작이 특이한 선수는 메튜 울프Mathew Wolf 라는 선수가 있다. 클럽이 시작하기 전에 양쪽 무릎이 타겟 쪽으로 현란하게 움직인 후에 시작하는 특이한 스타트이다. 게리 플레이어Gary Player는 백스윙을 시작하기 전 오른쪽 무릎을 타겟 방향으로 조금 밀어 넣었다가 그 반동으로 테이크 어웨이를 한다.

살펴보면 남자 선수들은 발을 쓰는 선수가 대체로 많고 여자선수들은 대부분 손으로 부드러운 준비를 하는 선수가 많다. 손으로 하는 동작에는 클럽과 손을 옆으로 가져가는 동작을 주로한다. 아마추어 골퍼들도 처음에 어색하고 불편하더라도 본인에 맞는 트리거trigger 동작을 만들기 바란다. 다만 본인에 맞는 트리거 동작을 시도할 때 주의해야 하는 점은 지속성이다. 대부분 한두번 해보고 조금이라도 불편하면 포기하고 예전 방식으로 되돌아간다. 새로운 모션을 습득할 때는 충분한 시간을 할애하고 그로 인한 실수도 감안하는 것도 골프의 일부분이다. 또한 방송이나 현장에서 시합을 관람할 때 선수마다 제각기 다른 본인만의 트리거 포인트를 보는 것도 하나의 또 다른 재미이기도 하다.

손을 앞으로 약간 보내면서 시작한다

오른쪽 발을 조금 움직이며 시작한다

### ∴ 스윙의 원칙을 정리하면서

지금까지 스윙의 기본 원칙Pre swing principle에 대해 알아보았다. 그립Grip, 에임Aim 그리고 셋업Setup만 알아도 골프의 50% 이상은 이미 성공했다고 말하는 전문가들도 많이 있을 정도로 중요하다. 골프의 특성상 타 종목에 비해 지켜야 할 부분이 많은 건 공감한다. 하지만 지키지 않으면 타 종목에 비해 형편없는 동작을 하는 것도 골프지 않나 싶다. 골프에 열정을 가진 당신에게 꼭 이 과정을 습득하고 연습해 볼 것을 당부하는 바이다. 다음 챕터는 클럽과 몸이 본격적으로 움직이는 것에 대해 알아볼 것이다. 골프의 매력과 재미는 지금부터 시작이다.

# 골프 스윙 동작에는 순서가 있다

Chapter 2

# Swing Sequence

# 01 첫 단추를 잘 채워야 하는 테이크어웨이 동작
## Take away

골프에서 테이크어웨이take away는 말 그대로 "가지고 가다"라는 뜻이다. 클럽헤드를 볼 뒤로 빼는 동작을 말하며 스윙의 첫 연결고리 움직임이라고 보면 된다. 테이크어웨이가 중요한 이유는 스윙의 첫 단추를 끼우는 동작이기 때문이다. 단추가 처음부터 잘못 채워지면 전체 옷의 형태가 볼품없어 보이듯이 스윙도 마찬가지라고 보면 된다. 골프 스윙은 도미노처럼 연결되어 있다. 첫 단추가 잘 채워지면 좋은 흐름을 탈 것이다.

**테이크어웨이 순서와 메인 포인트에 대해 알아보자.**

지도하는 과정에서 많은 아마추어 골퍼에게 질문을 했다. 테이크어웨이 스타트를 무엇으로 하는지? 그들의 대답은 예상 밖으로 천차만별이었다(손, 팔, 어깨, 몸통, 또는 팔과 몸통 동시에 등). 테이크어웨이에 관한 순서에 대해 아예 배우지 못했거나 배웠어도 디테일한 부분들을 다듬지 않고 지나쳤을 확률이 높다. 골프는 수학처럼 정확한 공식을 대입시켜 동작을 만들어야 하는 건 아니다. 분명한 점은 골퍼가 테이크어웨이 순서에 대한 이해와 지식이 없으면 첫 단추부터 잘못 채워져 엉키게 되면서 엄청난 혼동이 올 것이 분명하다.

결론부터 얘기하면 테이크어웨이는 손을 움직이면서 시작한다. 손은 팔을 움직이게 만들고 팔은 어깨와 몸통을 반응하게 만든다. 이 동작은 클럽을 아무런 문제없이 효율적인 위치에 가져다 준다. 모든 동작에는 순서가 있듯이 테이크어웨이를 할 때도 마찬가지로 미세한 순서가 있다. 만일 상체가 동시에 움직이거나 순서가 뒤바뀌면 전체 연결성이 깨지게 된다. 특히 팔과 몸통의 연결성이 타이트하지 않고 느슨한 동작이 나오며 클럽의 위치는 다음 동작을 하기 어려운 위치에 놓이게 된다.

**1. 손과 클럽→팔→어깨+몸통의 순서로 테이크어웨이를 이해하면 좋다.**

순서를 만들 때 중요한 체크 포인트가 있다. 이 부분을 제대로 습득하면 훌륭한 스윙을 만들 확률은 70% 이상이다.

## 2. 손의 악력을 유지하라.

손을 움직일 때 셋업 때 잡은 그립 강도를 유지하는 게 중요하다. 셋업 때 잡은 그립 강도가 바뀌지 않고 똑같이 유지돼야 손목의 각도 또한 변하지 않는다. 그렇지만 대부분의 골퍼가 악력이 약해져서 움직이는 경우가 많다. 손의 악력이 변하면 손 위치와 손목 각도가 변하게 된다. 클럽페이스 방향과 각도 또한 틀어지면서 다음 동작으로 이어지는 백스윙에서 이상적인 손팔의 동작을 기대하기 어렵다.

손의 힘이 없어 클럽의 컨트롤이 어렵다

## 3. 팔의 의도는 정확해야 한다.

언뜻보면 테이크어웨이 동작은 동시에 다같이 통으로 움직이는 것처럼 보일 수 있다. 하지만 통으로 움직이게 되면 상체가 무뎌지게 될 확률이 높다. 팔의 내외회전 의도는 전체가 동시에 움직이게 하는 것이 아니라 손팔 타이밍이 미세하게 먼저 움직이는 동작을 만들 수 있게 하기 위함이다.

## 4. 몸통은 조용하게 반응하라.

테이크어웨이에서 몸통의 역할은 빠른 움직임이 아니다. 팔과 어깨 동작의 자연스런 반응이라고 생각하면 된다. 빠른 몸통의 동작은 앞에서 언급했듯이 팔과 몸통의 연결성이 깨진다. 클럽헤드는 몸 뒤쪽으로 처지게 되어 스윙의 방향을 잃어버리고 만다. 다만 골반의 가동성이 제한적인 상황에서 하체가 평균보다 미리 움직일 수도 있다. 미리 움직이더라도 몸 전체에 연결성이 깨지지 않게 주의해야 한다.

몸통이 과하게 회전된 동작

팔만 너무 빠르게 돌린 동작

# 02 양팔의 삼각형 그리고 왼팔의 연결성을 알자
## Making a triangle

**어디까지가 테이크어웨이인가?**

많은 골퍼들이 어디까지가 테이크어웨이인지 의문을 갖고 질문을 한다. 가장 간단한 답은 오른쪽 허벅지가 지난 시점이라고 위치를 알려주는 것이다. 이 위치를 정하는 결정적인 요소는 왼팔과 가슴의 연결성이다. 왼팔의 역할은 약간 내회전을 하며 왼쪽 겨드랑이를 조여주면서 왼쪽 가슴에 닿는 부분까지 온다. 여기까지가 테이크어웨이의 임무고 정확한 시점이면 팔이 더 이상 갈 수 없게 된다. 이 시점에서 어깨와 양팔이 이루는 삼각형이 만들어진다. 양팔의 삼각형이 중요한 이유는 다음 동작인 백스윙을 가장 쉽게 만들 수 있는 위치이기 때문이다.

 정확한 왼팔의 연결성

왼팔의 과한 움직임으로 의한 결함 

오른손의 과한 드는 동작으로 인한 연결성 결함 

**클럽 페이스 방향과 위치를 확인하자.**

테이크어웨이 동작에서 손팔의 역할이 좋으면 클럽페이스 방향과 위치가 자연스럽게 좋은 포지션을 만든다. 클럽페이스는 손팔에 의해 미세하지만 자연스럽게 돌아가는 동작을 이해하고 척추라인과 평행을 만드는 위치에 근접하게 되면 이상적이다. 다만 그립 포지션에 따라 미묘한 차이는 있을 수 있다. 가령 너무 스트롱strong 그립을 잡은 경우의 클럽페이스는 약간 닫힌closed 모양이 될 수 있다. 반대로 위크weak 그립 포지션은 열린open 클럽페이스 포지션이 나올 수 있다는 점을 알고 있자.

역간 열린 클럽페이스 각도

직각에 가까운 클럽페이스 각도

# 03 테이크어웨이 시 흔한 오류 동작
## Common error in take away

**팔은 혼자서 자유자제로 움직인다(Arm movement).**

테이크어웨이에서 팔이 너무 과하게 움직이면 클럽이 너무 앞으로 들리는 현상이 나타난다. 이 현상의 원인은 시작할 때 팔의 미세한 내외회전이 이루어지지 않아 팔과 몸통의 연결성이 깨졌기 때문이다. 연결성 없이 팔을 혼자 두게 되면 움직이는 범위가 너무 광범위해 자유롭게 클럽을 들어 다음 동작을 연결하기 쉽지 않다. 셋업 자세에서 만든 팔로 겨드랑이를 살짝 조이는 느낌을 테이크어웨이까지 유지하는 부분이 중요하다. 팔이 앞으로 과하게 들리지 않으면 테이크어웨이 동작까지 조이는 느낌은 유지될 수 있고 다음 동작으로 연결시키기 수월하다.

## ● 중심 없이 스타트 하는 경우

양궁에서 오른손으로 활시위를 당길 때 왼손은 활을 잡고 버텨준다. 테이크어웨이 동작을
할 때도 마찬가지로 중심을 잡아줄 기준점을 만드는 것이 중요하다. 주로 발쪽에서 그 역할
을 하는 경우가 많은데 왼쪽과 오른쪽 중에 본인이 만들면 된다(대부분의 선수들은 오른발
에 기준을 두고 움직인다). 중심에 대한 기준을 만들지 않으면 하체가 무너지는 스웨이sway
동작이 만들어 진다. 스윙을 고무줄처럼 팽팽한 텐션을 유지하기 위해선 중심점을 만들어야
하는 이유다.

중심 없는 스타트로 인한 스웨이 현상

**좋은 테이크어웨이 연습 방법이 있다.**

## ● 수건 연습법

왼쪽 겨드랑이가 너무 빨리 떨어지면 클럽의 궤도가 방향을 잃는다. 수건을 양쪽 겨드랑이에
끼면 팔과 몸통의 연결성을 유지하며 클럽의 궤도가 올바른 자리에 위치한다. 이때 오른쪽
팔꿈치가 몸에 붙지 않고 떨어져 있는 모양을 만드는 게 중요하다. 또한 팔의 위치가 높은 풀
스윙을 피하는 것이 이 연습의 효과를 높여 준다.

수건을 이용함으로써 광배근과 상완근의 사용도가 높아진다

## • 골프공 연습법

팔로만 드는 급한 테이크어웨이를 방지하는 연습 드릴을 소개한다. 클럽페이스 뒤에 볼을 놓고 테이크어웨이 하면서 볼을 뒤로 곧장 밀어내면서 연습한다. 볼이 똑바로 구르지 않을 땐 클럽페이스 움직임을 확인을 해 볼 필요가 있다. 팔이 과하게 바깥쪽으로 들리면 볼이 후방으로 똑바로 끝까지 구르지 않을 확률이 높다. 클럽페이스를 낮게 빼는 연습으로 볼을 보며 가는 느낌으로 테이크어웨이를 하면 된다.

볼을 뒤로 조용히 보낼 수 있게 된다

**• 양팔 내외회전 연습법**

골프에서 팔뚝(전완근)의 내외 회전은 수없이 언급되지만 쉽지 않은 부분임은 확실하다. 평소 생활에서 팔뚝 회전을 별로 해본 적이 없기 때문이다. 평소에 연습을 통해 팔뚝 회전의 익숙함을 만들어 보자. 팔뚝 내외 회전을 이해하면 골프 스윙을 배우는 과정에서 정말 편해질 것을 약속한다. 먼저 맨손으로 연습을 하고 난 후에 손으로 클럽을 잡고 연습한다. 이 연습의 목적은 손보다 팔뚝회전을 훈련하는 것에 중점을 두고 있다. 이 연습의 의도는 무조건 팔뚝 회전을 많이 하려는 의도가 아닌, 팔뚝회전의 느낌을 알아야 제어하는 동작도 쉽게 컨트롤 할 수 있게 된다. 스윙은 미세한 동작으로 만들어진다.

클럽을 들지 않고 맨손으로 전완근 내외 팔뚝회전 연습을 한다

클럽을 들고 맨손과 같은 느낌으로 손과 팔뚝의 연결성을 느끼면서 연습한다

# 백스윙과 탑포지션은 골프스윙의 90%다
# Back Swing

골프스윙은 확률의 게임이다. 이상적인 백스윙Back Swing과 탑포지션은 다운스윙을 성공적으로 이끌 확률이 높다. 아마추어는 백스윙이 좋으면 다른 나머지 부분은 신경 쓰지 않아도 된다라는 말을 할 정도로 중요하다. 첫 단추를 잘 채운 테이크어웨이 동작에서 백스윙으로 연결시키는 중요 포인트 및 과정을 하나씩 알아보도록 하자.

**팔의 움직임과 몸통의 연결성이 중요한 이유를 알아보자.**

백스윙은 팔의 움직임과 몸통의 연결성을 주축으로 상체와 하체의 꼬임을 만든다. 팔의 움직임은 클럽 포지션과 볼의 방향을 결정하는 스윙 플레인이 결정되는 과정을 만든다. 반면에 몸통은 상하체 꼬임coiling을 만드는 과정을 통해 스윙에 필요한 강력한 파워를 만드는 역할을 한다. 이 부분을 통해 골프에서 필요한 거리와 방향을 얻어낼 수 있다. 백스윙 과정은 테이크어웨이를 연결해서 만드는 것이 중요하다. 올바른 팔의 움직임과 어깨와 몸의 타이밍이 중요한 역할을 할 것이다.

백스윙을 만들 때 팔은 스윙 아크의 길이와 폭을 이용해 최대한 간결한 스윙을 만들어야 한다. 상하체는 몸통과 골반을 이용해 타이트한 꼬임을 만들어야 하는 임무를 갖고 있다. 이 중 어느 한쪽이 더 중요하다고 말할 수 없다. 상호간의 역할이 충족되어 연결돼야 좋은 백스윙이 만들어질 것이다.

스윙의 길이 & 너비(Length of arc & Width of arc)

**오른쪽 엘보와 샤프트 각도의 연관성을 알아보자.**

오른쪽 엘보의 역할은 골프스윙에서 자주 언급되는 부분이다. 클럽이 움직이기 시작하는 테이크어웨이 순간부터 다운스윙에서 임팩트로 연결되는 부분까지 지속적으로 언급된다. 백스윙 시 오른팔 엘보가 언급되는 이유는 오른팔 엘보 동작에 따라 샤프트 위치가 변하기 때문이다. 백스윙에서 오른팔 엘보가 들리는 원인에 대해 알아보도록 하자.

몸통 회전이 과하고 일찍 돈다. 오른팔이 미리 붙어 들면서 백스윙을 만든다.

몸통(흉추)가동성이 부족해 팔을 들어 올리는 동작

## 손목 코킹 타이밍과 클럽페이스 방향

골프스윙에서 손목 코킹이라는 동작은 손목을 사용해 클럽을 세우는 동작을 말한다. 엄밀히 말하면 이 부분을 잘하는 아마추어는 많지 않다. 그만큼 어렵고 오류가 많이 생기는 부분이다. 원인 중 하나는 많은 아마추어들은 코킹은 자연스럽게 만들어진다고 자각하는 경우도 적지 않다. 이런 경우엔 손목 코킹 타이밍이 늦거나 코킹 의도가 없어 늘어지는 스윙 또는 오버 스윙이 나올 확률이 높다. 다른 원인은 그립을 잘못 잡는 부분에 있다. 그립을 너무 위크 그립weak grip을 잡아 손목 코킹을 위로 원활하게 하지 못한다. 이런 동작은 백스윙이 더 진행되기 전에 교정을 해주는 것이 좋다.

원활한 코킹 타이밍의 백스윙

코킹 타이밍을 놓친 상황

힘이 없는 골퍼의 경우는 위크weak 그립을 잡게 되면 손목 코킹이 더욱 어려워질 수 있다. 이런 특별한 경우, 그립 포지션을 스트롱strong 하게 잡으면 손목 코킹을 수월하게 만들 수 있다.

**하프스윙 지점에서 체크할 부분이 있다.**

스윙을 완성시키는 과정에서 확인해야 하는 중요한 부분이 있다. 백스윙이 반쯤 만들어졌을 때 손을 위치를 확인하는 일이다. 양손의 위치가 가슴 앞쪽(명치)에 위치하고 있는 것이 이상적인 포지션이다. 이 위치를 확인하는 방법은 하프스윙Half swing에서 양손을 가슴 쪽으로 당겨보면 알 수 있다. 당겼을 시 손이 너무 앞쪽에 위치하면 팔을 빨리 들고 코킹이 빠르다고 할 수 있다. 반대로 손의 위치가 너무 뒤쪽이면 몸의 회전이 너무 빨랐고 코킹 타이밍이 늦었다고 볼 수 있다. 앞서 언급한 대로 손목 코킹 타이밍과도 연관된 부분이 있다.

양손이 가슴 앞에 위치한 경우엔 샤프트 각도 또한 크게 신경 쓸 필요가 없어진다

양손의 위치가 안쪽에 위치한 경우에는
나머지 백스윙 구간에서 손과 클럽을 들어올리는 보상 동작을 해야 한다.

양손이 앞쪽에 위치한 상황에서도 마찬가지로
나머지 백스윙 구간에서 손과 클럽을 뒤로 보내는 보상 동작을 해야 한다

위와 같이 백스윙을 하는 과정에서 하프스윙 위치는 중요한 체크 포인트 구간이다. 프로들도 올바른 하프스윙 위치를 완벽히 만들기 위한 연습에 많은 시간을 투자한다. 정확한 하프스윙 구간을 익히기 위해 하프스윙 포지션에서 볼 치는 연습을 하는 프로들로 적지 않게 볼수 있다. 백스윙 구간에서 보상 동작 없이 최대한 깔끔한 스윙을 만들어야 일관성과 정확도를 높일 수 있다. 30년 전 코치가 한 얘기 중 가장 기억에 남는 말은 "자신의 클럽이 어디로가야 하는지를 알아야 하지만, 자신의 클럽이 어디에 있는지를 아는 것이 더 중요하다"라는말이다. 우리는 스윙의 최종 목적지도 중요하지만 중간 구간에 대한 이해와 인지 역시 중요한 것을 명심하자.

## 백스윙 시 팔위치를 돕는 연습

### • 팔 위치를 만드는 연습 방법

셋업 자세에서 손을 제자리에 둔 채 미리 손목코킹을 한다. 이 동작을 전문 용어로 프리코킹 Pre-cocking이라 한다. 오른팔 팔꿈치는 살짝 접히고 클럽은 옆으로 지면과 평행하게 올라오게 된다. 이 상태에서 팔을 올리고 연결된 어깨와 몸통이 돌아준다. 이 위치는 모든 사람들의 백스윙 위치가 된다. 만일 몸과 팔이 범위를 넘어 과하게 돌거나, 드는 동작을 하면 본인의 위치를 벗어났다고 보면 된다. 모든 사람이 같은 위치에 있지 않을 것이다. 몸통의 가동범위와 팔의 길이wing span, 손목 가동성에 따라 조금씩 다른 위치가 만들어진다. 셋업에서 이 위치까지 반복 연습을 하면 백스윙의 길을 더욱 선명하게 느껴질 것이다.

# 06 올바른 꼬임의 핵심은 무엇인가?

**백스윙 마지막 구간의 탑스윙 포지션 Top Swing Position**

탑스윙 포지션은 하프스윙처럼 전체 백스윙 과정의 한 구간이라고 볼 수 있다. 백스윙 크기에 따라 1/4스윙, 1/2스윙, 그리고 탑스윙 등이 모두 포함되어 있다. 하프스윙에서 체크를 하듯, 탑스윙 포지션에도 체크해 볼 것이 있다. 보통 탑스윙 도달하기 전 백스윙 과정에서 어느 정도 예견된 탑스윙 포지션이 나오긴 한다. 체크할 부분은, 몸통과 하체의 꼬임coiling, 클럽 샤프트 방향과 각도, 위치에 따른 스윙 스타일 등이 있다.

지금까지 팔은 백스윙을 만드는데 핵심적인 역할을 한 건 분명하다. 팔과 함께 중점을 둬야 하는 부분은 하체와 몸통이다. 몸통과 하체가 만들어 내는 꼬임이 스윙에 미치는 영향이 크기 때문이다. 좋은 꼬임을 만들기 위해선 견고한 하체와 가동성 좋은 몸통의 역할이 필요하다. 견고한 하체는 바닥을 이용해 잘 딛고 버티면서 몸통의 움직임을 이용해 최고의 꼬임을 만들어 내면 된다. 제대로 된 꼬임이 만들어 지면 백스윙 위치에서 몸과 팔에 제한이 생겨 더 이상 갈 수 없는 위치를 찾게 된다.

올바른 꼬임을 만들기 위해서는 다른 부분보다 특별히 신경을 써야 하는 부분이 있다. 몸통의 하복부와 하체 쪽엔 오른쪽 다리의 힘이 몸의 다른 부분보다 절대적으로 필요하다. 하복부의 힘은 탑스윙 포지션에서 허리가 꺾이지 않게 하는 동시에 스윙의 제한을 만들 수 있는 위치를 만든다. 오른 다리 안쪽의 힘은 골반이 옆으로 밀리는 스웨이sway 동작을 나오지 못하게 한다. 하복부 힘이 빠져 허리가 꺾이게 되면 탑스윙 포지션에서 리버스 피봇Reverse pivot (체중이 왼쪽에 치우침) 스윙을 하게 될 확률이 매우 높다. 리버스 피봇이 된 스윙은 원활한 체중이동이 되지 않아 다운스윙 순서가 뒤바뀔 수 있다. 또한 꺾인 허리로 인해 스윙 시 부상 위험도 따른다. 하체에선 오른쪽 다리가 바깥쪽으로 밀리지 않게 발바닥을 사용하여 오른쪽 허벅지 안쪽(내전근)에 힘을 갖는 동작을 만든다. 올바른 꼬임으로 만든 스윙은 강력한 파워를 낼 수 있는 기반을 만들어낸다.

리버스 피봇

스웨이 동작

올바른 코일링(coiling)

## 강한 파워를 만드는 탑포지션 X-Factor

강한 파워의 핵심은 정확한 상하체의 꼬임을 통해 힘을 최대한 비축하는 것이다. 강한 파워 스윙은 어깨 회전 각도와 힙 회전 각도의 차가 클수록 유리하다. 이 회전각을 골프 용어로는 엑스 팩터X-factor라고 한다. 아마추어 골퍼들이 강한 파워 스윙을 하기 어려운 이유는 회전 각도의 차이가 덜 만들어지기 때문이다. 제한적인 몸통과 골반 가동성이 충분한 각을 만드는 데 한계가 있다. 하지만, 각자 자신의 최대치 회전 각도 안에서 강한 파워 스윙을 만들어 내는 것은 가능한 일이다.

**• 강한 파워를 내는 방법**

1. 어깨 길이를 최대한 활용하면서 몸통과 힙 회전 각도와 차이를 만든다. 마치 스프링이 꼬였다 풀리는 상황처럼 각도가 크면 풀리는 양이 강해진다.
2. 백스윙 시 양손은 가슴에서 떨어져 있게 팔을 가슴쪽으로 당기지 않는다.
   다운스윙에서 팔이 아래로 떨어지는 중력은 헤드스피드에 도움이 된다.
3. 체중은 오른쪽 허벅지(내전근) 안쪽에 잘 위치시킨다.
   왼쪽 발에도 조금은 버티는 힘이 있어야 오른발과 함께 지면을 활용할 수 있다.
4. 오른쪽 무릎이 밀리지 않게 오른발바닥 안쪽에 힘을 더 실어준다.
   결국 발바닥이 지면과 접지력이 좋아야 하체가 버틸 수 있다.
5. 최고의 힘을 비축하기 위해선 허리가 꺾이지 않고 복부에 힘을 모아야 한다.
   복부를 자동차의 엔진이라고 생각하자. 복부에 힘이 없으면 파워가 생길 수 없다.

## 꼬임을 돕는 동작 연습 방법 Coiling drill

클럽을 잡지 않고 맨손으로 셋업 자세를 만든다. 오른손은 허리를 잡고 왼쪽 팔을 오른쪽 옆으로 길게 뻗어 준다. 이때 오른쪽 발바닥 안쪽에 힘을 두고 오른손을 이용해 오른쪽 골반을 반대인 왼쪽으로 살며시 틀어준다. 이 연습 방법은 백스윙 시 팔과 몸통회전이 우측으로 도는 현상에서 오른쪽 골반이 밀리거나 앉는 동작을 막아준다. 동시에 팔과 골반은 서로 반대 방향으로 움직이며 교차되는 지점을 타이트하고 최대의 회전각을 만들어준다. 팔과 몸통은 하체와 같은 방향으로 움직이면 최대치의 회전각을 만드는 데 어려움이 있어 서로 상반되게 움직여야 한다. 이 연습에 있어 발바닥의 역할이 중요하다. 특히 오른발이 바깥쪽으로 밀리지 않아야 하는 동작이 중요한 포인트가 된다. 처음엔 어색하고 양쪽 모두 허술하고 느슨한 느낌이 들 수 있다. 오른쪽 무릎을 살짝 펴면서 다리 안쪽과 발바닥 힘을 잘 느끼게 되면 몸과 골반이 더 이상 가동되지 않는 범위에 도달해 타이트한 연결 느낌을 갖게 된다.

꼬임 동작을 만들 때 중요한 점은 하복부와 오른쪽 다리에 모두 정확한 힘이 들어가야 제대로 된 꼬임을 느낄 수 있다. 둘 중 한쪽이라도 엉성한 동작이 나올 경우엔 제대로 된 느낌을 갖지 못한다.

# 07 스웨이가 생기는 원인과 해법을 알자
## Sway

스웨이sway 동작은 몸이 과하게 옆으로 밀리는 현상을 말한다. 물론 이전에 언급된 올바른 꼬임과 오른 다리의 역할이 잘 만들어지면 스웨이 동작은 나오지 않는다. 스웨이 동작은 힙과 무릎이 밀리는 하체 스웨이와 몸통이 밀리는 상체 스웨이 두 가지로 나뉜다. 일반적으로 골퍼들은 상체 스웨이보다 하체 스웨어 현상이 더 많이 나타난다. 대부분의 골퍼들은 몸통의 회전각이 골반보다 많아 뒤로 돌 수 있다. 상대적으로 골반은 몸통에 비해 회전각이 작아 돌 수 없는 상황에선 밀릴 수밖에 없기 때문이다. 이 중에서 상체 스웨이의 미스 샷의 범위가 좀 더 크게 나타난다. 스웨이 동작의 원인과 해법을 좀 더 상세하게 알아보자.

### 1. 상체 스웨이

상체 스웨이의 원인은 스윙 시작 시 순서를 정확히 인지가 안 된 경우가 대부분이다. 스윙의 시작을 클럽과 팔의 순서가 아닌 몸통으로 움직이는 경우가 많다. 이런 경우엔 몸이 옆으로 밀리면서 중심축이 많이 움직이며 스윙에 영향을 미친다. 스윙 순서를 인지하고 올바른 테이크어웨이 연습을 자주하는 습관을 갖는 것이 중요하다. 또한 스윙을 시작할 때 몸이 많은 움직임을 주지 않은 것이 좋다. 오히려 시작할 때 시선은 볼을 주시하고 차분하고 조용한 테이크어웨이가 도움이 된다.

상체가 대부분 많이 움직인다

상체 스웨이를 피해야 하는 이유는 움직인 만큼 다시 되돌아 오기 어렵기 때문이다. 대부분의 골퍼는 제 위치로 오는 과정에서 과한 힘을 쓰는 동작으로 인해 스윙궤도가 막히거나 손을 과도하게 사용하는 동작을 하게 된다.

## 2. 하체 스웨이

하체 스웨이는 골반과 무릎이 옆으로 밀리는 동작을 말한다. 보통은 골반이 주로 밀리지만, 심한 경우는 무릎도 같이 밀려 있는 동작을 볼 수 있다. 골반이 밀리는 경우는 하복부에 힘이 들어가지 않는 경우가 많다. 무릎이 옆으로 밀리는 경우는 오른쪽 다리 안쪽에 힘이 버티고 있지 않고 바깥쪽에 밀려 있다. 먼저 셋업 때 하복부를 등쪽으로 당긴다는 느낌을 갖는 것이 중요하다. 스윙 시 복부에 어느 정도 힘을 유지하면 꼬임을 느끼기 좋다. 셋업 시 무릎은 안쪽으로 모이지 않으면서 발바닥에 체중이 잘 실려 있게 느낌을 갖는 것이 중요하다.

하체 스웨이가 나오면 안 되는 이유는 다운스윙 시 지면을 이용한 강한 파워를 실을 수 없기 때문이다. 다운스윙에서 하체 힘을 사용하는 구간에서 축적된 힘이 없어 힙을 앞으로 미는 동작으로 힘을 제대로 쓸 수 없게 된다.

**탑스윙에서 오른쪽 다리로 하중을 느낀다.**

스웨이 방지를 위해 필요한 하체에서 오른쪽 다리에 대한 보충 설명을 하도록 하자. 탑스윙 포지션에서 오른쪽 다리가 중요한 이유는 70~80% 체중이 오른쪽 다리로 넘어 왔기 때문이다. 이 과정에서 하체가 무너지지 않고 잘 버텨야 한다. 탑스윙에서 오른쪽 무릎과 다리 안쪽(내전근)에 긴장감이 느껴져야 한다. 오른쪽 무릎은 셋업 때보다 약간 펴진 동작을 하는 것이 바람직하다. 무릎을 잡고 있으면 골반이 뒤로 돌지 못하고 옆으로 밀리게 된다. 반면에 오른 무릎을 너무 많이 펴게 되면 오른 다리 자체에 힘을 실을 수 없게 된다. 오른쪽 발은 바닥을 비트는 동작을 통해 압력을 만드는 데 압력이 좋을수록 볼을 칠 때 힘을 더 실을 수 있다.

오른발 안쪽 힘을 모아 놓은 상태의 탑스윙

# 08 탑포지션 샤프트 방향, 클럽페이스 각도와 손목포지션의 관계를 알자
## Clubface angle, wrist position & shaft direction at the top

골프 중계를 보면 투어선수들의 탑스윙 모양이 조금씩 다르다는 생각이 든 적이 있을 것이다. 손목 포지션, 샤프트 방향, 그리고 세밀하게 보면 클럽페이스 각도까지 다른 것을 볼 수 있다. 대부분 비슷한 모양을 하는 것 같지만, 약간씩 틀린 탑스윙 모양을 하는 것은 맞는 사실이다. 이들의 공통점은 다른 모양을 하면서도 모두 본인만의 궤도와 페이스 각을 조절하며 좋은 샷을 구사한다. 아마추어 골퍼들의 탑스윙도 마찬가지로 서로 다른 모양을 하고 있지만 프로선수와 다른 결과를 만들어 낸다. 여기서 프로들과 다른 점은 스윙에 대한 본인만의 해석이 없다는 것이다. 여기에 대한 해답은 탑스윙에 대한 본인만이 해석이 명확하게 이해돼야 한다는 점이다. 또한 스윙의 모양이 기본적인 틀에서 너무 많이 벗어나지 않게 만드는 것도 중요하다. 일반적인 아마추어 골퍼들은 프로선수들에 비해 연습량이 적기 때문에 본인만의 감각과 느낌을 찾기가 어렵다. 틀에서 많이 벗어난 어려운 탑스윙 포지션에선 그만큼 좋은 스윙을 할 수 있는 확률이 떨어진다.

앞서 다른 곳에서도 언급한 적이 있지만 클럽페이스의 각도와 손목 모양은 그립과 연관이 있다. 좀 더 자세하게 살펴보면 보통 너무 스트롱strong 그립을 잡으면 클럽페이스가 닫힌 모양이 되어 훅이 발생한다. 반대로 위크weak 그립을 잡으면 클럽페이스가 열린 모양이 되어 슬라이스가 난다. 마지막인 뉴트럴neutral 그립은 클럽페이스 각도가 45도 정도 만들어지며 손목 모양과 평행이 된다. 많은 골퍼들이 세 번째 위치를 선호하는 이유는 다른 그립과 손목 모양에 비해 다운스윙의 과정과 임팩트 효율성이 뛰어나기 때문이다. 앞서 처음 그립을 배울 때 뉴트럴 그립을 권장하는 이유이기도 하다.

# 손목 모양의 종류

보우 bowed

컵 cupped

뉴트럴 neutral

위에 설명과 같이 손목과 클럽페이스 각도는 그립을 어떻게 잡느냐에 따라 달라진다. 사람마다 다른 목적과 의도가 있어 조금씩 다르게 접근할 수는 있다. 하지만 너무 확연하게 다른 위치는 스윙을 함에 있어 많은 혼동을 줄 수 있다. 프로들의 모양을 꼭 따라할 필요는 없고, 쉽지도 않다. 자신의 장단점을 활용하여 최대한 유리한 위치를 만들어 보는 것이 바람직하다. 그리고 반드시 본인의 스윙 포지션에 대해 정확히 이해해야 한다.

## 샤프트 방향과 손목 관계

### • 오른쪽 엘보의 영향력

탑스윙의 샤프트 방향에 대해 알아보자. 탑스윙 시 샤프트의 방향은 타겟과 평행에 가깝게 위치한 것을 이상적이라고 말한다. 약간의 틀어진 샤프트 방향은 보상이 쉽게 되지만 크게 틀어진 샤프트 방향은 스윙 시 어려움을 겪는다. 샤프트 방향에 영향을 미치는 오른쪽 엘보와 손목에 대해 알아보자.

샤프트가 뒤쪽으로 뉘어진 레이드오프(laid-off)

약력에 힘이 없고 코킹 타이밍이 늦는 경우가 많다. 오른쪽 팔꿈치가 너무 안으로 들어와 있다.

1. 상체 가동성 제한으로 회전이 덜 되어 팔을 위로 들어 스윙을 주도한다. 주로 오른쪽 팔꿈치가 들려 있다.
2. 빠르고 과한 몸통 회전으로 인해 클럽과 손이 안으로 들어온다. 이때 오른팔이 몸에 붙는 현상이 나타나며 마찬가지로 오른쪽 팔꿈치는 들린다.

샤프트가 앞 머리 쪽으로 틀어진 크로스오버(cross-over)

**샤프트 위치가 타겟라인과 평행(On line)에 가깝게 위치한다.**

좋은 위치의 탑스윙(팔과 몸통의 정확한 순서로 인한 올바른 타이밍)

오른쪽 팔꿈치도 들리거나 너무 안쪽으로 들어와 있지 않고 바른 위치에서 안정되게 클럽을 받쳐주고 있다.

골프는 모든 것이 연쇄 동작으로 이어진다. 순서와 타이밍이 맞으면 아마추어 골퍼도 프로들의 위치와 비슷한 곳에 있을 수 있다. 물론 골퍼마다 다른 체형을 가지고 있어 아주 똑같은 스윙을 만들기는 어렵다. 손목과 클럽페이스 각도, 그리고 샤프트 방향은 골프에 있어 많이 언급되는 부분이고 그만큼 중요하게 다룬다. 본인의 위치를 알고 스윙 연습을 하면 수십 배의 효과를 얻을 것을 약속한다.

### ∴ 마지막으로 백스윙 & 탑스윙 포지션을 정리하며

한마디로 스윙을 만들 때 절대 서두르거나 급한 스윙을 만들지 않았으면 하는 말을 전하고 싶다. 지금까지 급해서 흥한 골퍼보다 망한 골퍼들이 수백배는 더 많다. 지금까지 가장 정교하고 디테일한 내용들을 같이 이해하고 노력한 부분에 대해 많은 격려를 드린다. 자기만의 리듬을 만들고 지속적인 연습을 통해 부드럽고 매끄러운 백스윙을 만들기를 바란다. 앞으로 전개되는 내용 역시 골프 스윙에 있어 중요한 내용임은 확실하다. 지금까지 잘 만든 백스윙을 이어서 전개하는 부분이기에 크게 걱정하지 말라고 당부하고 싶다. 끊기지 않고 한 번에 백스윙까지 만들 수 있는 연습을 꾸준히 하길 바란다.

# 09 다운스윙 전환은 동시성에 의해 만들어진다
## Downswing Transition

**체중이동과 팔의 동시성을 이해하자synchronicity.**

오랫동안 많은 골퍼들에게 스윙 타이밍은 매우 어려운 과제이다. 지난 수년간 발전된 기술 장비와 교습 방법 덕택에 좋은 스윙 기술은 무엇을 어떻게 해야 하는지 상당히 이해할 수 있었다. 다운스윙 전환에서 동시성은 하체 체중 이동 시 팔의 미세한 동시 타이밍을 말하는 것이다. 많은 골퍼들은 다운스윙 시 하체만 우선적으로 리드하는 걸로 인지하고 있다. 하지만 다운스윙 시 팔(상완근)도 미세하게 동시에 내려지는 동작이 필요하다. 이 동작을 다운스윙 전환의 동시성이라고 한다. 다운스윙 전환에서 많은 오해가 있던 부분은 팔에 관련된 얘기다. 많은 아마추어 골퍼들은 체중 이동 시 팔 동작은 최대한 지연시키면서 왼팔로 끌어주라는 이론에 세뇌되어 있다. 또는 자연스럽게 내려오게 되어 있고 오히려 인위적인 동작은 하지 않는 것이 좋다고 알고 있다. 이 말로 인해 수십 수백만 명의 골퍼들이 스윙을 망치면서 힘들어하는 것을 접하게 됐다.

만일 당신이 아직 팔에 대한 개념이 없거나 동시성을 처음 접하는 상황의 골퍼라면 아래 동작에 집중하길 바란다.

**하체가 순서를 시작하며 팔이 반응한다.**

체중 이동에서 하체 동작은 왼쪽 힙과 다리에서 시작한다. 오른쪽에 60-70% 있던 체중을 왼쪽 힙과 복부를 통해 꼬임을 푼다는 느낌이다. 왼쪽 힙이 45도 정도 사선으로 돌아오는 위치는 처음 만들었던 셋업 자세이다. 체중이 가운데로 온다는 느낌으로 옮겨 놓으면 된다. 이 동작을 리센터링recentering 이라고 한다. 자연스럽게 왼쪽 무릎과 발에도 힘이 실리게 되어 있다. 이때 왼쪽 골반이 측면으로 과하게 밀린다던지, 오른쪽 힙이 앞으로 강하게 나가는 동작은 절대 있으면 안 된다는 걸 꼭 명심하자.

동시성에서 팔의 역할은 정확히 말하면 상완근을 말한다. 오른쪽 엘보와 함께 하체 체중 이동 시 옆에 있는 몸통 안으로 상완근tricep을 내려주는 움직임이다. 손목 코킹을 최대한 유지하되 강한 힘으로 끌어당기지 말고 팔꿈치를 자연스럽게 펴는 모션을 말한다. 이때 왼쪽 어깨는 턱에서부터 떨어지며 왼팔과 오른팔 그리고 팔꿈치가 몸통 쪽으로 가까이 붙으려고 내려온다. 이 동작이 잘되면 클럽이 빠져나가는 느낌을 훨씬 수월하게 느낄 수 있다고 확신한다. 동시성synchronicity에서 스윙 리듬이 중요한 이유는 상체가 팔과 더불어 빠른 동작으로 힘 쓰는 동작이 아닌 팔(상완근)을 내려주며 기다리는 타이밍이 필요하기 때문이다. 이 동작은 매우 중요한 부분이기 때문에 다운스윙에서 가장 앞쪽에 언급하는 이유이다.

볼을 치는 중간 중간에 위 동작을 느린 동작으로 2~3번 반복하면 연습한다. 처음에는 클럽으로 뒤땅을 칠 것 같은 불안감과 하체 움직임과 같이 반응하는 불편함이 존재한다. 실수해도 된다는 편한 마음으로 임할 것을 당부한다. 그래서 강한 힘을 이용한 빠른 리듬으로 진행하는 것보다 천천히 부드러운 리듬으로 진행할 것을 권한다. 기술을 습득할 때는 실수가 당연한 것이므로 너무 겁먹거나 불안해하지 말고 하루 10~15분 연습하길 바란다.

동시성이 잘 안 될 때에 확인할 수 있는 부분은 그립의 강도이다. 그립을 어떻게 잡는냐가 방향에 미치는 영향이 크다면 그립의 악력은 클럽헤드의 속도와 힘을 결정하는 중요한 요소다. 그립을 너무 꽉 쥐게 되면 팔의 느낌이 줄어들면서 클럽 무게에 대한 인지 능력이 떨어진다. 오히려 스윙 속도와 힘이 떨어져 정확도 마저 잃게 된다. 다운스윙에서 빠른 리듬으로 강하게 내리려고 할 때 나타나는 오류가 캐스팅casting이다.

캐스팅은 다운스윙 동작에서 낚시대를 던지는 동작이다. 힘이 많이 들어간 상태에서 하체의 움직임을 기다리지 못하고 손과 팔을 몸 쪽에서 먼 방향으로 던지는 동작을 말한다. 이렇게 되면 좋은 스윙을 위해 필요한 관절의 지렛대 원리lever system 효과는 사라진다. 캐스팅 동작을 피하려면 힘으로 클럽을 통제하려는 느낌보다 적당한 그립 악력을 통해 클럽헤드 무게를 느끼는 것이 중요하다.

캐스팅 동작(클럽을 너무 미리 던지는 동작)

## 클럽헤드 느끼는 연습 방법

셋업 자세에서 손으로만 백스윙으로 이동하고 클럽헤드는 잠시 볼 뒤에 남겨 둔 후에 움직이며 백스윙을 만든다. 클럽을 통제하는 느낌보다 클럽헤드가 궤도를 따라가면서 무게감을 느낄 수 있을 것이다. 연습할 때마다 시도하면 그립의 강도와 클럽헤드의 무게감을 좀 더 빠르게 습득할 수 있다.

클럽이 늦게 따라가는 동작

헤드가 늦게 움직이며 헤드 무게를 느끼는 드릴

동시성에서 중점은 차분한 팔의 반응이다. 우리가 리듬을 중요시하는 이유는 초보 시절에 익힌 차분하고 부드러운 팔 동작이 습관이 되어 스윙 리듬에 큰 도움이 되기 때문이다. 힘을 쓰는 법을 먼저 배우는 것이 아닌 클럽헤드의 무게감을 느껴야 되는 이유가 여기에 있다. PGA 투어 선수들의 스윙 리듬도 약간씩 다르지만, 대부분 상위 랭커들은 자기만의 좋은 리듬을 가지고 있다. 시합을 관전할 때 선수들의 다른 스윙 리듬을 눈여겨 보는 것도 도움이 된다.

※ 지렛 대 원리(Lever system)
스윙의 힘과 효율성을 극대화하는 중요한 원리. 지렛대는 힘을 가하는 점(힘점), 지렛대의 중심(받침점), 그리고 힘이 작용하는 점(작용점)으로 구성된다. 골프에서 손목, 팔꿈치와 클럽이 만드는 각도로 원리를 사용한다.

※ 캐스팅(Casting)
다운스윙 전환 시 클럽을 아래로 내리지 못하고 오른쪽 바깥쪽으로 심하게 던지는 동작. 손목 각도가 미리 풀리면서 지렛대 원리를 사용하지 못하고 힘이 없는 미스 샷을 야기시킨다.

# 10 정확한 하체 역할을 알자

동시성에서 소개했던 체중이동은 초기 하체 동작을 소개했다. 여기에 더해 좀 더 디테일한 하체 움직임에 대해 설명하고자 한다. 골프 스윙에서 하체 역할이 중요한 이유는 이전에도 언급했듯이 지면과 연결되어 힘을 생산하고 유지하는 역할을 담당하기 때문이라 말했다. 백스윙 시 오른쪽으로 이동했던 체중은 다운스윙 전환에서 왼발, 왼무릎 그리고 왼쪽 힙을 사용해서 셋업자세로 돌아온다. 이때 오른쪽 발과 무릎은 견고하게 버텨주고 있으면서 돌려고 하는 회전력을 억제해 주는 역할을 한다. 이 동작이 잘 만들어지면 양쪽 다리는 영문 대문자 A 자를 만드는 모양이 된다. (아래 사진 참조)

탑스윙 정점      양쪽 다리의 간격을 유지한다

일반 아마추어 골퍼들은 체중이동을 몹시 어려워한다. 가장 큰 이유는 다운스윙 전환 과정에서 회전으로 팔과 상체가 앞으로 빠르게 튀어 나오는 이유이다. 이 동작은 왼발에 제대로 된 힘을 싣지 못한다. 다른 오류는 하체가 왼쪽이나 앞으로 과하게 사용되며 밸런스가 무너지는 경우다. 오른쪽 힙과 무릎이 너무 적극적으로 회전을 하는 경우가 있고, 왼쪽 힙이 측면으로 과하게 밀려 한쪽으로 체중이 쏠리면서 무너지는 현상이 나온다. 하체의 역할은 멋지고 화려한 골반회전이 아닌 스윙중심에서 잘 버틸 수 있는 밸런스 잡힌 최소한의 동작을 하는 것이라고 생각하자.

강한 상체로 인해 팔이 앞으로 나오는 현상

과한 하체 사용으로 너무 쏠리는 레그 드라이브 현상

다운스윙 시 올바른 하체 동작은 손목 각도를 유지하는 데 도움을 준다. 이 기술을 잘 터득하면 강력한 임팩트를 만드는 데 도움이 된다. 단지 초보 골퍼들은 초기에 뒤땅을 칠 수 있어 유의해야 한다.

체중이동은 파워와 타점의 질을 높이기 위한 필수 동작이다. 다만 스윙 스피드를 내고자 빠른 힙턴 또는 과한 측면 움직임은 오히려 미스 샷의 비중을 높일 수 있다. 척추축을 기반으로 스윙 중심을 지키는 회전을 지향해야 올바른 체중이동이 되면서 타점의 질과 효율성을 높일 수 있다. 특히 체중이동 시 힙의 중심을 후방으로 두려는 의도가 있어야 힙이 앞으로 튀어나가는 동작을 제어할 수 있다.

# 11 다운스윙 구간에 팔의 역할을 알자

지금까지 다운스윙 전환에서 하체 움직임과 팔의 동시성에 대해 알아보았다. 하체와 몸의 동작만으로 자연적으로 스윙이 만들어진다는 생각은 잘못된 인식이다. 다운스윙 전환에서 하체가 중요한 역할을 하지만 팔의 움직임 또한 필요한 부분이다. 다운스윙 전환 동작에서 임팩트 순간까지 구간에서 적절한 스윙 반경을 유지하는 것이 중요하다. 너무 넓어서도, 너무 좁아서도 우리에겐 불리한 상황이 만들어지기 때문이다. 적당한 스윙 반경은 임팩트 전 팔의 내외회전을 돕는다.

**적절한 스윙의 반경을 유지하자.**

적절한 스윙 반경을 유지하자는 말은 백스윙에서 만든 팔과 손목의 각도에 너무 큰 변화를 주지 말라는 말과 동일하다. 팔은 하체와 동시성을 시작으로 그립의 모양은 약간의 변화가 있을 수 있지만 스윙의 폭이나 궤도는 크게 변화가 없다. 아래 사진을 보면 좀 더 자세하게 알 수 있다.

## 좁은 스윙의 폭을 피해야 하는 이유

스윙 반경에 있어 클럽이 너무 미리 풀려도 문제가 된다고 언급한 적이 있다. 반대로 스윙의 폭이 너무 좁아져도 스윙에 문제가 생길 수 있다. 그립이 너무 느슨하고 팔에 힘이 없을 시 스윙의 폭이 좁아져 내려오는 경우가 생긴다. 스윙의 폭이 너무 좁아지게 되면 팔은 몸에서 분리되어 몸과 손이 따로 노는 느낌이 든다. 팔의 내외회전 역할에서 급해지거나 또는 늦어지게 되는 경우가 자주 일어난다. 당연히 거리와 방향의 일관성이 떨어질 수밖에 없다. 또한 손목 코킹 풀림을 막기 위해 힘으로 끌고 들어오는 골퍼들도 있다. 오른 팔꿈치를 붙이기 위해 끌기도 하고, 왼팔을 리드하기 위해 강하게 끌기도 한다. 이런 동작들도 임팩트 시 정확한 타점을 만들기엔 많은 부담이 되는 스윙이다. 왼팔이 구부러지는 골퍼들은 백스윙 시 손목 코킹 타이밍이 늦거나, 왼손의 강한 힘으로 끌지 않는지 확인하면서 내외회전에 집중해 보는 것도 좋은 방법이다.

손목 코킹이 거의 없이 올라감

다운스윙 시 좁아져서 내려오는 현상

임팩트 구간 왼팔이 심하게 꺾이는 현상

## 다운스윙 폭을 넓게 하자.

다운스윙 폭을 넓게 하자는 말에 오해가 없길 바란다. 이 말은 손목 각도가 풀어지며 클럽헤드를 멀리 뿌리치는 캐스팅casting 동작이 아니다. 스윙의 폭을 넓게 한다의 의미는 팔이 내려질 때 손목 각도는 유지하면서 오른 팔꿈치 각도가 조금 펴지는 동작을 말한다. 이 동작은 폭이 좁아지는 것과 정반대로 팔이 공간적인 여유가 생겨 팔의 회전에 도움을 주는 동작이다. 스윙 폭이 좁아지는 동작의 반대로 오른쪽 팔꿈치가 조금 펴지는 느낌을 갖은 연습을 해주면 된다. 왼쪽 어깨가 턱에서 멀어지는 느낌이 들면서 왼팔을 당기고자 하는 느낌이 줄어들 것이다. 초보 골퍼들은 정말 천천히 연습하면서 동시성 이후를 이어나간다고 생각하면 좋을 것 같다. 필자는 천천히 부드럽게 진행하라는 부분을 강조하지만, 다운스윙 자체는 백스윙과 다르게 엄청난 속도를 내는 구간이므로 점진적으로 속도의 완급 조절을 강조하는거라 생각했으면 한다. 이 동작은 차후 거리 향상에 도움이 된다. 좌우 폭을 좁지 않고 넓게 활용하기 때문이다.

올바른 타이밍의 손목 코킹

오른쪽 팔꿈치 펴는 드릴

스윙의 반경은 너무 넓거나 좁아져도 스윙 궤도에 불리하다. 여기에 중점은 팔의 어느 부위를 사용하느냐에 따라 동작이 크게 바뀐다. 손목, 오른쪽 팔꿈치, 그리고 왼팔 등이 주된 역할을 해준다. 힘 조절이 많이 필요한 구간이기도 하다. 처음엔 부드럽고 차분하게 진행하면서 팔의 내외회전과 손목 각도에 집중할 필요가 있다.

# 탑스윙 위치에 따라 다른 스타일의 다운스윙을 알아보자

우리가 기본적으로 알고 있는 탑스윙 위치는 3가지다. 뉴트럴neutral, 업라이트upright, 그리고 플랫flat한 위치다. 오른쪽 어깨 중심으로 왼팔의 위치가 기준점을 만든다. 각기 다른 위치에서 만드는 다운스윙에는 미묘한 차이가 있다. 높은 위치와 낮은 위치에서의 다운스윙은 서로 다른 볼 구질을 선호해야 효율적인 샷을 구사할 확률이 높아진다. 각기 다른 탑스윙 위치에서 미세한 차이가 있는 다운스윙에 대해 알아보도록 하자.

### 뉴트럴 포지션 Neutral position

왼팔이 오른쪽 어깨를 가리는 동일한 선상의 위치는 중립 위치 또는 뉴트럴 포지션이라고 한다. 몸통 회전, 어깨 가동성, 골반 가동성 등이 평균적인 골퍼들이 만드는 위치다. 양손을 아래로 내리면서 출발하면 별 위험 부담이 생기지 않는 위치다. 손에 힘이 들어가 앞으로 나오지만 않으면 양손 회전도 어렵지 않게 만들 수 있는 위치다. 지금까지 배운 동시성과 가장 쉽게 연결시킬 수 있다. 약간의 실수가 나오더라도 다른 위치에 비해 양호한 결과로 이어진다. 이 위치에선 양쪽 구질을 다 구사할 수 있는 장점이 있다. 드로우, 페이드 그리고 스트레이트 볼 구질을 만들기 수월한 위치라고 보면 된다.

왼팔 어깨 동일한 선상

상완근을 아래로 바로 내린다

## 업라이트 포지션 Upright position

두 번째 위치는 왼팔이 오른쪽 어깨보다 높은 위쪽에 위치한다. 전문 용어로 업라이트라고 불리기도 한다. 이 위치의 골퍼는 다운 스윙을 할 때 팔이 떨어지는 양이 많고 몸보다 팔의 움직임을 좀 더 많은 느낌을 갖는 게 유리하다. 보통 몸통 가동성이 제한되어 있는 골퍼가 백스윙 시 팔 위주로 들면서 만들어지는 위치이다. 이 위치에선 왼쪽 힙이 너무 빠르게 회전하는 것보다 후방으로 지긋이 움직이는 동작을 통해 팔이 떨어질 수 있게 만들어 주는 것이 효과적이다. 한 가지 유의해야 할 점은 높은 위치에서 팔이 떨어질 때 간혹 너무 처지는 상황이 나오기도 한다. 팔이 과하게 안쪽으로 떨어지는 동작은 우측으로 밀리는 푸쉬와 급하게 왼쪽으로 휘는 훅 구질의 미스 샷이 나올 수 있다. 너무 안쪽으로 떨어지는 것을 보안하기 위해 내리면서 팔의 내외회전을 시도하면 좋은 결과를 낼 수 있다. 볼의 구질은 떨어지는 팔 각도에 따라 다르지만, 페이드 볼 구질이 유리할 수 있다.

왼쪽 어깨보다 높은 업라이트 위치

아래로 내리는 동작

세 번째 위치는 왼팔이 오른쪽 어깨보다 약간 아래쪽에 위치한다. 전문 용어로 플랫이라고 부른다. 오른쪽 엘보 위치가 몸통 밖으로 약간 빠지면서 가슴에 가까이 붙어 있는 모양을 만든다. 보통 키에 비해 팔이 짧거나 어깨 회전에 제한이 있는 골퍼에게서 볼 수 있다. 플랫한 위치에선 팔보다 몸통 움직임에 비중을 좀 더 두는 스윙이 적합하다. 팔의 위치가 낮고 가슴과 밀착되어 있기 때문에 떨어질 수 있는 공간이 상대적으로 부족하기 때문이다. 다운스윙 시 오른쪽 어깨가 아래로 떨어지는 스윙보다 약간 수평으로 회전한다는 느낌으로 스윙하는 것이 효율적이다. 플랫한 위치에서는 비거리보다 방향성 위주의 스윙을 하는 것이 훨씬 효율성이 좋다. 다만 너무 빠른 팔의 스타트는 몸통과의 연결성이 결여되어 힘이 약한 슬라이스 구질을 칠 수 있으니 주의해야 한다. 플랫한 위치에선 대체적으로 드로우를 구사하는 경우가 많다. 다만, 숏 아이언과 웨지 샷이 왼쪽으로 감기는 양이 많은 훅은 조심해야 한다.

플랫한 위치

골반 후방으로 붙이는 동작

오른발 앞꿈치를 붙이고 연습

사람마다 근육과 관절이 다르기 때문에 조금씩 다른 탑스윙 위치를 하고 있다. 또한 볼의 시작 방향도 왼쪽, 오른쪽, 그리고 가운데로 3가지 다른 방향으로 시작할 수도 있다. 여기서 중요한 점은 본인의 탑스윙 위치에서 가장 효율적인 다운스윙 스타일을 접목시키는 것이 가장 이상적인 골프 스윙이다.

## ∴ 다운스윙 전환 구간을 정리하면서

독자들은 앞서 백스윙에 대한 설명을 할 때 스윙의 90%가 완성됐다는 말을 분명히 기억할 것이다. 하지만 다운스윙 전환을 배워보니 쉽지 않다는 생각에 잠기는 독자들의 모습이 그려진다. 동작이 빨라졌고, 동시적으로 움직일 것도 많은 것 같고 등 여러 생각이 드는 건 당연한 이치지만 너무 걱정하지 않아도 된다. 본인의 백스윙을 믿고 하체와 팔의 동시성을 연습하면 점차 스윙에 대한 자신감이 생길 것이다. 마지막으로 당부할 말은 다운스윙의 핵심은 동시성과 하체 밸런스다. 발의 느낌을 갖고 체중이 옮겨지는 과정에서 팔의 움직임을 같이 느껴보자. 처음부터 너무 강하고 빠른 스윙 템포보다 밸런스 있는 스윙을 추구하자.

# 13 진실의 순간 임팩트는 결과물이다
## Impact

임팩트impact를 진실의 순간Moment of Truth, 또는 스윙의 결과물이라고 한다. 이런 이유는 골프에서 가장 중요한 동작이기 때문이다. 임팩트에 따라 비거리와 방향이 정해지기 때문이다. 임팩트 시 어떠한 자세가 취해지느냐에 따라 볼의 미래가 결정된다. 임팩트는 몸과 손팔의 동작으로 클럽헤드를 통해 최고의 스피드와 에너지를 볼에 전달하는 순간 포지션을 말한다. 지금까지 여러 원칙대로 임무를 수행했던 이유 모두 마지막 진실의 순간인 임팩트를 위해서라고 감히 말할 수 있다.

## Impact check point-front view

임팩트 고정 자세

1. 손등과 샤프트 각도가 어드레스 위치보다 세워져 있다.

   강한 중력의 충격으로 지면을 딛고 올라가는 동작에서 발생한다.

2. 가슴판은 타겟 라인보다 5~15도 사이로 열려 있다.

   가슴판이 너무 닫혀 있으면 손을 과하게 사용한다. 반면에 너무
   열리게 되면 클럽페이스가 열릴 확률이 높아진다.

3. 힙은 타겟라인보다 25~45도 사이로 열려있다.

   힙의 각도도 가슴판과 마찬가지로 너무 닫혀 있으면 팔로 스윙하
   기 때문에 비거리가 짧아진다. 너무 많은 각도로 열려 있은 경우
   는 클럽페이스 타이밍이 어렵게 되어 양쪽 방향 미스가 생길 수
   있다.

4. 왼팔 위치가 오른팔보다 위에 있어야 한다.

   오른팔이 왼팔보다 위에 위치할 경우는 상체가 덮는 상황이라 좋
   은 샷을 기대하기 어렵다.

5. 오른발 뒤꿈치가 약간 들려 있다.

   오른발 전체가 붙어있는 경우는 왼발에 체중이동이 덜 됐다는 뜻
   도 된다. 체중이동에 대해 확인할 필요가 있다.

## 임팩트 자세 만드는 연습 방법 Impact drill

먼저 셋업 자세를 만들고 난 후에 백스윙을 만들지 말고 바로 임팩트 고정 자세를 취해본다.
이때 신경 쓸 부분은 실제 임팩트를 연상하며 하체와 팔에 적절한 힘을 느끼는 것이다. 몇 번
이 동작을 반복하고 난 후, 임팩트 자세에서 바로 백스윙을 하고 임팩트를 한다. 이 연습은 임
팩트 고정 자세가 몸에 익숙하지 않은 골퍼들에게 아주 좋은 연습이 될 수 있다. 위에 임팩트
고정 자세를 먼저 몸에 익힌 후에 시도하면 더욱 좋은 효과를 볼 수 있다. 다시 한번 강조하
는 부분은 임팩트 고정 자세를 만들 때 진심을 다해 실제와 같은 리얼real한 자세를 만들어야
한다는 점이다. 허술하게 만들다 보면 큰 효과를 얻지 못한다.

셋업 자세를 먼저 취한다

셋업에서 임팩트 포지션을
만든다

임팩트 포지션에서 탑스윙을
만드는 연습

# 임팩트 구간에서 발의 움직임이 중요하다

골프 스윙에서 두 발의 역할은 매우 중요하다. 강한 임팩트를 위해 지면을 사용하라는 말도 있고 스피드를 위해서 힙을 빠르게 돌리라는 얘기도 들었기 때문에 혼동이 된다. 임팩트 구간에서 양발은 어떤 방법으로든 지면을 사용하게 된다. 어떤 스윙을 하느냐에 따라 조금의 차이가 있을 뿐이다. 중요한 건 어떤 쪽이든지 무너지는 자세가 나오지 않게 만들어줘야 한다는 점이다.

## 과한 오른발 사용

이 오류 동작은 많은 아마추어 골퍼들이 범하는 실수이기도 하다. 다운스윙 전환에서부터 급해지기 시작해 오른쪽 다리가 먼저 움직이게 되는 현상이다. 오른쪽 다리는 왼쪽 다리를 받쳐주는 임무를 맡고 있어 다운스윙에 관여할 시기를 기다려야 한다. 오른발이 미리 나가게 되면 기울어짐 현상이 나오면서 정확한 임팩트가 되기 어렵다.

과한 오른발 사용

오른발로 버텨준다

## 아웃인 스핀 아웃

임팩트 시 오른쪽 골반은 왼쪽 골반에 비해 아래 위치해야 한다. 하지만 지나치가 아웃인 스윙이 만들어지면 오른쪽 골반이 왼쪽과 평행하게 위치한다. 이 상황에서 오른발이 타겟 반대 방향으로 도는 스핀 아웃 동작이 발생하면서 오른발은 지면의 힘을 느끼지 못한다.

아웃인 스핀 아웃

올바른 골반 회전

## 과한 체중 남기

체중이 오른발 쪽에 너무 남아 있으면 왼발의 제대로 된 지면반력을 쓰지 못한다. 오른발 자체도 지면에 너무 붙어 있게 되어 지면 반발력을 제대로 쓰기 어렵게 된다. 이 동작은 위에 왼발을 열고 하는 연습 드릴 동작과는 다른 개념이라고 생각해야 한다.

과한 체중 남기

왼발을 먼저 누른다

왼발 후 오른발을 밀어준다

과거에는 왼발의 움직임이 많은 것을 절대적으로 선호하지 않았지만 요즘엔 많은 투어선수들이 왼발을 과감하게 사용하며 강한 지면 반발력으로 클럽헤드 스피드를 내고 있다.

이러한 동작들은 초보자들보다 어느 정도 스윙에 대한 이해가 있는 중급자 이상의 골퍼들이 시도하면 좋다. 초보 때 너무 과도한 동작들을 시도하면 스윙 플레인이 너무 어렵고 임팩트만 너무 강하게 만들고자 하기 때문에 골프 스윙이 순간적으로 망가질 수 있다.

양발 미끄러지는 동작

양발 들리는 임팩트

발을 잘 써서 볼을 강하게 치는 것도 매우 중요하다. 하지만 초보일수록 스윙할 때 좋은 밸런스를 유지하는 것에 집중하도록 하자.

**철기둥 같은 왼다리는 견고한 임팩트를 만들 수밖에 없다.**

골프선수의 다운스윙 전환 구간의 다리 움직임과 야구선수의 타격 시 다리 움직임이 비슷하다. 야구와 골프는 전환될 때 둘 다 오른쪽 다리에서 왼쪽으로 힘과 체중을 원활하게 전환시켜 준다. 왼쪽 다리는 몸의 오른쪽이 힘껏 타격할 수 있도록 지지하는 역할을 한다. 이처럼 튼튼한 왼쪽이 없다면 다운스윙 구간에서 기준이나 통제력도 없게 되며 오른쪽이 힘을 쓸 수도 없게 된다. 대부분의 슬라이스 구질을 가진 골퍼는 다운스윙 시 몸의 오른쪽을 너무 빨리 사용하는 것이다. 그로 인해 바깥에서 안쪽으로 끌어당기는 아웃인 스윙을 만들어 낸다. 반면에 다운스윙 초기에 힙을 너무 많이 쓰고 푸시나 훅을 만드는 사람은 왼쪽 다리가 앞쪽으로 밀리지 않게 단단히 고정시켜야 한다. 일단 이 둘의 케이스 모두 왼쪽 다리를 고정하면 몸이 밀리지 않고 회전할 수 있다.

다운스윙 때 클럽헤드가 임팩트 구간에 도달하기 전 순간적으로 왼쪽 다리는 기둥처럼 버티며 관성을 이용하게 된다. 마치 자동차가 급정거를 했을 때 몸이 튕겨 나가듯이 클럽헤드가 순간적으로 타겟 쪽으로 튀어 나가는 듯한 느낌을 준다. 이때 왼쪽 골반은 위로 올라가며 왼 다리와 팔은 서로 교차되는 움직이는 느낌을 갖게 된다. 다리가 급감속을 하지 않으면 클럽 헤드는 속도가 나지 않을 뿐더러 강한 에너지 전달이 되지 않는다. 임팩트 한순간을 위해 우리의 몸은 각자 타이밍과 속도 조절 연습을 한 이유이기도 하다.

왼쪽 다리는 철기둥처럼 버틴다

## 임팩트시 힙의 역할을 알아야 한다.

임팩트는 어드레스 자세와 같은 자세가 아니라는 점을 알고 있어야 한다. 어드레스는 정지해 있는 상태이고, 임팩트는 헤드 스피드가 빠르게 지나가는 상태이다. 때문에 허리와 엉덩이가 어드레스 때보다 목표 방향으로 나아가 있고, 양손도 클럽헤드보다 앞쪽에 위치한다. 여기서 한 가지 짚고 넘어갈 점은 힙을 열리는 것이 빠르게 회전하는 것을 의미하는 게 아니라는 점이다. 다운스윙 전환에서 언급했듯이 힙 움직임의 과정에서 회전이 전부가 아니라는 것에 집중해야 한다.

다운 스윙은 하체 움직임이 리드를 하기 때문에 임팩트 순간에 어느 정도의 골반이 열리게 된다. 이때 체중을 확실히 왼발에 싣고 볼을 목표 방향으로 강하게 밀어준다는 느낌을 가져야 한다. 백스윙에서 몸통과 골반이 만든 파워를 목표 방향으로 모두 쏟아 붓는 느낌이 들도록 하는 것이 올바른 임팩트의 느낌이다. 임팩트는 스윙이 지나는 지점인데 임팩트를 스윙의 최종 목표라고 생각하면 몸에 힘이 들어갈 수밖에 없다.

올바른 임팩트 시 힙의 모양

임팩트 시 힙에 대한 설명이 그다지 많지 않은 이유는 힙보다 발과 다리의 역할이 더 강조되기 때문이다. 정확히 말하면 힙은 다운스윙 초기에 주도를 하고 임팩트 구간에선 지면을 이용한 발과 다리 동작이 더 강조된다. 발과 다리를 어떻게 활용하느냐에 따라 어느 정도 힙의 위치도 결정된다. 당연히 임팩트 시 정확한 힙의 위치와 느낌을 알고 있는 것은 많은 도움이 될 수 있다.

# 15 지렛대의 이용을 알아야 힘과 정확성을 동반한다 Lever system

**오른팔의 역할을 알아야 한다.**

임팩트에서 하체 역할이 중요하시만 발과 다리로만 좋은 임팩트를 만들 수 없다. 여기에 필수적으로 정확한 팔의 동작인 지렛대 역할을 알아야 한다. 레버시스템lever system이라고도 하는 지렛대 원리는 팔을 접고 펴면서 힘을 전달하는 역할을 한다. 임팩트 시 좋은 팔 동작을 만들기 위해 테이크어웨이와 백스윙 시 손목 각도와 팔의 위치에 대해 많은 노력을 한 이유이기도 하다. 스윙에서 왼팔은 그리 많이 접히지 않고 지지대 역할 위주로 하고 있다. 반면에 오른쪽 팔꿈치는 많이 접히고 펴지는 동작을 통해 지렛대 역할을 하며 좋은 임팩트를 만들어 내는 데 도움을 준다.

백스윙 시 왼팔의 움직임이 스윙의 평면을 가늠하는 기준점이 되었다면, 다운스윙에선 오른팔이 움직임에 기준이 된다. 골프 스윙에서 오른팔의 움직임은 야구 투수가 볼을 던질 때와 비슷하다. 팔을 뒤로 빼면서 팔꿈치를 접고 힘을 축적한 다음 볼을 멀리 던지기 위해 팔꿈치를 서서히 펴게 된다. 이 오른팔의 펴는 동작 시 팔뚝에 내회전이 같이 동반되어야 한다. 오른팔을 펼 때는 왼손과 함께 처음부터 끝까지 하나의 부드러운 동작으로 이루어져야 한다. 그래야 힘을 제대로 전달할 수 있고 클럽페이스를 올바르게 가져갈 수 있다.

팔을 뒤로 빼는 동작

하체 이동 후 서서히 펴는 동작

임팩트가 되는 순간에 오른팔은 100% 펴져서 맞는 것이 아니다. 골프스윙에서 오른팔이 펴지는 순간은 임팩트를 조금 지난 지점이다. 이런 이유는 임팩트 시 팔이 펴진 상태가 되면 강력한 힘이 전달이 되지 않기 때문이다. 임팩트가 된 후 팔이 타겟을 향해 뻗어나가는 동작 extension으로 인해 클럽헤드는 최대 스피드가 만들어진다.

다운스윙 전환 시 오른팔의 역할은 핵심이라고 해도 과언이 아닐 정도로 중요하다. 지렛대의 역할도 중요하고 몸통 과의 연결성에서도 매우 중요한 작용을 한다. 오른팔 각도를 여는 부분을 잘못 이해하고 받아들이면 자칫 캐스팅casting으로 이어진다. 앞선 본문에서도 언급했듯이 오른팔 지렛대 역할에서 손목을 너무 일찍 풀어버리는 일이 없어야 제대로 된 지렛대 원리를 이용하는 임팩트를 만들 수 있다.

# 16 임팩트는 왼손등으로 하라
## Impact with the lead hand

투어프로들을 보면 몸의 체격, 관절, 그리고 근육의 특성에 따라 각기 다른 백스윙 위치와 다운스윙 스타일을 갖고 있다. 하지만 한 가지 동일한 점은 임팩트를 포함한 전후 구간의 모습은 거의 같다. 그 동작은 바로 임팩트 시 왼손등이 볼을 치듯이 타겟 쪽으로 향해 있는 모습이다. 아마추어 골퍼들은 왼손 리드의 중요성을 잘 알고 있음에도 임팩트 전후의 손등이나 팔 모양이 제대로 만들어지지 않아 많은 고충을 겪는다. 오히려 왼손등을 위로 꺾으며 오른손으로 볼을 퍼올리는 스쿠핑scooping 동작이 나오곤 한다. 이런 경우엔 방향이 일정하지 않고 거리는 들쑥날쑥하는 샷이 나와 골치가 아파지기 시작한다.

골프를 하기 가장 유리한 사람은 양손을 동일하게 사용할 수 있는 사람이다. 하지만 대부분의 골퍼들은 주된 손이 오른손이기 때문에 왼손 리드가 어려운 경우가 많다. 간혹 왼손잡이 골퍼가 오른쪽에서, 또는 오른손잡이가 왼쪽에서 치는 골퍼를 볼 수 있다. 골프스윙에서 리드하는 손이 주된 손이면 스윙에 유리한 건 사실이다. 배울 때부터 반대로 치는 경우는 전문 프로선수 육성 목적을 두기 때문에 일반 아마추어 골퍼가 시도하기가 쉽지 않다. 만일 본인의 왼손 능력이 오른손에 비해 현저히 떨어진다고 생각되면 아래 소개하는 연습을 통해 근력과 왼손 수행 동작을 향상시켜 볼 수 있다.

두 가지 연습 방법을 통해 왼손등으로 임팩트 하는 동작을 익혀보도록 하자.

### 왼손 한손 연습 One hand drill

클럽을 처음부터 왼손 한손으로 클럽을 들기 어렵기 때문에 오른손을 바닥만 대고 도움을 주며 시작하면 좋다. 스윙 크기는 하프스윙(1/2) 정도로 만들고 다운스윙 시 오른손을 두고 왼손으로만 볼을 치는 연습을 한다. 이때 왼쪽 전완근(팔뚝)이 회전하려는 의도를 갖고 내려야 한다. 처음엔 볼을 치지 말고 빈스윙으로 리듬감만 느껴도 좋다. 그 다음에 팔의 근력, 리듬감, 그리고 회전력이 생기면서 볼을 치면 왼손등으로 치는 느낌과 방향 컨트롤이 좋아질 수 있다. 만일 클럽이 무겁게 느껴질 경우엔 짧은 웨지 클럽을 짧게 잡고 1/4 정도 스윙을 하고 어프로치 연습을 하듯 왼손으로 하면서 근력과 타점을 연습하는 것도 좋은 방법이다. 연습 시 5분 정도씩 꾸준히 하게 되면 좋은 성과를 얻게 된다.

## 가슴으로 볼을 보도록 하자(Trunk angle at impact).

임팩트 시 가슴판이 미리 들리면 십중팔구 임팩트 시 타점에 문제가 생긴다. 가슴판이 스윙에 있어 중요한 이유는 가슴판의 역할에 따라 손의 위치가 변하기 때문이다. 가슴판이 일찍 들리게 되면 볼을 들어올리는 스윙을 하기도 하고 뒤땅을 치기도 한다. 왼손등으로 정확한 임팩트를 만들기 위해서는 가슴판이 지면을 향해 좀 더 오래 유지가 되면 좋은 결과가 나온다. 아마추어 골퍼들 사이에서 머리가 들린다(헤드업)는 말을 자주 쓰는 걸 들을 수 있다. 실제로는 가슴판이 일찍 들리면서 어깨가 열리는 현상을 말한다고 생각하면 된다. 프로선수들도 임팩트 구간에서 가슴판이 볼을 오래 보는 연습을 자주 한다. 가슴이 지면을 향하고 있으면 대부분 좋은 타점이 나오기 때문이다. 임팩트 시 가슴을 지면에 좀 더 오래 유지하는 연습에 대해 알아보자.

### 짧은 스윙 연습 Short swing drill

이번 연습 동작은 백스윙 시 만드는 기존의 하프스윙과는 다른 느낌이다. 주된 목적이 가슴판이 지면에 유지되며 왼손등을 사용하는 동작을 만드는 것이기 때문에 손목코킹 각도가 약간 다른 점을 주목해야 한다. 먼저 짧은 아이언을 잡고 하프스윙 근처 짧은 백스윙을 한다. 하키에서 스틱을 뒤로 빼는 걸 연상하듯 오른쪽 손목을 뒤로 약간 꺾는다(일반적인 손목은 위로 코킹을 한다). 다운스윙을 시작할 때 꺾인 손목을 풀어주면서 점차 부드럽게 풀어준다. 이때 왼손등은 볼을 향해 회전하며 누르듯이 들어간다. 이 동작은 임팩트 시 가슴판이 지면을 향하는 시간이 지연되는 느낌을 갖게 하며 왼손등이 볼을 강하게 눌러 치는 느낌을 갖게 한다. 연습 시 유의할 점은 개인적인 기술능력에 따라 스윙 속도 조율을 해야 할 필요가 있다.

**불필요한 손목 동작은 정확한 임팩트가 어렵다.**

클럽 스피드보다 타점이 더 중요하다. 임팩트 시 빠른 클럽헤드 스피드도 중요하지만 그보다 더욱 중요한 건 타점이다. 임팩트 시 좋은 타점이 되려면 클럽헤드가 볼의 중앙을 먼저 정확하게 컨택트가 돼야 한다. 클럽헤드가 볼보다 바닥을 먼저 치는 경우는 뒤땅이 되고, 볼의 위쪽만 얇게 걸어 치게 되면 탑핑이 된다. 임팩트 시 클럽헤드의 에너지 전달력에 따라 임팩트 효율성이 달라진다. 이는 거리와 방향성에 있어 많은 영향을 미친다. 앞서 언급했듯이 손목의 역할이 중요하지만 불필요한 손목 동작은 좋은 타점을 만드는 과정에 있어 방해가 된다.

**불필요한 손목 동작이 나오는 원인에 대해 알아보도록 하자.**

**1. 백스윙 시 머리와 상체가 너무 우측으로 움직일 때**

백스윙 시 상체 움직임이 너무 과하면 다운스윙 시 되돌아와야 하는 구간이 많아 오히려 손목이 쉽게 풀어지는 상황이 생긴다. 하체 위주로 스윙 중심을 잡고 백스윙을 연습해보자.

## 2. 다운스윙 시 하체 체중 이동보다 팔 동작이 빠르게 진행될 때

이런 증상은 다운스윙에서 중요한 동시성이 결여된 동작이다. 손목과 팔꿈치가 미리 풀리면서 클럽을 오른쪽으로 낚시대처럼 던지는 캐스팅casting 동작이 된다. 하체 체중이동 타이밍보다 팔 동작이 미리 선행되어 손목과 팔꿈치가 일찍 풀리게 된다. 클럽을 던지는 동작으로 인해 임팩트 구간으로 진입하면서 클럽헤드 속도가 현저히 떨어지며 손목이 퍼올리는 스쿠핑scooping 동작을 하게 된다. 캐스팅과 스쿠핑은 대부분 한 동작에서 동시에 나오는 경우가 많다.

거울은 우리에게 좋은 코치 대역을 해준다. 연습할 때 거울 앞에서 체중이동, 팔, 손의 순서를 맞춰서 임팩트까지 연습하면 좋은 임팩트 자세를 만드는데 많은 도움이 된다.

임팩트는 클럽헤드가 얼마나 빠르게 이루어지는냐 보다 얼마나 강하게 전달되었는지가 더 중요한 포인트다. 가슴판의 지연 동작, 왼손의 리드가 중요한 이유다. 스피드가 느리다고 너무 고민하지 말고, 정확한 타점을 만드는 데 의미를 두는 것이 효율적인 임팩트다. 왼손등으로 치는 동작은 그리 쉽지만은 않지만 연습하다 보면 본인도 모르게 양손이 비슷해지며 임팩트 시 크게 나오는 미스샷을 줄일 수 있을 것이다.

## ∴ 임팩트 구간을 정리하면서

골프스윙은 임팩트 구간에서 결과에 대한 심사를 받는다. 무서울 정도로 냉정하고 현실적이다. 단 2초도 안 걸리는 스윙을 위해 우리는 이처럼 많은 시간을 공들였다고 생각하면 허무해질 때도 있다. 하지만 한두번의 스윙은 실수할 수 있지만, 연달아 여러 번 실수하지는 않을 것이다. 만일 당신의 스윙이 기본기와 순서를 바탕으로 탄탄하게 만들어진 스윙이라면 말이다. 임팩트라는 결과물을 받아드리고 점진적으로 개선할 수 있게 만들어 보자.

임팩트는 지나는 구간이다. 사람마다 강하게 지나가기도 하고 부드럽게 지나가기도 한다. 끝이 아니라 한 구간일 뿐이다. 아직 종점으로 향하는 길이 조금 남아 있으니 너무 많은 힘을 주고 지나지 말길 바란다. 그러기 위해서는 임팩트 구간에서의 팔동작과 함께 풋워크footwork에 대해 연습을 해보길 바란다. 다시 한번 강조하지만 우리가 만들고자 하는 임팩트는 본인의 영역 안에서 가장 효율적인 타점을 만드는 것이다.

# 릴리스와 팔로스루도 의도적으로 만드는 것인가? Release & Follow-through

**팔뚝회전이 릴리스의 핵심이다(Forearm rotation).**

많은 골퍼들은 볼이 떠난 임팩트 이후에 발생하는 동작은 별 의미가 없다고 생각하고 있다. 하지만 임팩트 후의 릴리스와 팔로스루는 일관된 볼의 궤적, 탄도 그리고 방향에 크고 작은 도움을 주는 동작이라고 할 수 있다. 팔로스루 동작을 통해 전체 스윙의 밸런스를 확인할 정도로 중요한 동작이다. 릴리스의 정확한 뜻은 클럽이 볼에 접촉하는 순간부터 클럽이 자연스럽게 풀리는 과정을 말한다. 팔로스루는 릴리스의 동작이 자연스럽게 연결되는 동작이라 생각하면 된다. 당연히 릴리스와 팔로스루는 연속적인 과정으로 릴리스가 잘 이루어져야 팔로스루가 자연스럽게 이뤄질 확률이 높다. 본문에서 올바른 릴리스와 팔로스루 자세를 만들기 위한 동작을 배워보도록 하자.

1. 머리를 볼 뒤에 남겨놓는다.

머리가 앞쪽으로 과하게 나오면 볼이 찍혀 맞거나, 클럽이 열려 우측으로 밀리는 슬라이스 구질이 생긴 확률이 높다. 볼 뒤에 티를 놓고 임팩트 후에 잠깐 보고 있는 연습을 한다.

2. 왼쪽 무릎이 펴져 있고 오른쪽 발 앞꿈치에 힘이 버티고 있어야 양팔을 뻗는 동작이 가능하다.

오른쪽 무릎이 일찍 무너지면 릴리스를 만들기 어려워진다.

3. 임팩트 후 그립 끝이 배꼽을 향하면 정확한 팔로스루가 이루어진 기준이 된다.

만일 손목을 과하게 쓰는 동작이 되면 그립은 배꼽을 향할 수 없게 된다.

4. 손목의 힘을 빼고 임팩트 후 클럽헤드가 먼저 나가도록 릴리스 한다.

손에 힘이 많으면 손으로 끌고 들어가는 동작이 나올 확률이 많다.

5. 양쪽 팔뚝이 서로 스칠 정도로 가깝게 로테이션 하게 만들어 준다.

정확한 로테이션이 안 되면 오각형에 가까운 팔뚝 모양을 만들게 된다.

릴리스와 팔로스루는 임팩트 이후 동작이다. 임팩트 결과가 좋으면 대부분 릴리스와 팔로스루도 좋은 결과로 연결된다. 스윙은 끊어지는 동작 없이 연결되어 이루어지기 때문에 스윙의 일부분이 깨지게 되면 연쇄적으로 안 좋은 동작으로 이어진다. 결국 어떤 임팩트가 되느냐에 따라 이후 동작들도 영향을 받는다. 반대로 올바른 릴리스와 팔로스루 동작 연습을 많이 반복해서 임팩트 구간이 좋게 바뀌는 경우도 있다. 좋은 결과를 미리 만들어 놓고 과정들이 결과에 부합하기 위해 자동으로 동작을 변화시킬 수 있기 때문이다. 반복된 릴리스 연습으로 전체적인 스윙 밸런스가 향상되는 결과를 얻을 수 있다.

# 18 양팔을 마치 한팔처럼 움직이게 만들자
## Creating the arm rotation as one

릴리스와 팔로스루 구간은 아마추어 골퍼들이 가장 많은 오류를 범하는 구간 중 하나다. 수많은 아마추어 골퍼들은 자신들이 만든 릴리스 동작 자체를 혐오하는 골퍼들도 있을 정도다. 릴리스 구간에서 양팔이 펴지는 동작이 전혀 없이 팔이 오각형처럼 굽어져 있는 모양이 된다. 골퍼들 사이에 흔히 구부러진 왼팔을 두고 치킨윙(닭날개)이라고 부르기도 한다. 이 동작의 원인은 처음부터 볼을 맞추는데 초점을 두고 양팔 회전에 대한 이해가 없어서 생겼다고 볼 수 있다. 볼을 맞추는 데는 문제가 없을 수 있지만 일관된 방향과 궤도에 대한 지속성이 떨어진다. 이 동작에서 특히 조심할 점은 왼쪽 어깨에 대한 부상 위험도 따른다. 왼팔 회전이 막히면서 어깨와 팔사이가 좁아지는 현상이 나타나 어깨회전근과 승모근에 피로도가 많이 쌓인다. 이번에 소개하는 연습 드릴을 통해 양팔이 하나처럼 움직이는 느낌을 가져 보자.

## 투클럽 연습 방법 Two club drill

먼저 양손에 각각 클럽을 하나씩 든다. 처음에는 다루기 쉽게 그립 끝에서 5~10cm 정도 짧게 잡는 것이 좋다. 양손으로 어드레스 자세를 취하고 하프스윙 위치까지 올려 본다. 이때 양쪽 클럽이 동시에 움직임은 물론이고 스윙하는 동안 서로 부딪치지 않게 간격을 유지해야 한다. 왼손에 힘이 없는 골퍼는 왼손클럽만 좀 더 내려 잡으면 도움이 된다. 이 드릴은 어느 한 손이 따로 움직이지 못하게 양손이 하나가 된 느낌을 준다.

이 연습 드릴을 5분 정도 하고 원래 스윙을 시도해 보면 양팔이 하나가 되어 움직이는 느낌을 갖게 된다. 자주하다 보면 왼손 근력에도 도움이 되며 양팔 회전에 팔의 이해도가 확실히 높아질 것이다.

투 클럽 연습 드릴의 목적은 양팔이 하나가 돼서 움직이는 느낌을 갖는 것이다. 처음부터 너무 빠른 회전을 시도하면 자칫 손목 동작이 개입될 수 있다. 임팩트 이후 팔이 펴지는 느낌이 들도록 연습하는 것이 좋다. 특히 오른팔보다 왼팔의 회전 느낌을 더 느낀다면 연습을 제대로 한다고 보면 된다.

# 19 몸의 일체성 유지 연습이 필요하다

지금까지 릴리스와 팔로스루 구간을 다루면서 팔에 대한 부분을 강조했다. 하지만 팔만 가지고 좋은 릴리스 동작을 만드는 건 어렵다. 스윙 초기에 배웠던 테이크어웨이처럼 팔만 움직일 수 없듯이 팔로스루 구간도 마찬가지로 몸과 연결되어 일체 된 동작으로 만들어야 좋다. 결국 팔과 몸은 시작부터 끝까지 일체성을 유지하며 스윙을 하는 것이 가장 효율적이다. 몸이 먼저 선행하며 돌아 나가도 순서의 문제가 된다. 또한 팔만 유독 빠르게 진행해도 서로 간의 일체성 없이 따로 움직이는 스윙이 이루어지게 된다. 가장 볼품없는 스윙 길이가 짧고 낚아채는 스윙을 하게 된다.

몸의 일체성을 위한 연습으로 수건이나 헤드커버를 양팔 겨드랑이에 끼우고 짧은 아이언으로 샷을 치는 연습을 한다. 스윙 크기는 허리 높이를 조금 지난 지점까지만 올린다. 이때 몸과 팔의 일체성을 중심으로 컨트롤된 피니쉬를 만든다.

닭 날개 릴리스

양팔이 같이 움직이는 릴리스

몸과 팔의 일체성 연습은 손을 많이 사용하는 골퍼에게 많은 도움이 된다. 손을 과하게 사용하다 보면 타점의 기복이 심해 자신의 컨디션에 따라 스윙이 좌우되는 경향이 있다. 이 연습의 포커스는 비거리가 아닌 몸과 팔의 일체감을 통해 방향 향상에 중점을 두는 것이 좋다. 작은 스윙으로 시작해서 점차 스윙 크기를 늘려 나가는 것이 효율적이다. 차후에 드라이버로 연습할 때에는 양쪽보다 왼쪽 겨드랑이에만 끼고 연습하는 것이 좋다. 드라이버 시 오른쪽을 제외한 이유는 스윙 길이가 너무 짧아지고 너비가 좁아지는 동작이 만들어지기 때문이다.

# 20 릴리스는 모션의 작용과 반대작용의 원리다
## Action & Reaction

우리가 다이어트를 할 때, 체중감량에 도움이 되는 음식과 그렇지 않는 음식에 대해 알고 있는 것처럼 골프스윙도 마찬가지다. 지금까지 릴리스에 도움이 되는 동작들을 이해했다면, 방해하는 동작들을 알아보는 것도 스윙에 도움이 될 것이다.

### 1. 팔의 작용과 반작용에 대해 이해하자.

다운스윙 시 왼팔에 과한 힘이 들어가면서 잡아당기면 왼쪽 팔이 구부러진다. 이렇게 왼팔을 잡아당기는 이유는 오른팔 팔꿈치를 옆구리에 붙이기 위해 끌고 내려오는 동작 때문이라 할 수 있다. 오른팔은 역학적으로 당기는pull 동작을 할 수밖에 없다. 여기서 왼팔을 같이 당기는 동작을 하기보다 내리면서 누르는Push 동작을 하면 왼팔이 끌면서 구부러지는 동작보다 선회전에 의해 펴지게 된다. 다시 말하면 오른팔은 끌어당기고 왼팔은 아래로 내리면서 회전을 하는 동작을 하면 된다. 움직임의 작용과 반대 작용의 원리라고 생각하면 된다. 모션의 법칙에는 위로 올라가면 내려오고, 앞으로 나가면 뒤로 돌아오게 되고, 좌로 움직이면 우측으로 돌아와야 한다. 양팔을 모두 당기는 동작 대신 푸쉬push & 풀pull 동작을 통해 팔의 릴리스를 만들어 보자.

불필요한 풀(pull) 동작

올바른 푸쉬(push) 동작

## 2. 치킨윙(chicken wing)의 작용 반작용

다운스윙 시 강한 상체가 빠르게 덥히면서 클럽궤도가 밖에서 안으로 들어오게 된다. 이 상황에서 팔이 릴리스를 하게 되면 볼은 완전히 왼쪽으로 향하고 만다. 이를 보상하기 위해 왼팔을 회전하지 않고 팔꿈치를 뒤로 빼는 동작을 할 수밖에 없다. 이 역시 작용 반작용으로 인한 보상 동작이다. 닭날개를 고치기 전에 상체가 빠르게 덮는 동작을 수정해야 된다는 걸 이해해야 골프가 쉬워진다.

## 3. 빠른 힙 회전의 작용 반작용(Spin out)

이 동작은 초보 골퍼보다 중급 골퍼들에게 볼 수 있는 모습이다. 힙 회전이 너무 빠른 나머지 왼쪽 힙이 바깥쪽으로 심하게 도는 현상이다. 이 상황에선 팔이 빠른 힙 회전을 따라잡기 위해 과한 보상 동작을 유발시킨다. 전체 밸런스가 무너지기 쉬우며 팔과 몸의 일체성이 떨어진다. 특히 과한 손목 동작이 생기면 볼 컨트롤이 불가하다.

위 동작들을 방지하는데 도움이 되는 연습 드릴을 소개하고자 한다. 볼을 치는 연습이 아니지만 빠른 효과가 있어 추천하고자 한다.

먼저 원래 클럽보다 좀 더 무게가 나가는 클럽이 필요하다. 헤비heavy 연습 도구, 무게 추 또는 야구배트를 사용해도 좋다. 클럽보다 무겁기 때문에 마음대로 속도를 내지 못한다. 백스윙과 팔로스루까지 하면서 팔과 몸의 일치감을 느끼는 연습을 제대로 할 수 있다. 허리를 숙이지 말고 선 자세로 스윙을 하는 것이 도움이 된다. 매번 20회 정도 연습하면 릴리스에 방해되는 동작을 제어할 수 있게 된다.

## ∴ 릴리스와 팔로스루 구간을 정리하며

골프 스윙은 흔히 원인과 결과Cause & Effect에 대한 동작이라고 말한다. 원인은 몸의 중심을 기준으로 오른쪽에서 일어나는 테이크어웨이, 백스윙, 그리고 다운스윙 전환을 말하고, 결과는 몸중심의 왼쪽에서 나타나는 임팩트, 릴리스, 그리고 팔로스루를 말한다. 골퍼들은 대부분 원인 쪽에 신경을 쓰고 결과 쪽은 그다지 공을 드리지 않는다. 당연히 좋은 원인이 있어야 결과가 좋을 수 있기 때문이라는 점도 잘 알고 있다. 그럼에도 결과를 만드는 데 노력하는 이유는 좋은 원인을 지속적으로 제공할 수 있게끔 하기 위해서다.

마지막으로 릴리스와 팔로스루 과정에서 무작정 팔뚝회전을 요구하는 것이 아니라는 점을 강조하고 싶다. 이 연습의 가장 큰 목적은 팔의 회전을 할 줄 알아야 본인이 원할 때 제어할 수 있고 작용과 반작용에 대한 이해를 할 수 있기 때문이다. 골프는 클럽을 다루는 운동이기에 몸과 팔을 다룰 줄 아는 사람이 좋은 스윙을 갖을 수 있을 확률이 높다는 점을 기억하기 바란다.

# 21 피니쉬는 좋은 리듬과 밸런스에서 만들어진다
## Finishing with good Rhythm & Balance

피니쉬 동작은 스윙의 최종 목적지이자 완성품이다. 하지만 피니쉬를 하기 위해서는 리듬과 밸런스가 좋아야 하는데 급한 스윙을 하는 아마추어 골퍼들에겐 쉽지 않은 과제이다. 결과가 어찌되던 스윙을 한 후에 다만 몇 초라도 피니쉬를 잡는 연습이 필요하다. 피니쉬 동작에서 골퍼들은 결과에 대한 많은 피드백을 뇌와 주고 받을 수 있기 때문이다. 이미 볼은 떠났지만 다음 샷에 대한 준비의 의미를 부여하기 때문이다. 대부분의 안정적인 피니쉬를 한 스윙의 결과는 좋은 쪽으로 이어지는 때가 많다. 좋은 피니쉬를 하기 위해서는 리듬과 밸런스가 좋아야 하고 한동작으로 매끄럽게 빠져나가는 스윙이 필요하다. 피니쉬에 따라 결과에 미치는 영향은 달라진다. 밸런스 잡힌 좋은 스윙을 하기 원한다면 피니쉬 동작 만드는 연습을 습관화 해보자.

3초 유지한다

만일 3초간 피니쉬 밸런스를 잡기 어려움을 겪는 골퍼들은 여기에 추가적으로 할 수 있는 연습을 알려주고자 한다. 피니쉬 동작을 못 잡는 대부분의 경우는 스윙의 순서sequence가 맞지 않을 확률이 높다. 먼저 백스윙을 만들어 탑포지션에 도달한 다음 피니쉬와 마찬가지로 3초 카운트를 세고 스윙을 한다. 이 연습의 목적은 탑스윙 포지션에서 급한 전환 동작을 한 템포 쉬는 데 있다. 주의할 점은 탑스윙 포지션에서 3초 이상은 머무르지 말아야 한다. 다운스윙 순서와 템포가 어느 정도 몸에 익으면 습관되지 않게 탑스윙에서 쉬지 말고 매끄러운 리듬으로 스윙을 하면 된다.

### 3+3 드릴

골프를 포함한 모든 운동에서 밸런스는 매우 중요한 요소로 꼽힌다. 골프 스윙은 습득해야 할 많은 기술들이 있지만, 유독 기술 습득에 매진되어 밸런스 같은 중요한 동작을 놓치고 가는 골퍼들이 많다. 이제부터 밸런스를 스윙의 최종 목표로 두고 연습을 하면 생각보다 많은 효과를 얻을 것을 약속한다.

# 22 리듬과 템포를 이해해야 좋은 피니쉬를 완성한다
## Rhythm & Tempo

**좋은 리듬감이 좋은 스윙을 만든다(Good sense of rhythm makes a good swing).**

모든 골퍼들은 골프를 잘 치려면 좋은 리듬과 템포를 가져야 한다고 인식은 하고 있다. 하지만 많은 골퍼들은 정확한 리듬과 템포의 의미를 이해하고 있지 않다. 단순하게 정리하면 리듬은 박자이고 템포는 속도, 스피드라고 이해하면 된다. 예를 들면 리듬은 하나-둘-셋, 또는 하나-둘 같은 일정한 박자를 말한다. 템포는 빠른 스윙 또는 느린 스윙을 말한다. 좋은 리듬감이 좋은 스윙을 만든다는 말은 일관된 박자로 일관성 있는 스윙을 한다는 것이기 때문에 잘 칠 수밖에 없다. 스윙의 템포는 일정한 속도로 스윙을 한다는 말로 리듬이 좋으면 일관성 있는 템포로 스윙하기 유리한 점이 있다. 좋은 스윙을 하기 위해서는 리듬에 대한 연습이 먼저 필요하다는 말이기도 하다.

여기 효율적인 리듬 연습을 소개하고자 한다. 효율성 있는 리듬 연습의 중점은 빠르고 연속적인 동작보단 시간차 스윙 연습이 더 효과적이다. 먼저 일관성 있는 리듬을 위해 각 동작에 이름을 붙여 연습을 한다. 백스윙 시 "원앤투one n two"로 올리고 다운스윙 전환 시 "퍼즈pause", 그리고 피니쉬까지 "고go" 하며 스윙하는 연습이다. 다운스윙 전환 시 퍼즈의 의미는 전환 준비를 하는 카운트라고 보면 된다. 퍼즈 카운트는 상체의 급한 동작을 제어하고 하체의 체중이동을 돕기 위함이다. 실제 필드에서 하는 스윙이 아닌 연습 스윙이다. 나중에 실제 볼을 칠 때는 퍼즈 카운트는 연결 동작에 포함되어 있어 "고"로 내려오는 스윙 리듬과 템포로 볼을 치면 된다.

One n two~

Pause~

Go~

이 리듬 연습에서 퍼즈 동작은 약간의 기술적인 부분이 포함이 된다. 좋은 리듬은 좋은 기술 없이 만들어지기 어렵기 때문에 기술을 만드는 데 신경 써야 한다는 점을 말하고 싶다.

템포는 리듬과는 조금 다르다. 리듬은 기술력과 함께 반복적인 연습을 통해 향상시킬 수 있다. 반면에 템포는 스피드를 다루기 때문에 각자 타고난 성향, 근력 그리고 스윙 스타일에 따라 정해질 확률이 높다. 템포 연습이 안 된다는 말은 아니다. 단지 템포 연습에 시간을 투자하는 것보다 리듬과 스윙 기술 연습에 매진하는 것이 더 나은 효과를 가져다준다는 말이다. 흔히 템포는 리듬에 의해 정해지고, 리듬은 스윙 기술에 의해 만들어진다라는 말의 의미가 여기에 있다. 연습을 통해 템포가 향상될 수 있지만 템포의 본질은 어느 정도 타고난다는 말이다.

골프 스윙을 배우면서 리듬과 템포는 생각하는 것보다 상당히 중요하다는 걸 깨닫게 된다. 모든 골퍼가 같은 리듬으로 스윙할 수 없듯이 본인에게 맞는 리듬감을 만드는 것이 가장 중요하다고 생각한다. 투어선수들도 각자 자기만의 리듬과 템포를 만들고 유지하는 연습에 많은 시간을 투자한다. 좋은 스윙을 만들기 위해서는 반복적인 기술연마와 리듬 연습 외에 다른 대안이 없다. 본인에게 맞는 리듬으로 스윙을 해야 일관된 피니쉬 자세를 유지할 수 있다. 지금까지 좋은 리듬을 갖고 볼을 잘 못치는 골퍼를 본적은 없다.

# 안정된 피니쉬 만드는 연습 방법

앞서 피니쉬를 위한 밸런스, 리듬과 템포를 배우는 과정을 거쳤다. 이 과정 차체가 좋은 피니쉬를 만드는 원동력이 된다. 여기서 추가적으로 도움이 될 수 있는 연습 동작을 알아보도록 하자.

원모션 스윙one motion이란 스윙아크의 틀이 깨지지 않고 부드러운 흐름으로 피니쉬를 만드는 동작을 말한다. 원모션 스윙의 포인트는 스윙의 순서를 이해하는 것이다. 볼을 치는 것이 핵심이 아닌 기술적인 몸의 움직임과 순서에 맞게 스윙하는 동작이다.

## 원모션 스윙 연습 swing in one motion drill

피니쉬 관련된 연습 시에는 볼을 치는 것보다 빈스윙으로 진행하는 것이 도움이 된다. 먼저 셋업 자세에서 테이크어웨이를 허리 위치보다 약간 높게 만든다. 이 위치에서 더 이상 백스윙을 진행하지 않고 피니쉬 스윙을 만들어 본다. 테이크어웨이 위치까지 가는 동작은 일종의 모멘텀momentum(추진력)을 위한 동작이다. 이 동작을 반복하다 보면 스윙이 점점 부드러운 흐름으로 한번에 동작으로 피니쉬까지 만들어지는 느낌을 갖게 된다. 나중에는 백스윙을 탑포지션 정점까지 올리고 피니쉬 동작을 만드는 연습을 하면 전체 스윙의 부드러운 흐름을 느낄 수 있다.

## 익스텐딩 피니쉬 연습 Extending drill

스윙의 시작을 백스윙과 다운스윙 없이 임팩트 고정 자세에서 팔을 타겟 쪽으로 던지면서 바로 피니쉬 동작을 만드는 연습을 한다. 클럽 앞에 볼을 두고 팔을 뻗으면서 볼을 밀어내는 동작을 하면 현실감을 좀 더 느낄 수 있다. 양팔이 납하게 접히는 동작을 교정할 수 있으며 피니쉬까지 몸의 안정성과 가동성을 보다 세밀하게 느낄 수 있다.

## 피니쉬 그립을 확인하자 Finalize your grip position

처음 셋업을 준비할 때 잡은 그립의 위치와 피니쉬 후 그립의 위치가 다르면 중간에 변화가 생긴거라 볼 수 있다. 일반적으로 오른쪽 엄지 그립의 변화가 가장 많이 나타난다. 이런 현상이 자주 일어나면 스윙에 좋지 않은 영향을 줄 수 있다. 필자도 실제 이 문제로 고민을 한 적이 있었기 때문에 누구보다도 잘 알고 있다.

결과적으로 보면 오른손이 왼손에 비해 강하기 때문에 나타나는 현상임을 알고 있자. 특히 긴 장감이 높은 상황에는 무의식적으로 오른손이 더욱 강해지는 경우가 있다. 장기적으론 왼손에 대한 근력과 기술보강이 필요한 건 확실하다. 또 다른 원인은 확실한 손가락 위주의 그립이 아니기 때문이다. 손가락의 악력이 손바닥 쪽으로 옮겨 갔을 때도 비슷한 그립의 변화가 있을 수 있다. 양쪽 손가락 포지션과 그립 악력에 대해 체크해 보도록 하자.

1. 강한 오른손의 역할을 줄여줄 수 있는 그립으로 교체한다.

오버래핑overlapping에서 인터라킹interlocking으로 교체할 것을 권한다(프로들도 많이 교체한다). 인터라킹과 함께 오른손 그립을 위크 그립 쪽으로 돌려 잡는 방법도 해보는 것도 좋은 방법이다.

※ 그립에 관한 정보는 그립 섹션을 참고하면 더 많은 도움을 얻을 수 있다.

2. 상대적으로 약한 왼손에 대한 연습량을 늘린다.

왼손등으로 타격하는 연습, 왼손 한손 연습을 필수적으로 해야 한다.

3. 스윙 시 양손이 셋업과 피니쉬 때 동일한 그립 강도를 느끼는 이미지 연습을 하면 도움이 된다.

그립을 잡을 때부터 양손에 동일한 그립 강도를 느끼면서 잡는 것도 매우 중요하다. 골프 스윙은 양손의 악력이 비슷하게 느껴질 때 최상의 결과가 나온다는 점을 잊지 말자.

## · 피니쉬 구간을 정리하면서

스윙의 마지막 목씩시인 피니쉬까지 노달하였다. 피니쉬 농작도 여느 다른 구간의 농작만큼 중요하다는 사실을 알게 되었을 거라 생각한다. 처음 서론에서 언급했듯이 스윙은 첫 단추를 잘 채워야 한다는 사실도 충분히 이해가 되었으면 한다. 피니쉬는 스윙의 결과를 말해주고 스윙의 품격을 가늠할 수 있는 마지막 자세다. 스윙을 너무 강하고 빠르게만 하려고 하지 말고 리듬과 템포를 중시하며 밸런스 있는 피니쉬 연습을 지속적으로 해보도록 하자. 여러분의 실력은 어느새 주변 사람들이 놀라는 수준의 골퍼가 되어 있을 것이다.

숏게임은 전체 게임에 67%
해당된다
이 중 퍼팅이 40%다

Chapter 3

# 퍼팅이 버티면 스코어는 유지된다

골프는 확실한 확률 게임이다. 지정된 거리에서 가장 적은 타수로 홀컵에 넣는 사람이 이기는 게임이다. 여기서 마지막에 해당되는 분야가 바로 퍼팅이다. 300m의 거리를 넘나드는 드라이버 샷도 1타이고, 1.5m 밖에 안되는 거리의 퍼팅도 1타이기 때문에 짧은 거리를 실수하면 느낌상 더 큰 손해를 봤다는 생각이 든다. 아마추어 또는 투어선수들의 퍼팅이 차지하는 비율은 40% 전후라고 한다. 프로들은 40% 미만이고, 아마추어들은 40% 이상이라 하는 이유는 프로들은 1m 안쪽 거리의 퍼팅은 거의 실수를 하지 않는다. 당연히 그럴 수밖에 없는 게 아마추어는 스윙을 만드는데 시간을 더 할애하고, 프로들은 스윙이 완성된 상태에서 퍼팅 연습에 많은 시간을 할애하기 때문이다. 골프를 처음 접할 때 퍼팅을 좀 더 먼저 배우면 전체 스코어에 많은 도움이 된다. 또한 골프스윙에서 퍼팅은 가장 작은 동작이므로 작은 근육을 먼저 훈련하면서 점차적으로 큰 근육을 사용하게 되면 기술 습득이 수월해진다. 초보 때 스윙은 기복이 심한 관계로 좌우 편차가 심한건 당연하다. 라운드에서 샷이 잘 안되더라노 퍼팅이 괜찮으면 어느 정도 스코어 유지가 가능하다.

# 01 퍼팅의 기본 개념을 알아야 한다

퍼팅은 몸 중에 가장 미세하고 예민한 손을 사용해야 하는 동작이다. 퍼팅을 잘하기 위해서는 과정을 통해서 여러 가지 요소들을 익혀야 한다. 퍼팅에서 중요한 요소는 거리감(감각)과 자신감(정신력)이다. 교습가 중에 이 두 가지는 선천적 재능을 타고나야 하는거라 말하는 이도 있다. 이 말에 크게 반박하는 사람은 없다. 하지만 이 요소들도 어느 정도는 많은 연습량으로 향상될 수 있는 부분이기도 하다.

퍼팅은 주로 숏퍼팅, 미들퍼팅, 그리고 롱퍼팅으로 나뉜다. 숏퍼팅은 주로 2m 안쪽 거리, 미들퍼팅은 3~6m, 그리고 롱퍼팅은 7m+ 이상으로 구분한다. 퍼팅의 성공 여부는 방향성과 거리감으로 정해진다. 보통 숏퍼팅은 방향성 위주고 미들퍼팅 이상은 거리감이 우선시 된다. 여기서 거리감이 방향성보다 중요한 이유는 방향성은 많은 연습량으로 해결할 수 있기 때문이다. 거리감은 많은 연습량에도 어려운 이유가 많은 변수가 존재하기 때문이다. 그린 안에 다양한 경사면이 있어 평지와 다른 여러 가지 스피드 조절을 해야 홀컵 근처 가까이 접근을 할 수 있다. 또한 숏퍼팅은 손의 움직임이 적어 연습을 통해 손목 각을 잘 유지할 수 있지만, 롱퍼팅의 경우 손목의 각과 손의 부드러운 악력까지 더해져야 거리감을 느낄 수 있어 더욱 섬세한 손의 감각을 요구한다.

퍼팅을 할 때 오른손잡이의 경우 왼손은 방향에 대한 가이드 역할을 하고 오른손은 거리에 관한 속도조절을 담당한다. 숏퍼팅을 할 땐 왼손을 견고하게 잡고 방향성 위주의 퍼팅을 하고 미들퍼팅 이상 롱퍼팅 할 때는 숏퍼팅보다 부드러운 느낌으로 잡아야 오른손 감각을 통해 거리감이 좋아지는 퍼팅을 할 수 있다. 퍼팅에서 또 다른 중요한 요소는 리듬과 템포이다. 리듬과 템포는 앞선 스윙의 기본 순서 챕터에서 언급되어 익숙한 내용이기도 하다.

리듬은 박자, 그리고 템포는 속도라고 알고 있듯이, 퍼팅에서 박자와 속도가 중요한 역할을 한다. 퍼팅할 때도 백 스트로크 시 박자는 하나-둘 하고 셋에 포워드 스트로크를 하면 된다. 여기서 초보 때 어려운 부분은 리듬보다 템포가 될 수 있다. 박자는 어떻게든 만들어 보겠는데 속도에 대한 컨트롤을 어려워하는 상황을 볼 수 있다. 여기서 한 가지만 기억하면 된다. 퍼터의 백 스트로크 길이과 상관없이 포워드 스트로크 시 내려오는 속도를 항상 같게 한다는 생각을 하면 된다. 1m 거리의 퍼팅과 7m 거리의 내려오는 속도가 같아야 한다는 말이다.

1m와 7m의 백 스트로크 길이는 같지 않지만 많은 차이도 나지 않는다. 1m 길이가 짧다고 빨라서도 안 되고, 7m 길이가 길다고 느려서도 안 된다. 결론은 퍼팅에서 템포는 길이와 상관없이 같은 속도를 유지해야 한다는 것이다. 퍼팅은 이러한 세부적인 요소들로 인해 많은 연습량이 필요하고 정확한 연습 방법을 통해 익혀야 한다고 말한다. 이런 퍼팅의 개념에 대해 먼저 이해하고 나면 퍼팅에 대한 과정이 수월할거라 생각한다. 지금부터 퍼팅에 도움이 되는 여러 요소들에 대해 알아보자.

1m 스트로크

7m 스트로크

※ 알아두면 편한 퍼팅 용어
- 스트로크(stroke): 퍼팅 시 퍼터가 움직이는 반경
- 백 스트로크(back stroke): 퍼터를 뒤로 빼는 동작
- 포워드 스트로크(forward stroke): 퍼터를 앞쪽으로 내리는 동작
- 앤오버앤 롤(end over end roll): 볼이 좌우 흔들림 없이 똑바로 구르는 현상

# 가장 이상적인 퍼팅 셋업을 만들다
# Ideal putting setup

퍼팅은 일반 스윙과 달리 하체를 고정시켜 체중이동 없는 스트로크를 한다. 먼저 양발 스탠스는 어깨 안쪽 너비로 너무 넓지 않게 만드는 것이 중요하다. 무릎을 살짝 펴서 다리에 무게가 실릴 수 있는 밸런스를 만든다. 양발의 체중분배는 왼발 쪽에 5% 정도 더 실어주면 임팩트 시 타점 정확도가 높아진다. 퍼팅 스트로크는 약간의 상향 타격이 있기에 왼쪽 다리가 좀 더 견고한 축으로 버티는 느낌이 중요하다. 상체 중심 또한 너무 뒤에 두지 않도록 체중과 함께 위치를 만들어 주는 게 필요하다. 중심축과 볼이 상향 타격으로 맞는 것이 중요한 이유는 볼을 앞으로 구르는 롤roll을 좋게 만드는 역할을 하기 때문이다. 볼의 롤은 속도를 좌우하여 거리감과 방향성을 바르게 잡아주는 역할을 한다.

팔은 어깨선에서 늘어뜨린 자세에서 손가락이 아닌 손바닥을 사용하여 퍼터 그립을 잡는다. 퍼팅 그립과 손목을 일직선으로 일치시킨다. 어깨 선상에서 늘어뜨린 양팔이 겨드랑이와 가슴을 약간 조이듯이 가까이 붙여 잡는 것이 중요하다. 이때 손가락에 악력은 너무 강하지 않지만 손목 각도를 고정시키고 퍼터 무게를 느낄 수 있을 정도가 좋다. 상체 각도는 스윙할 때 셋업과 동일하지 않아도 되지만 너무 휘어진 등 모양은 어깨와 팔의 가동범위를 불편하게 만들 수 있다. 머리의 각도는 가볍게 숙이는 동작으로 만들고 위에서 내려볼 때 수직으로 떨어지는 위치에 볼이 위치한다.

퍼팅 셋업 체크 포인트

**1. 그립은 손바닥으로 잡고 팔뚝과 샤프트가 일직선상에 위치시킨다.**

퍼팅 그립을 손가락 아닌 손바닥으로 잡아도 된다. 팔뚝회전이 없기 때문에 양팔을 벌려 셋업할 때 손바닥 그립이 유리하다.

**2. 양팔은 어깨 선상에서 늘어뜨리고 광배근을 사용해 가슴 앞쪽으로 모은다. 이때 팔은 오각형에 가까운 모양을 만든다.**

광배근을 사용해야 손목이 따로 쓰이는 것을 막을 수 있다.

**3. 손목은 고정시키고 각도를 너무 누르거나 세우지 않는다.**

상체를 숙인 각에 따라 손목 각도에 영향을 줄 수 있다. 상체가 많이 숙여지면 손목각이 조금 세워져야 한다. 반대로 상체가 너무 세워지면 손목 각도가 세워져 약간 뉘우는 각도를 만들 필요가 있다. 상체 숙임과 손목 각도는 같이 반응하기 때문에 서로 조율이 필요하다.

**4. 양쪽 팔꿈치가 밖으로 벌어지지 않게 가슴 아래 양쪽 갈비뼈 앞에 편하게 붙여 놓는다.**

팔꿈치를 오각형 모양을 만들고자 너무 바깥쪽을 향하지 않게 한다.

**5. 양쪽 무릎을 살짝 펴고 볼은 눈의 수직 하단에 위치한다.**

눈의 위치는 매우 중요한 요소라 정확한 확인이 필요하다. 무릎을 완전히 펴게되면 하체가 경직되어 전체 스트로크 감각에 문제가 될 수 있다.

**6. 발과 몸의 정렬은 타겟 라인과 거의 평행하게 만든다.**

사람마다 조금씩 다른 부분이라 너무 평행하게 만들려고 애를 쓰기보다 약간 열어 서는 것도 결과에 따라 고려해 봐도 괜찮다. 너무 평행을 추구하다 보면 다른 중요한 요소를 놓치는 경우가 있어 너무 과하게 열어 서지 않으면 크게 문제가 디지 않는다.

**자신의 주시(Dominent eye)에 따라 볼 위치가 정해진다.**

퍼팅 시 눈은 매우 중요한 역할을 한다. 일반 스윙을 할 때도 눈은 중요하지만 퍼팅 시는 준비하는 과정부터 눈은 훨씬 바쁘게 움직인다. 경사도를 확인하고, 거리감을 느끼고, 에임에 맞춰 볼을 놓는 과정까지 분주하고 세밀하게 사용된다. 손과 발에도 주손과 주발이 있듯이 눈에도 주시가 있다. 사물을 볼 때 두 눈을 사용하지만 누구에게나 주로 사용되는 주시가 있다. 먼저 주시를 확인하는 방법을 알아보자.

주시를 확인하는 방법은 아주 간단하다. 먼저 양손으로 원을 만들어 목표물을 원 안에 집어넣는다. 상대가 있으면 상대방의 얼굴을 원안에 넣으면 된다. 이때 원 안에 보이는 눈이 본인의 주시가 된다.

아래 사진의 경우는 왼쪽 눈이 주시가 된다.

왼쪽 눈이 주시일 경우 볼의 위치를 왼쪽 눈 수직 하단에 놓은다. 반대로 오른쪽 눈이 주시일 경우엔 볼 위치를 오른쪽으로 약간 옮겨 놓는 것이 스트로크에 유리하다. 결론은 주시에 따라 볼 위치가 조금씩 달라진다. 왼쪽이 주시인 골퍼는 일반적인 스탠스 너비로 서면 편한 상향 스트로크가 된다. 오른쪽이 주시인 골퍼는 상향 타격이 필요한 경우 오른발을 움직여 약간 넓히면 상향 스트로트를 할 수 있다. 이 상황은 필요에 의한 수정이다. 모든 골퍼가 무조건 움직일 필요는 없다.

왼쪽 눈이 주시인 경우

오른쪽 눈이 주시인 경우 양쪽 눈 가운데 위치한다

퍼팅의 셋업과 기술은 스윙과는 또 다른 과제를 부여한다. 여러 가지 신경써야 할 부분이 많다는 게 부담스럽지만 한편으론 견고한 기본기, 섬세함, 그리고 꾸준한 연습량을 갖추면 프로만큼 잘 할 수 있는 분야도 될 수 있다. 부족한 근력과 제한된 가동성을 가진 골퍼라도 얼마든지 퍼팅에선 큰 두각을 나타낼 수 있다. 기본자세와 기술적인 세밀함을 터득하면 본인의 유전적 요소와 함께 자신감과 정신력을 업그레이드 시킬 수 있는 분야임이 확실하다. 이 모든 것의 시작은 바로 올바른 퍼팅 셋업이다.

# 나에게 맞는 퍼팅 그립은 무엇일까?

그립은 퍼팅에 있어 가장 중요한 기본이다. 스윙 그립과 다르게 종류도 다양해서 어떤 그립을 선택해야 할지 많은 고민이 된다. 투어선수들도 정해진 단일 그립이 아닌 다양한 유형의 그립 중에 각자 본인에 맞는 그립을 찾는다. 일부 골퍼들은 그립을 바꿔가며 슬럼프를 극복하기도 하고 약간의 변화로 인한 신선함으로 퍼팅을 향상시키는 경우도 있다. 퍼팅 만큼은 다양한 그립 스타일을 사용하여 성공하는 사례도 있다. 그만큼 많은 시행착오를 겪으며 본인에게 맞는 그립을 찾았기 때문이다.

손 위치의 차이점을 제외하곤 모든 퍼팅 그립 스타일에는 공통적인 기본 목표가 있다. 손과 손목을 움직임을 최대한 조용하게 유지하여 효율적인 퍼팅 스트로크를 만들어 내는 것이다. 퍼팅에서 일관된 결과의 핵심은 반복 가능한 동작을 매번 만드는 것이기 때문이다. 지금부터 몇 가지 퍼팅 그립 스타일과 그립의 장점을 알아보도록 하자.

## 1. 컨벤셔널(Conventional) 퍼팅 그립

아마추어와 프로골퍼 모두에게 가장 널리 알려진 퍼팅 그립이다. 기본 스타일은 단순히 오른손이 왼손 아래 위치한 것이다. 퍼터를 일반 클럽과 동일하게 잡고 왼쪽 검지손가락을 빼서 오른손 위에 역겹침(포개 놓음)해서 올려 놓는다.

### 컨벤셔널 퍼팅 그립의 장점

이 그립은 대부분의 골퍼가 처음 배우는 그립이다. 이 그립으로 퍼팅 성공률이 높고 작동이
잘 된다고 생각되면 그대로 고수하는 걸 추천한다. 일반 클럽의 그립을 반영했기 때문에 다
른 퍼터 그립에 비해 가장 자연스럽고 편하기 때문이다. 컨벤셔널 그립의 골퍼가 아크 스트
로크(약간 휘어진 궤도) 시 임팩트 이후 릴리스가 편한 점이 있다. 롱퍼팅 시 거리감에 있어
유리하다.

### 켄벤셔널 그립을 시도하면 좋은 골퍼

컨벤셔널 퍼터 그립이 다른 그립에 비해 배우기가 쉬워 초보 골퍼에게 추천한다. 또한 현재
레프트핸드 로우lefthand-low 그립으로 임팩트 시 타점이 너무 찍혀 맞거나 거리 조절이 힘든
골퍼들도 추천한다. 손의 위치가 바뀌어 상향 스트로크가 좀 더 유리하다. 기본 그립 스타일
로 바꾸면 손이 좀 더 자유롭게 움직여 임팩트 시 부드럽게 움직이는데 도움이 될 수 있다.
투어선수 가운데 대표적으로 타이거 우즈와 로리 맥길로이 선수가 컨벤셔널 그립을 하고 있
다. 두 선수는 처음 잡은 컨벤셔널 그립이 본인들에게 가장 효율성이 좋았기 때문이다.

### 2. 크로스핸드(Cross-hand) 퍼팅 그립 또는 레프트핸드 로우(Lefthand-low) 퍼팅 그립

크로스핸드 퍼팅 스타일은 단순히 컨벤셔널 퍼팅 그립을 반대로 한 그립이다. 왼손이 오른손
아래 위치하며 반대로 오른손 검지손가락을 빼서 왼손 위에 역겹침해서 올려 놓는다.

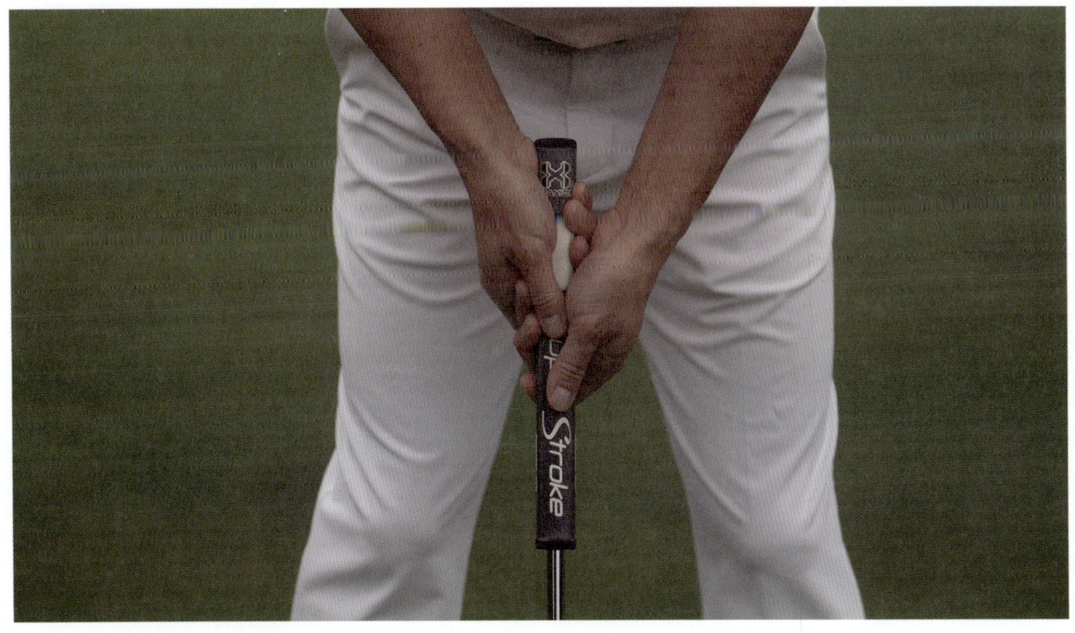

왼손이 아래 위치한다

### 크로스핸드 퍼팅 그립의 장점

손목이 각도를 유지하고 손을 비활성화하려는 골퍼에게 유리하다. 왼손이 아래쪽에 위치하기 때문에 왼손 손목이 꺾이거나 오른손이 대신 움직이는 동작이 확연히 줄어든다. 단지 처음에는 어색함이 나타나지만 다른 그립 스타일에 비해 적응 기간이 짧다. 롱퍼팅보다 숏퍼팅에 강점이 있다.

### 클로스핸드 퍼팅 그립을 시도하면 좋은 골퍼

숏퍼팅을 자주 미스하는 골퍼와 입스yips(숏퍼팅 트라우마)를 퇴치하는 데 효과가 좋다. 기본 스타일에서 어려움을 겪고 있는 골퍼에게 도움이 될 수 있다.

## 3. 클로우(Claw) 퍼팅 그립

클로우 그립은 최근 2~3년 사이 급속도로 투어선수들이 사용하기 시작했다. 클로우 그립에는 여러 가지 변형이 있지만 기본적으로 왼손은 기존의 맨 위 위치에 놓는다. 오른손은 엄지와 검지손가락 사이에 그립을 잡고 손바닥은 배를 향하게 한다. 퍼터의 길이는 골퍼마다 다양하게 사용한다. 브룸스틱(빗자루) 퍼팅은 퍼터의 길이가 빗자루 길이와 비슷해 붙은 명칭이다.

### 클로우 퍼팅 그립의 장점

오른손 손목의 움직임을 최대한 억제시키는 그립이라 할 수 있다. 반면에 왼손, 팔, 어깨의 리드로 퍼터를 궤도대로 이동시켜 방향성에 유리하다.

### 클로우 퍼팅 그립을 시도하면 좋은 골퍼

오른손 활성화에 극심한 스트레스가 있는 골퍼라면 적극 추천한다. 왼손이 오른손에 비해 모든 면에서 월등하다고 생각하는 골퍼한테도 좋다. 숏퍼팅에 두려움이 있는 골퍼도 도전하면 좋은 결과를 얻을 수 있다. 단, 적응하는 동안 여유를 갖는 것이 중요하다.

## 4. 뤼스트락(Wrist-lock) 퍼팅 그립

기존 퍼팅 그립에서 변형이 있는 또 다른 퍼팅 그립 스타일이다. 처음에 나왔을 때부터 수년에 걸쳐 인기가 많았던 그립이다. 이 퍼터 그립은 암락armlock 퍼팅 그립 스타일과 유사하지만 그렇게 극단적으로 왼손을 마비시킬 정도는 아니다. 가장 일반적인 방법은 왼손을 퍼터 그립의 아래 부분에 대고 오른손으로 왼팔뚝을 그립에 붙게 대는 것이다.

## 뤼스트락 퍼팅 그립의 장점

세 번째 소개했던 클로우 그립보다 뤼스트락 그립 스타일은 오른손의 영향을 덜 받는다. 왼손 역시 거의 비활성화 된다고 본다. 간단히 말해, 뤼스트락 퍼팅 그립은 손을 배제한 팔과 어깨만을 사용하고 진자 형태의 스트로크를 꾸준히 하도록 리드한다.

## 뤼스트락 퍼팅 그립을 시도하면 좋은 골퍼

유난히 손이 긴장되는 경향이 있는 골퍼는 뤼스트락 그립으로 손목이 삼긴 상태에서 퍼팅을 할 수 있어 안정감을 찾을 수 있다. 또한 스트로크 시 불필요한 손목 동작을 제거하기 위해 모든 것을 시도했지만 문제를 해결하지 못한 골퍼라면 이 그립이 효과가 있을 수 있다.

어떤 퍼팅 그립 스타일이 나에게 맞을까? 확실히 알 수 있는 유일한 방법은 다양한 유형의 그립을 실험하는 것이다. 퍼팅 연습을 할 때 다양한 퍼팅 그립을 시도해 보고 어떤 그립이 본인한테 맞는지 확인해 보자. 다만 그립을 선택한 후에는 매번 습관처럼 그립을 바꿔 퍼팅을 하는것은 추천하지 않는다. 또한 새로운 퍼팅 그립을 시도할 때는 충분한 시간을 투자한 후에 결정해도 결코 늦지 않다는 점을 말해주고 싶다.

# 04 퍼팅 스트로크와 퍼터의 관계성을 알아야 한다
# Relationship between stroke & putter

**나에게 맞는 스트로크를 찾자.**

퍼팅에 관해서 골퍼가 내려야 하는 기본적인 결정 중 하나이자 연습해야 하는 것은 그립 스타일 외에 다른 것이 있다. 스트로크의 종류를 선별해야 하는 것이다. 두 가지 기본적인 퍼팅 스트로크 스타일은 아크 스트로크arc-stroke와 스트레이트-스루straight-through이다. 대다수 골퍼는 본인이 사용하는 스타일을 어떻게 배웠는지에 따라 다르지만, 편안함이나 익숙한 것에 대한 성향이 가장 크다고 볼 수 있다. 만일 본인의 현재 퍼팅 수준을 향상시킬 마음이 있다면 퍼팅하는 방식을 살펴보고 스트레이트 퍼터인지 아크 퍼터인지 판단하는 것이 매우 중요하다. 만일 당신이 스트레이트 스루 스트로크를 하고자 하는 아크 퍼터 유형이면 좋은 현상이 아니다. 비유하자면 왼손잡이가 오른손으로 글을 쓰려고 하는 것과 같다. 본인하고 맞지 않는 스트로크를 하고 있다는 뜻이다. 그래서 나에게 맞는 스트로크를 찾는 것이 매우 중요하다. 아래에서 스트로크 종류에 대해 알아보도록 하자.

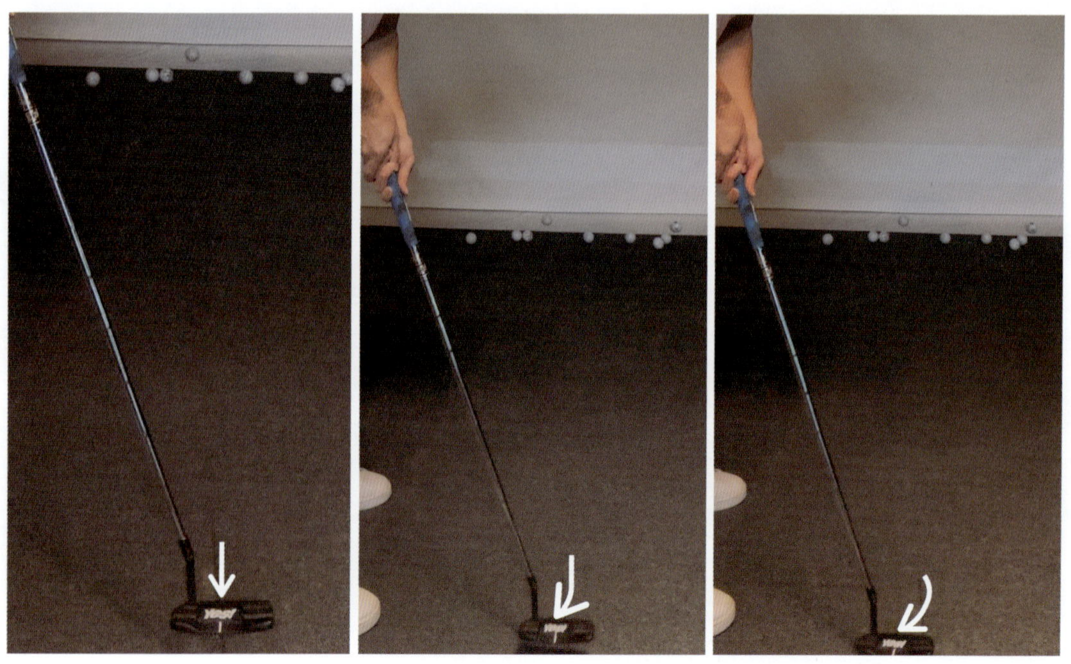

## 스트레이트-스루(Straight-through) 퍼팅 스타일

퍼팅 스트로크의 종류를 선별하는 가장 쉬운 방법은 눈이 주시하는 볼의 위치를 확인하면 된다. 스트레이트 스루 퍼팅을 하는 골퍼의 눈은 볼의 중앙을 수직하단으로 떨어지게 위치한다. 이 퍼팅 스타일의 경우 설정된 퍼팅 라인을 따라 퍼터 헤드가 움직인다. 헤드의 스윗 스폿이 90도 각도로 볼을 치고 팔로스루도 직선 코스를 따라 움직인다. 이 스트로크의 장점이라 함은 짧은 거리에서 직진성이 좋은 편이다.

## 아트 스트로크(arc stroke) 퍼팅 스타일

아크 스트로크는 좀 더 예민한 퍼팅 스타일이며 타이거 우즈가 사용해 유명해진 퍼팅 스타일이다. 많은 사람들은 이 퍼팅 스타일이 헤드 제어력이 낮다고 말하기도 힌다. 헤느 세어력이 좋으면 경사면이 심한 그린에서 유리한 점이 있다. 스트레이트 스루 스트로크의 달기 눈의 위치는 악산 볼 안쑥이나 뒤에 있다. 스트로크는 직선은 따라가는 대신 백스프로그 시 헤드가 약간 열리며 팔로스루 때 닫히게 되는 아크 스트로크를 만든다. 이 스트로크의 장점은 경사면이 심하고 빠른 그린과 롱퍼팅 거리 조절에 유리하다. 단지, 볼의 위치가 항상 같아야 일정한 타점이 이루어진다는 점을 알아야 한다.

대부분의 골퍼들은 위에 소개된 두 종류의 스트로크 중에 하나를 한다고 보면 된다. 흥미로운 점은 프로들은 어떤 궤도로 스트로크 하는지 알아본 결과(Golf Digest Magazine-제공) 의외의 결과가 나온 걸 알 수 있다. 프로들은 위의 스트로크를 섞은 혼합형 스트로크를 사용하는 결과가 나왔다.

- **인투 스트레이트**: 42%
- **스트레이트-스루**: 31%
- **아크 스트로크**: 27%

이러한 결과가 보여주듯, 퍼팅 스타일도 본인에 맞는 스트로크를 찾는 것이 중요하다. 어떤 퍼팅 스타일로 결정하든지 볼의 위치는 중앙에서 왼쪽에 놓는 점은 모든 프로선수가 동일하다. 어느 정도 왼쪽이냐의 차이가 있을 뿐이지 중앙 기준에서 오른쪽에 놓는 프로선수는 없다. 눈과 볼의 위치가 퍼팅 스트로크에 미치는 영향이 얼마나 중요한지 다시 상기시켜 준다.

**나에게 맞는 퍼터를 골라보자(Finding the right putter).**

스트로크 종류와 선택 방법에 있어 이느 정도 이해가 됐을 거라 생각한다. 이제 자신에게 맞는 퍼터를 선택하는 방법에 대해 알아보도록 하자. 퍼터 선택 시 먼저 자신의 스트로크 스타일, 성향, 그리고 중요시하는 부분을 고려해야 한다. 퍼터 종류는 모양에서 조금씩 다른 블레이드형, 말렛형, 그리고 하프 말렛형 퍼터 세 가지로 나눈다. 여기에 퍼터 선택과 연관이 있는 밸런스도 두 가지로 나눠 토우 밸런스toe balance와 페이스 밸런스face balance 퍼터가 있다. 퍼터 선택은 간단한 것 같지만, 이와 같이 퍼터 선택 시 여러 가지를 고려해서 결정해야 한다.

**퍼터의 종류**

말렛 퍼터 / 히프 말렛 퍼터 / 블레이드 퍼터

# 퍼터 밸런스 구별하는 방법 Putter balance

페이스 밸런스-말렛 퍼터

중간 밸런스-하프 말렛 퍼터

토우 밸런스-블레이드 퍼터

토우 밸런스와 페이스 밸런스 퍼터를 구별하는 방법은 간단하다. 손가락을 사용하여 샤프트 아래를 받치고 수평 균형을 만든다. 이때 토우 쪽 부분이 무거워 수평 아래로 처지면 토우 밸런스 퍼터이고 클럽페이스가 하늘을 향하면서 수평을 이루면 페이스 밸런스 퍼터다. 퍼터 헤드의 무게 추가 다른 이유는 스크로크 종류에 따라 페이스 움직임에 조금 차이가 있기 때문이다. 아래에서 퍼터의 종류와 매칭 스트로크에 대해 알아보자.

## 1st. Option

- 퍼팅 스트로크 - 스트레이트 스루
- 퍼터 모양 - 말렛 퍼터 & 하프 말렛 퍼터
- 이 퍼터는 블레이드와 말렛 퍼터를 혼합한 모양이며 밸런스도 양쪽 성향이 있다.
- 퍼터 밸런스 - 페이스 밸런스 퍼터
- 성향 - 침착하고 무던한 성격
- 퍼팅 중요도 - 진직성 위주의 숏퍼팅 성공률에 중점을 둔다.

위 매칭을 정리하면, 대부분의 말렛형 퍼터는 페이스 밸런스가 많다. 페이스 밸런스 퍼터로 스트레이트 스루 스크로크를 하게 되면 직진성을 만들기가 토우 밸런스 퍼터보다 유리하다. 중앙 타점이 벗어나더라도 페이스의 뒤틀림이 적다. 프로들로 사용하는 이유는 숏퍼팅의 중요성, 셋업 시 안정감, 그리고 쓰리퍼팅 확률을 줄일 수 있기 때문이다. 많은 초보자에게 우선적으로 권하는 퍼터이기도 하다. 가장 큰 이유는 페이스 밸런스라는 부분이 타점 실수를 조금 더 보상해주기 때문이다. 이 옵션을 선택한 프로들의 공통점은 숏과 미들 퍼팅에 중점을 두었다고 할 수 있다.

## 2nd. Option

- 퍼팅 스트로크 - 아크 스트로크
- 퍼터 모양 - 블레이드 퍼터 & 하프 말렛 버터
- 퍼터 밸런스 - 토우 밸런스
- 성향 - 예리함과 섬세함, 창의성의 성향
- 퍼팅 중요도 - 거리감을 중시하며 굴곡이 심한 라이를 다루는 부분에 중점을 둔다.

대부분의 블레이드 퍼터는 토우 밸런스로 되어 있고 아크 스트로크를 선호한다. 가장 큰 이유는 퍼터의 밸런스 때문이라고 보면 된다. 토우 밸런스 퍼터는, 퍼팅 시 퍼터페이스가 열리고 닫히는 동작에서 페이스가 직각이 되는 부분을 도와주기 때문이다. 블레이드 퍼터를 사용하는 골퍼는 예리함과 섬세함을 갖고 있는 경우가 많다. 굴곡이 많은 경사면에서 창의성을 발휘하는 데 유리하다. 이 옵션을 선택한 프로들의 공통점은 날렵한 퍼터 모양을 선호하고 퍼터 컨트롤 능력이 상위권에 위치하고 있는 점이다.

이처럼 스트로크와 퍼터는 매우 밀접한 관계를 맺고 있음을 알 수 있다. 자신에게 적합한 퍼팅 매칭을 할 수 있으면 그만큼 기술력이 빠르게 향상된다. 하프 말렛형 퍼터가 있는 것처럼 위의 옵션처럼 짜여진 각본대로 하라는 건 절대 아니다. 중요한 건 매칭포인트를 알고 여러 가지 퍼팅 방법을 연습하면 본인만의 적절한 스타일을 찾는데 시행착오를 덜 겪는다. 또한 본인의 노력에도 퍼팅에 문제가 제기되면 전문가에게 도움을 청하거나 퍼터 피팅을 받아 보는것도 좋은 방법 중 하나가 될 수 있다.

## 퍼팅의 중심 타점을 찾자(Impact spot).

본인만의 퍼팅 그립과 스트로크 방법을 찾는 가장 큰 이유 중 하나는 퍼팅 시 매번 중심 타점을 치기 위해서다. 퍼팅을 잘하는 골퍼의 공통점은 항상 퍼터 중심으로 볼을 치고 있다는 사실이다. 퍼터의 중심 타점으로 친 볼은 회전 롤이 좋으며 거리감과 방향성에 지대한 영향을 미친다. 스윙에서도 임팩트 시 클럽헤드가 볼에 전해지는 에너지와 같은 맥락이다. 퍼팅 동작은 작은 모션이지만 가장 미세하고 섬세한 부분이라 중심 타점이 매우 중요하다. 특히 경사가 많은 그린에서 중심 타점은 더욱 많은 영향을 미친다고 보면 된다. 미세한 차이가 홀컵에 들어가거나 옆으로 흘러 빠지는 경우를 볼 수 있다. 또한 퍼팅에 있어서 매우 중요한 것이 거리감인데 이 거리감을 익히기 위해서도 퍼터의 중심으로 치는 것은 대단히 중요하다. 아래 연습을 통해 페이스 중심에 칠 수 있는 드릴을 연습해보자.

## 중앙 타점 드릴 Sweet spot drill

퍼터 헤드가 지나갈 정도의 간격으로 티 또는 스틱을 놓는다(티를 꽂을 수 있는 그린이 있으면 더욱 효율적이다. 실내에선 스틱이나 클럽으로 연습할 수 있다). 처음부터 공간을 너무 좁게 만들기보다 점진적으로 좁혀 나가는 게 좋다. 이 드릴의 목적은 일관된 퍼터 중심 타점을 통해 숏퍼팅에서 중요한 방향성을 잡아주며 롱퍼팅의 거리감을 익히는 데 많은 도움을 준다.

## 라인 드릴 Line drill

볼 중앙에 라인을 그려 연습하는 방법이 있다. 볼 라이너를 사용하면 쉽게 그릴 수 있고, 나중에 에임을 할 때도 라인을 사용할 수 있어 여러모로 유용하다. 볼 라인이 그려진 볼을 좌우로 치우치지 않게 정확히 가운데에 놓는다. 볼에 중심이 정확하게 가격되면 볼라인이 좌우로 흔들리지 않고 일직선으로 구르는 것을 볼 수 있다. 이 연습은 실질적인 결과를 눈으로 확인할 수 있어 매우 효과적이며 빠른 피드백을 얻을 수 있다.

페이스가 틀어지면 좌우로 움직인다

# 05 숏퍼팅도 절대 그냥 들어가지 않는다
# No putts are gimmy

퍼팅을 위한 셋팅이 어느 정도 되었으면 현실적인 퍼포먼스로 옮겨보자. 짧은 퍼팅은 일반 골퍼 뿐만 아니라 프로들에게도 고민거리다. 프로의 입장에선 짧은 거리는 성공하면 기본이고 혹시라도 실수하면 정신적인 타격으로 이어지는 경우가 종종 있다. 반면에 아마추어들은 그냥 집어 들자니 매너가 아닌 것 같고 애매한 거리를 컨시드(가까운 거리에서 동반자가 홀인을 인정하는 경우)를 바라기엔 자존심 상하는 느낌이 들기도 한다. 시대가 변해 요즘 골퍼들은 투명성을 강조하다 보니 볼을 그냥 집는 경우도 많이 줄어든 걸 볼 수 있다. 딱히 다른 대처 방법은 연습 밖에 없다. 실제로 1.5m 안쪽에 퍼팅을 실수해서 잃는 타수는 골퍼마다 차이는 있지만 평균 3~7타 정도 된다. 지금부터 짧은 퍼팅의 완성도를 높이기 위한 요소들에 대해 알아보자.

## 짧은 퍼팅 완성도를 위한 체크포인트

짧은 퍼팅도 정확한 라이를 읽어야 한다.

아무리 짧은 거리라도 정확하게 그린을 읽는 연습을 해야 한다. 대부분의 골퍼는 짧은 퍼팅을 대수롭지 않게 생각하고 대충치다 실수를 범하고 만다. 1m 거리가 남더라도 그린을 읽는 습관을 들여야 쉽게 라이를 판단할 수 있는 능력이 생길 수 있다. 1.5m 거리의 그린을 읽을 때 오차 범위가 2.5~5cm 안쪽으로 들어올 수 있게 읽는 연습을 하는 것이 좋다. 홀컵의 지름은 10.8cm 정도라 볼 3개가 동시에 들어갈 수 있는 크기다. 오차 범위 안으로 들어오면 퍼팅을 성공할 확률이 높아지고, 읽은 후 정확한 위치를 정해놓고 퍼팅하는 것이 정확도를 높일 수 있다. 그린을 정확하게 읽지 못하면 퍼팅 미스 후 기술 탓으로 돌리는 경우가 생긴다. 결국 문제없는 기술에 손을 대면서 퍼팅 전체가 뒤엉키게 된다. 짧은 퍼팅이 홀컵에 들어가지 않더라도 과정에서 무슨 현상이 있었는지에 대한 피드백을 반드시 얻어야 다음 비슷한 상황에서 성공할 확률이 높아진다. 동반자가 컨시드를 주더라도 차분히 마무리 하는 습관을 길러야 긴장된 상황에서 성공할 수 있는 능력이 생긴다.

'라이(Lie)'는 볼이 놓인 위치와 그 주변 환경이 퍼팅 스트로크나 볼의 구름에 어떤 영향을 주는지를 의미한다. 공이 놓인 상태와 그린의 경사·결·상태를 모두 포함.

간격은 충분하다

라이를 읽은 후에는 아무리 짧은 거리라도 정확한 위치를 정하고 퍼팅을 해야 한다. 두리뭉실한 목표는 자신감없는 스트로크로 이어질 확률이 매우 높다.

## 그린 라이lie 읽는 연습 드릴

사진과 같이 평지가 아닌 경사가 있는 그린에 1m 간격으로 8개 볼을 위치시킨다. 각 위치마다 다른 휘어짐이 나타나는 것을 알 수가 있다. 이 연습의 목적은 다른 위치에서 볼의 휘어짐에 의한 학습을 통해 그린을 읽는 능력을 향상시키는 데 있다. 가장 많은 휘어짐이 생기는 지점은 시계방향으로 3시와 9시가 된다. 이 위치에서의 퍼팅이 가장 난이도가 높다는 걸 알 수 있다. 내리막과 오르막 경사를 읽을 때 오르막보다 내리막 경사에서 볼의 휘어짐이 많다는 것도 인지해 두어야 한다. 초보단계에서 그린을 읽기가 어려운건 당연한 것이므로 실망하거나 지루해 하지 말고 지속적인 연습을 하길 바란다. 연습을 할 수록 그린 읽기에 대한 놀라운 학습 교과가 생길 것이다.

**정확한 에임과 정렬을 해야 한다.**

그린을 정확하게 읽은 후 목표를 정한대로 에임과 정렬을 하지 못하면 아무 소용이 없다. 홀컵 중앙을 에임하고 정렬을 했지만 정작 홀컵 왼쪽을 에임하고 있다면 성공 확률은 현저히 떨어진다. 설령 볼이 들어가도 문제가 되는데 정작 본인은 인지하지 못해 나중에 더 큰 문제로 가중될 수 있다. 에임과 정렬을 잘 하기 위해선 먼저 퍼터페이스를 잘 정렬해야 한다. 퍼터페이스의 정렬은 생각보다 쉽지 않기 때문에 연습이 필요하다. 퍼터페이스 정렬에 도움을 줄 수 있는 두가지 드릴에 대해 알아보자. 라인이 그려진 볼을 사용하면 퍼터페이스 정렬이 쉬워진다. 항상 퍼터페이스가 직각인걸 확인한 후에 퍼팅 스트로크를 시작하는 습관을 갖아야 한다.

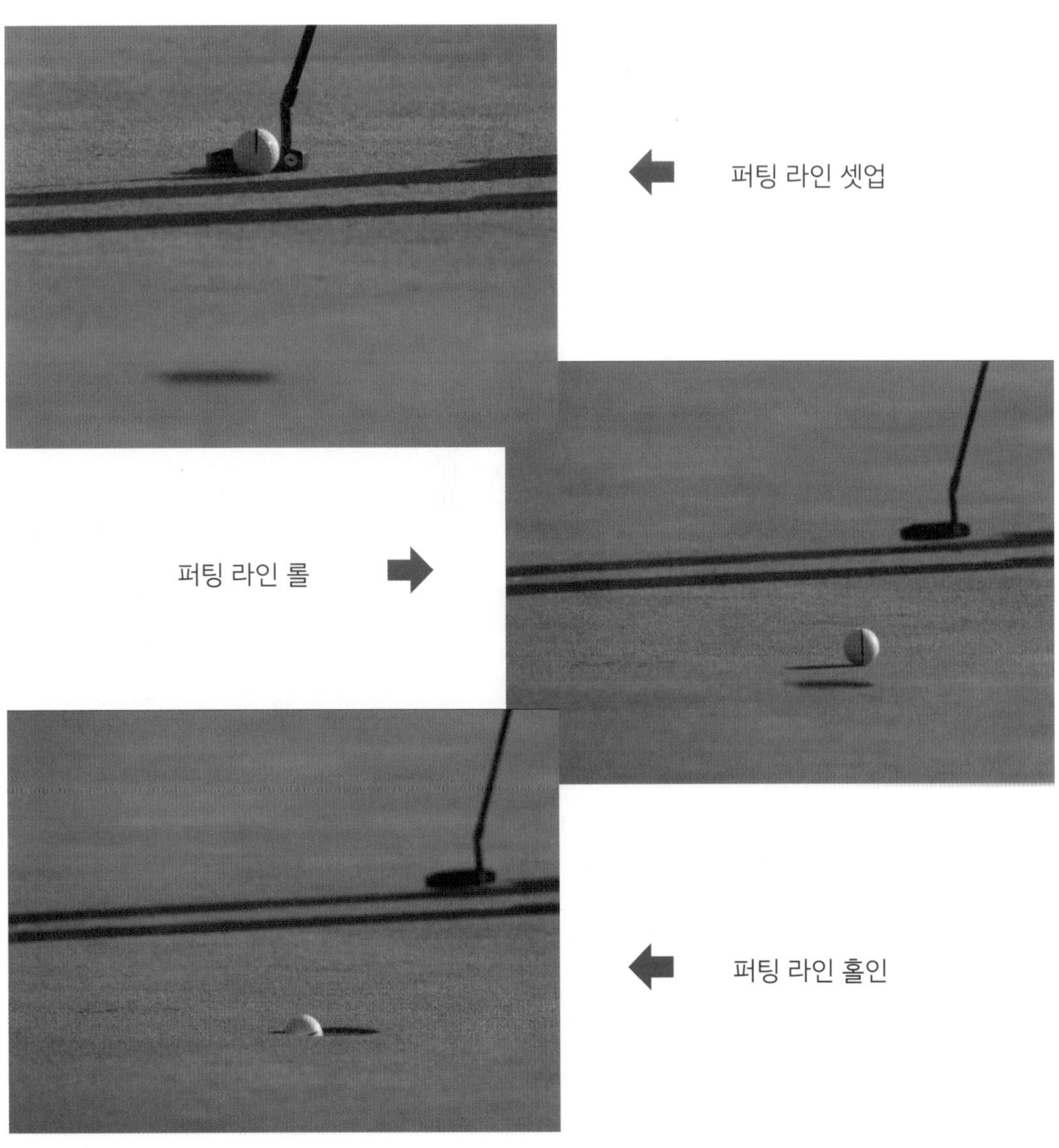

← 퍼팅 라인 셋업

퍼팅 라인 롤 →

← 퍼팅 라인 홀인

**스퀘어(직각) 타격에 집중한다.**

임팩트 구간을 지나면서 퍼터페이스가 과도하게 회전하게 되면 직각 타격이 쉽지 않다. 골퍼
들은 풀스윙에서 학습된 아래 팔이 회전되는 동작이 몸에 배어 있기 때문이다. 많은 골퍼들
이 짧은 퍼팅을 당겨치는 이유가 여기에 있다. 임팩트 구간을 지나면서 페이스를 스퀘어(직
각)으로 가져가야 당겨 치는 동작을 줄일 수 있다. 페이스 회전을 줄이고 스퀘어 타격에 도움
이 될 수 있는 한 손 드릴을 연습해 보자. 왼손보다 오른손 위주로 연습을 하는 것이 도움이
된다(7:3 정도 비율로 오른손을 연습한다).

한 손 드릴 연습 시 힘이 약한 쪽은 그립을 짧게 내려 잡고 연습하면 도움이 된다. 처음에 힘이 약한 쪽은 컨트롤이 안되고 어려움을 겪지만 반복하다 보면 퍼터페이스의 회전을 제어하면서 근력도 강화되는걸 느끼게 된다.

**가속과 감속에 대한 정확한 인지가 필요하다(Understanding exceleration & deceleration).**

퍼팅에서 가속과 감속은 방향성과 거리감에 많은 영향을 미친다. 주로 퍼팅 시 감속은 거리에 비해 긴 백스트로크를 하고 임팩트 시 속도를 줄이면서 생기는 현상이다. 감속은 임팩트 시 퍼터페이스가 틀어져 방향에 문제가 생기거나 약한 타점으로 인해 짧은 퍼팅이라도 짧게 치는 현상이 나온다. 감속으로 인해 퍼팅이 짧은 경우는 80~90%로 길게 퍼팅할 확률보다 월등히 높다는 걸 알 수 있다. 짧은 퍼팅에서 필요한 동작은 짧고 간결한 스트로크다. 불필요한 동작이나 시간을 낭비하지 말고 짧고 견고한 스트로크가 감속을 없애는 방법이다. 특히 감속은 평지보다 경사면, 내리막보다 오르막에서 많은 실수가 나온다. 약한 에너지 전달력으로 인해 홀에 도달하기 전에 미리 꺾이거나 미처 도달하지 못하는 경우가 다반사다.

가속은 상대적으로 감속에 비해 부작용이 많지는 않다. 두 가지 경우가 종종 발생하는데 첫 번째는 감속을 피하고자 급한 리듬으로 임팩트에 접근하는 동작이다. 이 상황엔 볼의 속도가 너무 빨라 방향이 정확해도 성공 확률이 떨어진다. 두 번째는 백스트로크를 너무 작게 들고 임팩트 시 강한 힘이 들어가는 경우를 말한다. 이 경우 역시 임팩트 시 속도 조절이 어려워 홀 컵을 맞고 나가는 경우가 생기곤 한다. 좋은 가속은 볼을 원하는 방향으로 향하게 하지만, 위 두 가지 경우엔 오히려 감속을 야기시키는 동작이 될 수도 있다. 리듬 연습과 단번에 치기 연습을 통해 부드러운 가속에 대한 느낌을 갖도록 하자.

## 리듬 연습 Rhythm drill

백스트로크 때 하나, 둘 그리고 포워드스트로크에서 셋 하고 카운트를 세면서 퍼팅연습을 한다. 백 스윙 크기와 팔로스루 크기를 거의 동일하게 가지고 가는 연습으로 가속의 느낌을 갖는다.

하나~

둘~

## 단번에 치기 연습 Exceleration drill

티를 세로 방향으로 볼이 지나갈 수 있을 정도 간격으로 꽂는다. 스트로크 시 볼은 빠져나가고 헤드는 티로 인해 걸려 약간 멈추는 동작이 된다. 이 연습은 티를 통해 헤드가 막히면서 단번에 치는 느낌을 갖게 된다.

## 지나친 기대감과 정신적인 고통을 떨쳐버리자.

짧은 퍼팅에서 유난히 긴장을 많이 느끼는 골퍼의 공통점은 무조건 넣어야 한다는 기대감이 강하기 때문이다. 이런 상태에서 퍼팅을 하게 되면 정신적인 압박감으로 인한 질이 떨어지는 스트로크를 하게 된다. 우리가 이해해야 하는 골프는 완벽한 퍼팅을 했음에도 실수가 나올 수 있다는 점을 용납하는 것이다. 간혹 착시로 인한 미스가 나올 때도 있다. 이로 인해 다음 샷에 영향을 받음으로써 전체 게임에 지장을 주는 일이 발생하지 않게 해야 한다. 먼저 짧은 퍼팅을 하기 전에 심호흡을 하는 습관을 만들어 긴장을 이완시키면 좋다. 다른 방법은 생각의 전환이다. "1m가 안 들어갈 수도 있고, 5m가 들어갈 수도 있다"고 생각하는 것이다. 짧은 거리를 실수했다고 전체 게임이 지장을 받지 않는 마인드를 갖는 것이 중요하다.

## 1m 퍼팅 드릴 3feet drill

1m 거리에서 연속으로 넣은 연습을 해보자. 3개 볼을 가지고 연속으로 몇 세트를 완성하는지 기록하며 연습하면 짧은 거리의 퍼팅이 상상 외로 좋아지는걸 느낄 수 있다. 처음에 20개 연속 성공을 목표로 시작하고 30, 40, 50개로 늘려나가면 된다. 모든 프로지망생 선수들도 이 연습을 통해 짧은 퍼팅의 부담감을 자신감으로 승화시키는 훈련과정을 밟는다.
짧은 퍼팅은 프로들을 포함해 모든 골퍼에게 긴장감을 준다. 긴장을 안 하려고 애쓰지 말고 연습을 통해 긴장을 이완하고 자신감을 상승시켜 보자. 숏퍼팅은 긴장감과 자신감 사이에서 연습량에 따라 정해진다는 사실을 잊지 말아야 한다. 또한 퍼팅 실수와 성공 여부에 대해 크게 좌우되지 않는 마인드가 중요하다. 언제든지 실수를 받아드리고 다음 샷을 준비할 수 있는 마음가짐이 중요하다.

# 06 롱 퍼팅은 거리감이 생명이다<br>Lag putting

해외에선 롱퍼팅을 보통 래그퍼팅lag putting이라는 말을 더 자주 쓴다. 골퍼들은 롱퍼팅을 할 때 숏퍼팅에 비해 비교적 적은 부담을 느끼는 것은 사실인 것 같다. 어느 정도 거리가 있기 때문에 한 번에 넣는다는 생각보다 홀컵 근처에 가까이 붙인다는 생각을 갖고 있기 때문이다. 이처럼 롱퍼팅의 목적은 3퍼트를 하지 않고 2퍼트만에 끝내는 데 있다고 보면 된다. 롱퍼팅시 3퍼트를 피하기 위해서는 거리감이 필수적이다. 숏퍼팅이 방향성 위주였다면, 롱퍼팅은 방향성보다 거리감 위주로 해야 2퍼트 이내에 끝낼 수 있다. 대부분의 사람들은 거리감은 유전적인 요소라는 생각에 연습을 회피하는 성향이 있기도 하다. 아주 틀린 말은 아니지만 분명 롱퍼팅을 향상시킬 수 있는 연습들은 존재한다. 롱퍼팅의 거리감을 향상시킬 수 있는 요소에 대해 알아보자.

## 롱퍼팅에서 3퍼트를 하는 주요 이유

1. 가장 큰 이유는 롱퍼팅 연습 부족이다. 골프게임 전체를 놓고 볼 때 롱퍼팅 연습은 가장 적게 또는 아예 안 하는 연습 중에 속한다. 연습 환경이나 여건이 미흡한 부분도 이유가 될 수 있지만, 일단 연습 생각에 대한 부재가 크다고 본다. 인조잔디라도 넓은 공간이 주어지면 연습하는 습관을 만들어야 한다. 또한 라운드 시 조금 일찍 나와 롱퍼팅 연습을 조금이라도 하는 습관을 갖자.

2. 임팩트 시 정확하지 않은 타점으로 인해 볼에 전달되는 에너지가 분산되는 상황이 나온다. 이런 상황에선 들쑥날쑥한 거리가 나오게 된다. 롱퍼팅 스트로크 크기에 대한 연습이 필요하다.

3. 거리 감각이 좋지 않아 현실적인 거리감 제공을 못하는 경우에도 거리를 잘 맞추지 못한다. 선천적으로 거리감이 떨어지면 체계적으로 많은 연습량이 필요하다.

4. 롱퍼팅 연습 시 리듬과 템포에 대한 생각없이 연습하는 경우가 대부분이다. 롱퍼팅을 그냥 강하게 친다고 롱퍼팅이 좋아진다고 착각하기 쉽다. 충분한 연습 시간을 갖고 본인 퍼팅을 보면서 피드백 갖는 연습이 올바른 롱퍼팅 연습이라 할 수 있다.

## 롱퍼팅 향상을 위한 연습

1. 롱퍼팅 셋업 시 숏퍼팅보다 상체를 약간 더 세우면 볼에 가까워져 거리감이 좋아진다. 이 이유는 상체의 숙인 자세에서 보다 선 자세가 거리감을 느끼기 유리하다. 마지막 거리 확인을 할 때도 상체를 숙인 상태보다 머리를 들어 똑바로 서서 양안 시력을 사용하는 것이 거리 판단에 유리하다.

2. 퍼팅 스트로크 길이의 기준점을 만들어 굴러갈 거리를 알아낸다. 그린 경사도가 매번 다른 상황이라 조금은 다르게 적용된다는 점은 염두에 두자. 기본적인 스트로크 크기를 알고 연습하면 무의식 중에 거리감 조율이 되는 것을 경험하게 된다. 롱퍼팅은 볼을 얼마나 강하게 치느냐가 중요한 것이 아니기 때문이다. 백스트로크 크기가 오른발 위치에서 치는 연습을 하면서 거리를 알아보자. 동일한 오른발 위치라도 모두 같은 거리가 나오진 않는다. 본인의 스탠스 너비, 퍼터의 무게에 따라 골퍼마다 조금씩 다른 거리가 나올 수 있다는 점을 인지하자.

3. 눈을 감고 오롯이 리듬과 템포를 염두에 두고 연습을 한다. 이 연습은 풀스윙에서 적용되는 효율적인 연습이기도 하다. 눈을 감으면 시야가 가려진 상태로 마음이 편안해지며 급한 동작이 제어된다. 오직 스트로크 크기, 리듬과 템포에 집중하기 좋다. 또한 그립의 악력이 숏퍼팅을 할 때보다 부드럽게 잡아야 리듬과 템포를 조율하기 유리하다. 볼 3개 이상 놓고 연습하면서 볼의 거리 편차를 확인하면서 피드백을 느껴보자.

한군데 모이게 연습한다

4. 롱퍼팅 시 거리감에 도움이 되는 사다리 연습에 대해 알아보자.

롱퍼팅의 핵심은 거리감 조절 능력이라는 건 이미 알고 있다. 거리감 조절 연습을 통해 원하는 거리를 제어할 수 있는 감각을 만들어보자. 먼저 티를 3발 간격으로 5개를 놓는다. 볼 5개를 각 티에 옆에 붙히는 연습을 한다. 매번 다른 거리를 퍼팅함으로써 거리에 대한 감을 익히는 연습이다. 자주 연습할수록 롱퍼팅에 대한 거리감이 좋아지는 것을 느낄 수 있다.

5. 15m 이상 되는 거리 또는 맞바람이 심한 경우와 오르막 경사가 포함된 롱퍼팅에서는 기존 스탠스 너비보다 조금 더 넓게 벌리면 유리하다. 긴 클럽을 사용할 때 스탠스를 넓히는 것과 비슷한 맥락이라 보면 된다. 넓은 스탠스는 스트로크를 크게 만들기 수월하고 바람이 심할 경우 상체를 낮추어 무게중심이 아래로 향할 수 있게 한다.

6. 대부분의 롱퍼팅은 크고 작은 경사를 끼고 있다. 롱퍼팅에서 이미지 트레이닝이 필요한 이
   유는 볼이 어떻게 휘어져서 홀컵 근처로 갈지 상상력과 이미지가 그려져야 한다. 골프에
   서 매번 일정한 동작을 반복하는 것을 루틴routine이라고 한다. 반복적인 루틴 안에는 이미
   지 그리는 트레이닝이 필요하다. 빠른 시간 안에 볼의 움직임과 거리감을 파악하는 데 있
   어 루틴은 꼭 필요한 요소이다. 이미지 루틴은 긍정적인 마인드를 갖게 함은 물론이고, 작
   고 세밀한 부분까지 이미지로 인해 롱퍼팅을 효율적으로 만든다.

# 07 그린을 읽는 방법을 터득하자

그린은 왜 평지가 아닌 굴곡 있는 경사면이 있을까? 대부분의 골퍼들은 이 질문의 답을 알고 있을 것이다. 만일 그린이 평지라면 우천 시 그린에 물이 고여 배수 문제가 생겨 잔디에 온갖 병균이 생긴다. 코스 설계사는 보통 그린에 뒤쪽을 높이고 앞쪽을 낮춰 자연스레 물이 흐르면서 배수가 잘 되도록 디자인을 한다. 또한 골프 고수들이 굴곡이 많은 그린을 선호하는 이유는 그린이 어려워야 변별력이 생기기 때문이다. 한마디로 플랫한 그린은 밋밋하고 재미없고, 굴곡이 많고 어려워야 재미있고 실력차의 구분이 생기기 때문이다. 이러한 설계로 인해 게임의 특성상 그린을 자주 접한 골퍼가 그린 읽기에 유리할 수밖에 없다. 굴곡있는 그린을 잘 읽는 방법은 경사면에 있다. 경사면의 높낮이를 파악해야 가상의 목표를 정할 수가 있다. 이번 섹션에서 기본적인 경사면을 읽는 방법에 대해 배워보도록 하자.

## 1. 오르막과 내리막의 경사를 먼저 확인하고 좌우 경사를 살피자.

먼저 그린의 오르막과 내리막 경사의 각도를 알아야 볼이 얼마나 휠지에 대한 정도를 가늠할 수 있다. 경사면 퍼팅의 핵심은 홀컵에서 얼마나 떨어진 지점을 목표로 설정해야 하는 판단에 달려 있다. 홀컵 앞뒤 라이 lie(좌우 경사를 살피기 위함)를 읽기 전에 옆에서 먼저 확인하는 습관을 들여야 한다.

## 2. 그린 경사 확인 후 가상의 홀을 목표로 설정하고 친다.

좌우로 휘는 경사면도 스트레이트 라인과 동일하다 생각하면 된다. 우리의 눈은 위아래, 좌우 경사도를 신속하게 살피고 휘는 정도에 따라 뇌에 가상의 홀의 위치를 전달한다. 위치가 정해진 후에는 오르지 거리감과 스피드에만 집중해야 한다.

## 3. 좌우 양쪽으로 경사가 있는 경우는 가운데를 보고 친다.

그린을 읽다 보면 한쪽으로만 경사가 있는 것이 아닌 양쪽으로 있는 경우도 있다. 또한 양쪽 경사면의 고도가 같지 않고 한쪽이 다른 쪽에 비해 높거나 낮을 때도 있다. 살짝 난감한 이런 경우 좌우 고도가 비슷하면 홀컵 가운데를 목표로 치면 된다. 만일 한쪽 경사가 눈에 띄게 높아 보이면 높은 쪽에 가상의 홀컵을 정하고 치면 된다. 결론은 양쪽을 비교해서 높은 쪽에 비중을 두고 퍼팅을 하면 실수가 줄어든다.

## 내리막 퍼팅 Downhill putting

퍼팅 중에서 내리막 경사는 까다로운 편이라 할 수 있다. 단면적인 이유는 퍼팅 테크닉보다 내리막 경사로 인한 중력으로 볼의 방향이 결정되기 때문이다. 투어선수들이 내리막 퍼팅보다 오르막 퍼팅을 선호하는 것도 같은 맥락이다. 내리막 퍼팅에서 가장 피해야 하는 상황은 소심한 나머지 홀컵에 1m 이상 짧게 치는 경우이다. 이런 경우 3퍼트 또는 4퍼트까지 나올 확률이 있다. 가장 현명한 방법은 먼저 어려운 위치라는 점을 인지하고 준비하는 게 중요하다. 첫 퍼팅을 홀컵을 지나 내려가도록 퍼팅을 하는 것이 다음 퍼팅을 위해 유리한 전략이다. 한 번 지나간 길이기 때문에 다시 돌아오는 퍼팅을 할 때 휘는 정도를 파악하기 수월하다. 내리막 퍼팅을 하기 전에 어디서 두 번째 퍼팅을 할 것인지 살펴보는 것이 중요하다. 내리막 퍼팅은 볼의 가속이 붙기 전까지 속도가 느려 오르막보다 휘어지는 각도가 크다는 점을 명심하자.

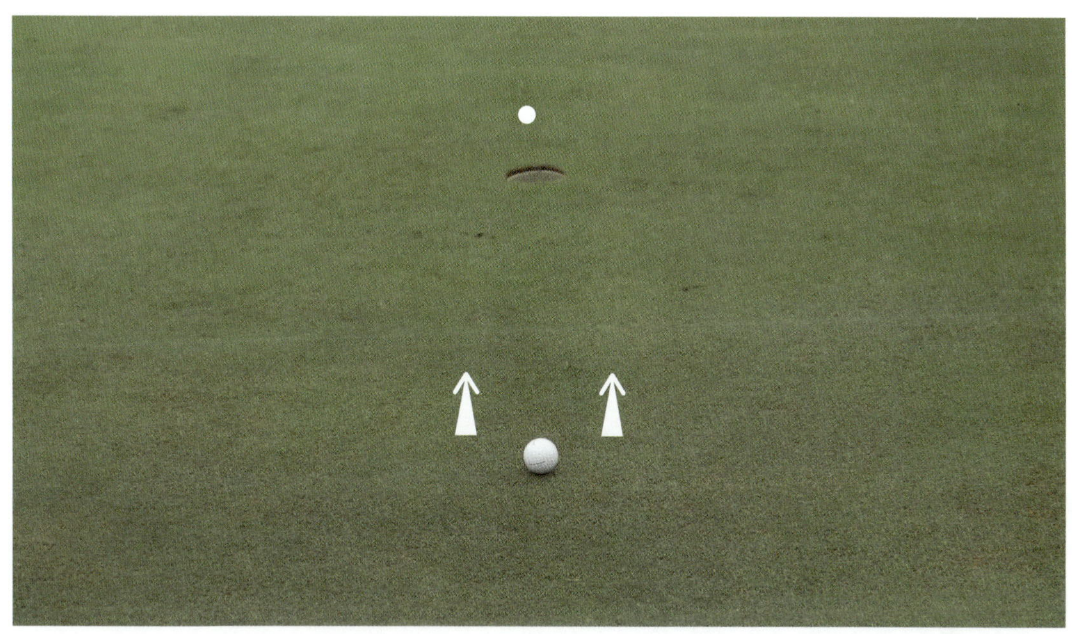

## 오르막 퍼팅 Uphill putting

대부분의 골퍼들은 오르막이 내리막 경사보다 쉽다고 생각한다. 물론 언뜻 보기에 오르막 경사에선 3퍼트를 할 것 같지 않다는 생각이 든다. 하지만 너무 과감한 나머지 홀컵을 과하게 지나치면 다음 퍼팅이 난감해진다. 반대로 힘의 전달력이 약하게 되면 바로 홀컵 앞에 서는 경우도 종종 있다. 오르막 퍼팅에선 치기 전 정확하게 50cm 정도를 지나가게 친다는 목표를 갖고 첫 퍼팅을 해야 성공률이 높아진다. 홀컵 주변에서 볼을 밀어내는 힘이 강해 볼에 힘이 없는 경우엔 홀컵 앞에 멈추고 만다. 정확한 오르막 경사도를 읽은 후 볼을 보낼 거리를 확실하게 정해놓고 퍼팅에 임하도록 하자.

## 옆 경사 퍼팅 Sidehill putting

옆 경사 퍼팅이 오르막 내리막 퍼팅에 비해 다루기가 까다롭다. 옆 경사에서는 그린 읽기와 속도 조절이 같이 동반돼야 성공할 수 있기 때문이다. 옆 경사의 첫 번째 어려운 과제는 그린 읽기에서 자신의 상상력을 동원해 볼이 휘는 각도에 의해 가상 목표를 설정하는 것이다. 두 번째는 클럽페이스가 목표를 향해 직각을 이룰 수 있게 만들어야 볼이 원하는 방향으로 시작한다. 정확한 타점 역시 동반돼야 볼의 속도 조절이 가능하다. 결국 옆 경사의 성공 여부는 그린 읽기와 속도에 따라 볼의 휘는 정도가 정해진다. 볼의 위치에 따라 필요한 속도 조절에 대해 알아보자.

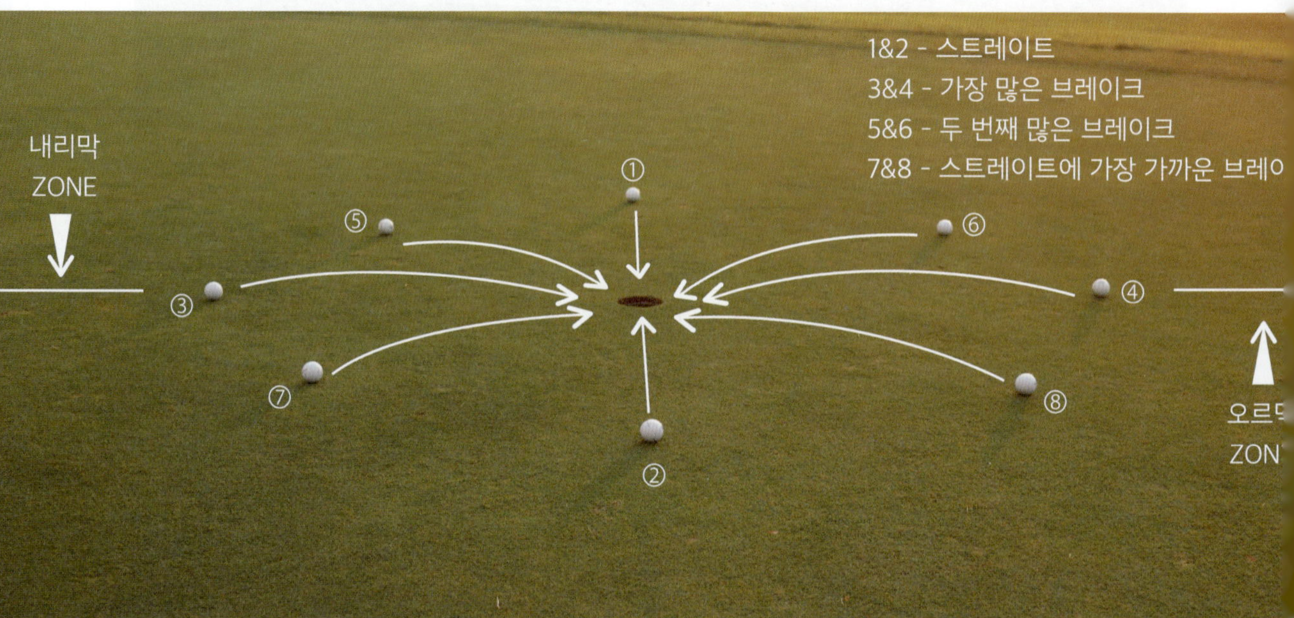



그린을 잘 읽으려면 여러 가지 복합적인 부분을 잘 고려해야 한다. 경사면에서의 퍼팅은 터치감과 스피드가 중요하다. 같은 거리라도 소프트soft, 미디움medium, 그리고 하드hard하게 칠 수 있는 터치감이 필요하다. 초보자들에겐 쉽지 않은 기술이지만 반복해 연습하다 보다 어느새 좋은 터치감을 느낄 것이다. 먼저 짧은 거리에서 3가지 터치감 연습해 볼 것을 권한다. 그린의 경사면은 너무나도 다양한 종류로 구성되어 있어 인내심을 갖고 경험하길 바란다. 마지막으로, 휘는 경사면이라도 직선이라 생각하고 거리감만 집중하며 퍼팅하자. 또한 볼의 휘는 각도는 스피드에 의해 정해진다는 사실만 기억하면 된다.

## ∴ 퍼팅 섹션을 정리하면서

이번 퍼팅 섹션을 준비하며 적지 않은 고민을 하게 되었다. 퍼팅에 대한 과한 정보로 인해 독자들이 너무 혼동이 될까 하는 우려가 들기도 했다. 결론을 내린 점은 퍼팅에 있어 독자들이 꼭 알아야 하는 정보들 위주로 정리해 보았다. 이미 알고 있는 부분이 있을 수도 있지만, 최소한 처음 접하는 독자들에게 유익한 정보가 될 것이다. 초보자들에게 있어 퍼팅은 가장 까다로운 게임의 일부라고 생각한다. 하지만 누구나 거쳐가는 과정이라 생각하고 올바른 경험을 쌓기 바란다. 장소와 환경을 가리지 말고 연습하는 습관을 들여야 한다. 그린 읽기에 있어 점진적으론 캐디의 의존도를 점차 낮추면서 본인의 의도대로 방향을 정하는 습관을 만들기 바란다.

# 08 웨지샷의 승부는 정확한 거리감이다
## Wedge

골프에서 숏게임이 차지하는 비율은 65%가 넘는다. 이 중 퍼팅을 제외한 나머지 100~110m 안쪽에서는 웨지로 해결을 해야 한다. 보통 4개 정도 웨지로 이 거리를 책임지니 거리감이 중요할 수밖에 없다. 세계적인 PGA 투어 선수들도 평균 그린 적중률은 70% 전후밖에 되지 않는다. 나머지 30% 정도는 숏게임으로 파 세이브를 해야 한다. 숏게임은 농구의 공격 리바운드라 말하기도 한다. 다시 한번 기회를 얻어 숏을 성공할 기회를 얻는다고 표현한다.

기본적인 웨지샷은 크게 굴리는 샷과 띄우는 샷으로 구분된다. 굴리는 샷은 칩샷chip shot이라 하고, 띄우는 샷은 피치샷pitch shot이라 한다. 웨지로 본인이 원하는 높이로 굴리고 띄울 수 있다면 숏게임의 능력자라 볼 수 있다. 지금부터 웨지샷에 관한 다양한 분야에 대해 알아보도록 하자.

### 다양한 웨지의 종류에 대해 알아보자(Wedge type).

골퍼가 사용할 수 있는 규정된 클럽의 개수는 14개이다. 이 중 웨지를 보통 3~4개 활용한다. 프로들은 4개 정도를 사용하고 일반 아마추어들은 3개 정도를 사용한다. 프로들은 그린 주변의 리커버리recovery 샷과 110m 전후 웨지 샷의 정확도를 높이기 위해서이다.

### SW(샌드웨지, sand wedge)

일반적인 샌드웨지 로프트각(클럽페이스 각도)은 56도 정도이다. 프로들은 본인 거리에 맞춰 56~60도 로프트각을 선택한다. 로프트 각이 높을 수록 볼의 탄도는 높이 띄고 적게 구른다는 점을 알고 있자.

### AW(어프로치 웨지, approach wedge)/GW(갭웨지, Gap wedge)(외국에선 갭웨지라고 한다)

일반적인 아마추어 갭웨지 로프트는 52도를 주로 쓴다. 프로들은 50~55도 정도를 맞춘다.

## PW(피칭웨지, pitching wedge)

일반적인 피칭웨지 로프트 각은 48도 정도 각도가 나온다. 프로들은 46도 정도가 보편적이다.

- 일반 아마추어 웨지 구성 - SW56/AW52/PW48
- 남자-투어프로 웨지 구성 - SW60/GW56/AW50/PW46
- 여자-투어프로 웨지 구성 - SW58/GW54/AW50/PW46

아마추어와 프로가 쓰는 웨지의 로프트 각은 다르다. 이유는 웨지의 비거리의 차이가 있고, 샷의 목적과 의도가 약간 다르기 때문이다. 아마추어 골퍼는 롱게임에 비중을 둔다면, 프로는 정확도에 비중을 좀 더 두기 때문이다. 구력이 많고 핸디가 낮은 아마추어 골퍼일수록 웨지 개수와 로프트 각이 달라지기도 한다.

일반 아마추어 웨지

프로 웨지

볼의 놓인 라이lie 상황에 따라 웨지의 쓰임도 다르다. 모든 웨지로 굴릴 수 있고 띄울 수 있지만 최상의 결과를 만들고자 상황에 맞는 웨지를 선택하고자 한다. 한 가지 팩트는 로프트 각이 높을수록 볼을 띄우기 쉽고, 로프트 각이 낮을수록 굴리기 쉽다는 점만 명심하자.

# 09

# 칩샷은 공격 리바운드와 같은 기회다
# Rebounding with chip shot

최고의 프로들도 라운드 평균 2~3번 정도 그린을 놓친다. 많게는 5~6번 또는 그 이상 놓치는 라운드가 있기도 하다. 이때 프로들은 마치 농구에서 리바운드 해서 슛을 다시 성공하듯 칩샷이나 피치샷을 하여 멋진 파 세이브를 한다. 숏게임의 중요성이 돋보이는 상황이며 다시 한번 타수를 유지할 수 있는 기회를 얻는 것이라 할 수 있다. 칩샷과 피치샷 중 우선 순위는 칩샷을 먼저 습득하는 것이 좋다. 피치샷에 비해 작은 동작이고 볼이 바닥에서 많이 뜨지 않기 때문에 실수할 확률이 적다. PGA 티칭 매뉴얼 교과서에도 퍼팅을 할 수 없을 때 칩핑을 하고, 칩핑을 할 수 없을 경우에 피칭을 하라고 가르친다. 이 말은 뜻은 볼이 바닥에서 가까이 붙어 있을수록 유리하다는 뜻이다. 칩샷의 의도는 낮게 굴려 핀에 가까이 붙이는 목적에 있다는 점을 명심하자.

## 칩샷의 기본 셋업 Chip shot setup

칩샷은 셋업 자세의 영향을 많이 받는다. 몸의 움직임이 적어 정해진 셋업 상태를 잘 유지하면 성공할 확률이 높다.

1. 그립은 뉴트럴 포지션으로 잡고 거리 컨트롤을 위해 살짝 내려 잡는다. 리드하는 왼손 악력이 살짝 강해도 좋다. 손의 위치는 왼쪽 다리에 핸드 퍼스트hand first 포지션을 만들어 소문자 y가 되게 만든다.

2. 스탠스 폭은 일반 아이언 샷 보다 줄여 약 20~30cm 정도로 만든다. 왼발을 약간 오픈시켜 백스윙 시 팔이 제어되며 다운스윙 시 상체와 팔이 편하게 움직일 수 있다.

3. 볼의 위치는 오른발 안쪽에 놓는다. 체중은 왼발 쪽에 60% 오른발에 40% 정도 두면 스윙 시 다운 블로우가 수월하다(대부분의 아마추어 골퍼가 체중을 왼쪽에 두는 것을 불편해 하거나 알고 있지 않다). 볼의 라이lie가 좋지 않을 시 오른쪽으로 옮겨 놓으면 더욱 낮은 탄도로 굴릴 수 있다(라이lie가 좋지 않을 때는 볼을 띄우지 않는 것이 유리하다).

## 칩샷 스윙 방법

1. 스윙할 때 손으로 띄우려고 올려치지 말고 셋업 시 만든 손목 각도를 유지하며 왼손등이 임팩트한다는 느낌으로 치자.
2. 손목 각도를 유지하려고 너무 로봇 같은 딱딱한 느낌을 주지 말자. 그립의 강도가 견고하면서 유연한 느낌이 중요하다. 클럽헤드의 무게를 느끼는 것이 중요하다.
3. 낮은 스윙을 유지하고 왼팔과 샤프트가 꺾이지 않게 거의 일직선으로 유지되는 것이 바람직하다. 오른손이 개입되면 각을 유지할 수 없을 뿐더러 볼 컨택이 좋지 않게 된다.
4. 반드시 지켜야 할 점은 칩샷도 다운 블로우로 쳐야 한다는 점이다. 작은 스윙이라도 손을 써서 올려치게 되면 뒤땅과 탑핑이 자주 나온다.

## 성공적인 칩샷을 위한 연습 방법

### 다운 블로우 드릴 Downblow drill

칩샷 셋업을 한 후 다른 클럽을 오른발 끝에 세로 방향으로 놓는다. 다운스윙 시 클럽을 건드리지 않고 스윙하는 연습을 한다. 볼을 향해 내려쳐야 볼이 뜨게 된다는 점을 인지해야 한다.

### 원 레그 드릴 One leg drill

마찬가지로 칩샷 셋업을 한 후 오른발 뒤꿈치를 들고 앞꿈치로 지탱한다. 체중이 왼쪽으로
쏠려 있는 느낌으로 선 후 백스윙을 하여 볼을 치는 연습을 한다. 다운 블로우로 하는 느낌
이 평소보다 많이 드는 것을 느끼게 된다. 손을 많이 쓰는 초보자들에게 도움이 많이 되는 연
습이다.

## 리드 핸드 드릴 Lead hand drill

이번 드릴은 초보자에게 조금 어려운 동작이 될 수 있다. 기본 칩샷 셋업을 한 후 클럽을 왼손 한손으로 짧게 잡는다. 리드를 담당하는 왼손을 연습하는 이유는 근력 향상도 있지만, 왼손 만으로 할 때 손목 각도 유지에 대한 피드백을 확실히 느끼기 때문이다. 처음에는 클럽의 무게를 감당 못하지만 조금씩 반복하면 점점 좋아지는 타점을 느끼게 된다.

이번 드릴의 목적은 정확도를 높이기 위한 드릴이다. 2개의 클럽을 아래 위 가로 방향으로 놓는다. 간격은 헤드보다 조금 넓게 만들어 클럽헤드가 지나가는데 부담 없게 한다. 두 클럽 사이로 스윙하면서 아래 위 샤프트에 닿지 않게 정확한 타점을 만든다. 거리감에 집중하며 매번 같은 동작으로 팔과 상체 연결성에 신경 쓰며 연습한다.

아마추어 골퍼들에겐 칩샷도 퍼팅과 마찬가지로 연습량이 많지 않은 분야임은 확실하다. 특히 초보일때는 풀스윙을 완성시키기 위해 많은 시간을 투자하기 때문에 더욱 연습시간이 없다. 골프는 원을 그리는 게임인 만큼 칩샷은 가장 작은 원의 시작이라고 볼 수 있다. 칩샷 연습을 게을리하면 안 되는 이유는 좋은 샷을 구사하는 골퍼들도 그린을 놓치기 때문이다. 칩샷을 제대로 익히면 그린 주변에서 많은 타수를 잃지 않을 수 있다. 리바운드를 통해 2차 공격을 성공할 수 있게 그린 주변에서의 칩샷 능력을 향상시키는 연습을 해보자.

# 피치 샷의 기본 펀더멘털을 알자
# Basic fundamental of a pitch shot

피치 샷은 칩 샷과 달리 볼이 구르는 비율보다 공중에 캐리carry 거리 비중이 많은 웨지 샷이다. 칩 샷의 큰 버전이라고 보면 이해하기 쉬울 수 있다. 피치 샷의 목적은 원하는 거리에 맞게 볼을 캐리하는 것에 있다. 볼을 캐리하기 위해선 스윙이 커져야 하기 때문에 상대적으로 칩 샷보다 기술적 난이도가 있다. 또한 칩 샷의 거리 범위가 10~30m 이내라고 보면 피치 샷은 100~110m(남자의 경우)까지 거리 범위를 커버해야 된다는 점에서 보다 많은 연습량이 필요하다. 이제 피치 샷에 필요한 기본 셋업과 스윙 노하우에 대해 알아보자.

## 피치 샷 셋업 Pitch shot setup

1. 그립은 뉴트럴 그립에 가깝게 만들어 잡는다. 그립 모양보다 중요한 건 그립의 악력이다. 너무 강하지 않으며 부드러운 손목 코킹을 유도할 수 있는 그립을 잡는 것이 관건이다. 그립 시 손의 위치는 클럽헤드보다 앞쪽에 위치한다.
2. 볼의 위치는 한 개 정도 오른발 쪽으로 옮긴다. 볼이 놓인 라이lie 상태가 좋지 않을 시 오른쪽으로 이동해도 무관하다. 체중은 왼발 쪽에 60% 정도 유지하지만 거리에 따라 오른쪽으로 옮겨지는 조금의 변화는 있을 수 있다.

3. 셋업 시 왼발을 약간 열어주고 스탠스 너비는 칩샷보다는 넓게 7번 아이언보다 약간 좁게 선다. 본인의 어깨 안쪽 너비 정도가 적합하다. 스탠스 너비는 스윙 크기에 따라 조금씩 조율이 가능하다. 스탠스가 좁으면 작은 스윙을 만드는데 유리하다. 또한 열려 있는 왼발로 인해 임팩트 이후 왼쪽 힙과 몸통이 방해받지 않고 회전하기 수월하다.

4. 본인이 생각한 피치 샷에 대한 정확한 이해가 필요하다(Why & How). 왜 이 샷을 쳐야 하는지? 어떻게 쳐야 하는지에 대한 이해와 방법을 정확히 인지하는 것이 중요하다. 그 다음 본인이 칠 피치 샷에 대한 이미지를 그리는 것에 집중하여야 한다. 얼마만큼 띄워서 어디에 떨어져야 하는지 그리고 얼마나 구를지에 대해 정확하게 이미지 메이킹 하는 연습이 필요하다.

## 피치 샷 스윙 방법

### 1. 백스윙을 가파르게 하자.

많은 골퍼들의 피치 샷 실수는 테이크어웨이 시 클럽을 옆으로 느슨하게 돌려 빼는 동작에서 나온다. 풀스윙에 비해 스윙 크기가 작아 가파르게 올리지 않는 것을 흔히 볼 수 있다. 피치 샷은 풀스윙과 달리 낮게 돌리는 스윙을 하게 되면 다운스윙 시 팔이 내릴 수 있는 공간이 생기지 않아 다운 블로우로 임팩트되기 어렵다. 시작부터 위로 가파르게 들며 부드러운 손목 코킹으로 연결해보자. 양팔이 가슴 앞에서 같은 타이밍으로 움직이게 하기 위해선 가파른 스윙이 유리하다.

## 2. 하프스윙 위치를 기준으로 만들어라.

1/4 스윙

1/2 스윙

3/4 스윙

지금까지 언급했던 피치 샷의 거리 범위를 생각해 보자. 보편적으로 40~110m 정도까지 범위를 커버해야 하는 스윙이다. 물론 한 개의 클럽이 아닌 3~4개 클럽 중에 선택할 수 있다. 모두 다른 각도를 지닌 클럽이라 최대 정해진 거리가 있다. 풀스윙을 하게 되면 오히려 쉬울 수 있지만, 40~70m는 상황이 조금 다르다. 모든 웨지로 칠 수 있는 거리지만 상황에 따라 클럽과 스윙 크기를 조절해야 한다. 스윙 크기를 조절한다는 것이 그리 쉽지 않아 기준을 두고 연습을 하는 것이 도움이 된다. 시계 모양 기준으로 왼팔 위치의 스윙 크기를 만들면 이해하고 연습하기 수월하다. 왼팔의 위치가 9시를 향하면 하프(1/2)스윙을 말한다. 하프스윙 기점에서 왼팔 위치가 7시반을 가리키면 1/4스윙이고 10시반을 향하면 3/4스윙으로 나눠진다. 스윙 크기와 클럽에 따라 볼의 탄도와 거리가 달라진다. 먼저 기준점을 하프스윙에 맞추는 연습에 집중을 하는 것이 우선이다. 하프스윙 위치를 알고 나면 다른 위치의 스윙을 적용하는 것이 훨씬 편하다는 걸 느낄 수 있다.

## 3. 임팩트 이후 클럽페이스가 하늘을 향하게 하라.

이 동작은 피치 샷에서 가장 중요한 부분이 되지 않을까 생각한다. 작은 동작을 구사하는 칩 샷에선 어느 정도 클럽페이스 통제가 쉬울 수 있다. 스윙이 커진 피치 샷에선 클럽페이스 제어가 쉽지 않을 수 있다. 결론부터 말하면 피치 샷에선 스윙이 커져도 릴리스 부분에서 클럽페이스가 로테이션이 되는 동작이 있으면 볼의 스핀을 주기 어렵다. 피니쉬는 백스윙과 비슷한 위치를 만들고 클럽페이스가 하늘을 향할 수 있게 만드는 것이 주된 목적이다. 반복해서 말하지만 웨지의 목적은 장타가 아닌 정확한 거리감이 필요하기 때문이다. 볼에 제대로 된 스핀이 필요한 이유는 거리 맞춰야 하기 때문이다. 처음 연습할 때 부드러운 느낌으로 빠른 스피드로 연습하기보다 보통 스피드로 연습하면서 동작 만드는데 집중하면 동작 만들기가 수월하다.

## 4. 팔과 몸의 일치감 그리고 체중이동

피치 샷에 있어 팔과 몸의 연결성은 중요하다. 자칫 작은 스윙이란 개념에 팔로만 스윙하는 골퍼들을 종종 보곤 한다. 풀스윙과는 차이가 있는 작은 스윙이지만 팔로만 치게 되면 뒤땅을 치는 경우가 생긴다. 정도의 차이일 뿐 모든 숏게임 동작은 미세한 체중이동이 반영된다. 스윙이 클수록 팔로스루 시 왼발 쪽으로 체중이동 양이 많아진다. 오해하지 말아야 하는 부분은 스윙 크기에 상관없이 셋업과 백스윙 시 왼발에 체중이 좀 더 실려 있어야 하는 점은 동일하다.

피치 샷은 연습해야 할 거리 범위가 생각보다 넓다. 프로들도 퍼팅과 함께 많은 시간을 할애하는 연습 분야임은 확실하다. 스윙 크기 조절 연습과 함께 각각 다른 웨지에 대한 캐리 거리와 스핀양을 습득해야 정확한 피치 샷을 구사할 수 있다. 웨지 연습은 시간이 많이 걸린다는 점을 알고 너무 급하지 않게 연습하는 마음을 갖는 것이 중요하다.

## 피치 샷 체크 리스트

그립은 너무 스트롱한 그립보다 뉴트럴 그립으로 악력을 부드럽게 잡는다. 피치 샷 거리에 따라 그립을 약간 내려 잡아도 무방하다. 왼발은 오픈 시키고 어깨 안쪽 너비로 스탠스를 만든다.

하프스윙 크기를 기준으로 정하고 연습한다. 그 후에 7시반과 10시반 스윙을 연습하면 스윙 크기를 익히는데 도움이 된다. 웨지는 기본 56도부터 연습한 후 다른 웨지로 거리 조절을 해 본다. 다른 웨지를 사용하더라도 백스윙의 크기와 피니쉬 스윙은 달라지지 않는다. 다만 볼의 탄도와 볼이 구르는 양에 차이가 난다. 처음부터 다른 스윙 크기와 다양한 웨지를 연습하면 혼동이 오기 쉬워 우선적으로 한 가지에 전념하고 연습하는 편이 낫다. 나중이 되면 10시반 스윙에서 각 클럽의 최대 거리를 알고 피치 샷을 하는 연습을 하면 된다. 절대 풀스윙을 하거나 다운스윙 시 감속을 하지 않는다. 정해진 컨트롤 스윙 안에서 가속하면서 내리는 연습에 집중한다.

임팩트 이후 피니쉬는 클럽페이스가 회전되어 돌지 않고 하늘 방향으로 유지하도록 한다. 스윙 크기가 클수록 피니쉬 동작도 커지면서 클럽페이스가 하늘 방향에서 조금씩 회전하는 것은 정상적이다.

# 11 그린 주변 어프로치를 성공해야 한다
## Approach shot around the green

숏게임을 다른 용어로 어프로치approach 샷이라고 불리기도 한다. 웨지 클럽에도 A자가 쓰여진 클럽을 볼 수 있다. AW는 Approach Wedge의 약자라고 보면 된다. 그린 주변에는 평지가 아닌 다양한 상황에 놓일 수가 있기 때문에 여러 가지 대처 방법을 알고 있어야 한다. 그린이 솟아올라 있는 포대 그린도 있고, 볼이 경사면 또는 러프에 놓여 있는 경우도 많다. 이런 그린 사이드 어프로치 상황에선 평지와는 약간 다른 셋업과 기술을 알고 있으면 용이하게 쓸 수 있다. 지금부터 다양한 상황의 어프로치 샷을 배워보도록 하자.

**어프로치는 랜딩 포인트(Landing point)를 정하고 치자.**

어프로치 샷을 할 때 절대 빼놓을 수 없는 루틴은 볼이 떨어질 곳을 주시하는 연습이다. 이 연습은 습관을 통해 루틴으로 아예 만들어야 하는 과정이라 할 수 있다. 랜딩 포인트가 정해지는 요소는 볼과 핀pin(홀컵)의 거리에 따른 클럽 선택에 의해 정해진다. 선택에 따라 높은 탄도의 샷을 칠 것인지, 아님 낮은 탄도로 볼을 굴릴 건지가 정해진다. 정해진 목표를 주시하고 연습 스윙 때도 그 스팟spot을 맞추려고 연습하는 습관을 갖자. 골프는 눈의 시선으로 배우는 부분이 많은 게임이다. 이러한 연습을 통해 눈과 손의 연결이 매우 빠르게 발달한다는 것을 느끼게 된다.

## 핀(홀컵) 위치와 클럽 선택 Pin position

그린에 핀의 위치는 크게 3부분으로 나뉜다. 앞쪽(앞핀), 중간(중핀), 그리고 뒤쪽(뒤핀)이라는 용어를 사용한다. 깃대 위치에 따라 플레이 스타일이 조금씩 다른 점을 알면 유용하게 쓸 수 있다. 너무 복잡하지 않게 간단히 정리해서 외워두면 좋다. 먼저 앞 핀인 경우는 볼과 깃대 사이 그린 거리가 짧아 많이 구르는 샷보다 캐리가 조금 있어야 한다. 이 경우엔 본인의 클럽 중 클럽페이스 각도가 가장 많은 SW 샌드웨지를 쓰는 것이 좋다(보통 56도이다 - 아마추어 기준). 중핀일 경우엔 볼과 깃대 사이 어느 정도 굴릴 수 있는 거리가 확보된다. 이 상황에선 AW 어프로치 웨지를 써서 약간의 캐리carry와 런run을 발생시키는 것이 유리하다. 마지막으로 뒤핀인 경우는 볼과 깃대 사이에 굴릴 수 있는 그린 거리가 많아 웨지 중 클럽페이스 각도가 가장 낮은 PW 피칭 웨지를 쓰는 것이 좋다. 초보 때는 이 세 가지 공식을 이용해 그린 주변에서 성공률을 높이는 것이 최상의 방법이다. 나중엔 기술적인 부분이 보완되면 클럽 선택의 폭이 넓어질 수 있다.

● **앞핀(front pin) - SW 샌드웨지**

볼과 핀 사이 그린 공간이 많지 않은 상황에서 주로 사용한다. 보통 캐리 거리가 런보다 많다. 70:30 정도 비율로 에지edge가 길고 그린이 짧다.

● **중핀(middle pin) - AW 어프로치 웨지**

볼과 핀 사이 그린과 에지가 50:50 정도 비율로 남아 있는 상황에서 사용하면 좋다.

● **뒤핀(Back pin) - PW 피칭 웨지**

볼과 핀 사이에 에지보다 그린 거리가 훨씬 많이 남아 있는 상황이다. 캐리보다 런 위주로 굴리는 샷이라 보면 된다. 나중에 중급자가 되면 다른 웨지를 사용하여 빠른 그린에 대처할 수 있게 만들면 된다. 90:10 정도 비율로 에지가 짧고 그린이 길다.

참고로 핀 위치에 따라 깃발의 색상도 다르게 되어 있다. 앞쪽 핀의 깃발 색상은 주로 빨강으로 되어 있다. 중간 핀의 경우 흰색으로 주로 되어 있다(간혹 노랑색을 쓰는 골프코스도 있다). 뒤쪽 핀인 경우엔 주로 파랑색을 사용한다.

# 12 러프에서의 어프로치 샷 방법을 알자
## Short game in the rough

러프rough에서의 어프로치는 거리 조절하기가 매우 까다롭다. 임팩트 시 클럽페이스와 볼 사이에 잔디가 끼어 정상적인 라이lie보다 스핀양이 줄어들어 볼이 많이 구르기 때문이다. 볼이 구르는 양을 예측하기 어려워 랜딩 포인트를 정하기 쉽지 않다. 러프의 길이를 잘 살펴보고 클럽과 샷을 선택하는 것이 중요하다. 가까이 붙이려고 하기보다 그린에 올려 퍼팅할 수 있는 여건을 만들어 주는 것이 주된 목적이라 할 수 있다.

**러프 샷 셋업과 스윙 방법 Rough shot setup**

**1. 웨지 클럽 중 각도가 가장 높은 클럽을 선택한다.**

볼이 많이 구를 것을 대비해 페이스 각도를 최대한 높은 클럽을 사용한다. 높은 각을 선택한 만큼 클럽페이스를 너무 열지 않아도 된다.

**2. 왼손 세 손가락 그립을 평소보다 단단히 잡는다.**

러프의 긴 잔디로 인해 평소보다 손의 악력을 강하게 잡아야 한다. 느슨한 악력으로 잡은 그립은 임팩트 시 클럽헤드가 풀에 잡혀 돌아가게 되어 볼의 방향과 탄도가 완전히 틀어지게 된다.

3. 어드레스 시 볼 뒤에 클럽페이스를 너무 가까이 놓으면 볼이 움직일 수 있어 살짝 뒤쪽에
   놓은 것이 좋다. 볼이 움직이지 않게 셋업하는 것이 우선이다.

간혹 골퍼의 성향상 클럽페이스를 볼 뒤에 바짝 붙이는 경우가 있다. 풀이 긴 상황에선 절대
로 가까이 붙이지 말고 2~3cm 여유 있게 두는 것이 바람직하다.

4. 볼 위치는 오른발 쪽에 두고 클럽페이스는 약간 열어 벙커 샷과 동일하게 만든다. 러프 길
   이에 따라 클럽페이스 각도는 조금씩 조절할 필요가 있다.

긴 러프 거의 정각으로 셋업한다. 클럽페이스를 너무 열게 되면 오히려 생크 샷을 유발할 수
있다. 짧은 러프 구역이면 클럽페이스를 약간 열어 셋업해도 된다. 러프 지역에선 볼의 놓인
라이lie를 세심히 확인하는 것이 매우 중요한 과정 중 하나이다.

5. 백스윙 시 클럽페이스를 너무 열면서 올리지 말아야 한다. 너무 열게 되면 임팩트 시 페이스가 열려 생크 샷을 유발할 수 있다.

러프 길이에 따라 만든 셋업 상태에서 크게 변하지 않게 백스윙을 만드는 것이 중요하다.

6. 임팩트 시 감속하지 말고 클럽이 미끄러지듯 빠져나가는 V자 스윙 느낌으로 강하게 친다. 긴 풀로 인해 피니쉬는 너무 크지 않아도 된다.

러프 지역에서는 잔디 길이를 어느 정도 가늠할 수 있는 능력도 필요하다. 풀이 너무 긴 러프에선 탈출을 목적으로 스윙해도 무관하다. 중간 러프에서는 배운대로 시도하면 예상보다 좋은 결과를 얻을 수도 있다. 러프 샷은 필드에서 접할 수 있기 때문에 라운드 구력이 많은 골퍼가 유리할 수밖에 없다. 너무 긴장하지 말고 필드에서 기회가 오면 배운대로 시도해보자. 골프에서 러프는 함정이라고 생각하고 빠져나오는 것에 초점을 맞추는 것도 나쁘지 않은 선택이 될 수 있다. 또한 라운드 시 러프 샷을 잘하는 동반자를 보면 눈 여겨 보는 것도 많은 도움이 된다. 러프 샷은 실전에서 배울 데도 그리 마땅치 않아 기회 있을 때 배워두면 좋다. 러프에서 샷을 잘하는 골퍼는 다른 어떤 지역에서도 큰 무리 없이 성공할 확률이 높기 때문에 배울 점이 많을 것이다.

# 13 그린 주변 상황에 따른 공략법과 클럽 선택
## Strategy around the green

## 그린 앞에 벙커가 있는 경우

그린 앞쪽에 벙커가 있는 경우는 결코 쉽지 않다. 특히 초보자 땐 바로 앞에 벙커에다 넣는 경우가 자주 발생한다. 벙커를 피해 우회할 수도 있지만 방법을 알고 한번 실수하더라도 시도해 보는 것도 좋은 경험이다. 이 상황에 대처할 수 있는 최상의 방법은 볼을 띄우는 기술로 벙커를 넘기는 샷을 하는 것이다. 깃대 위치가 앞쪽에 있더라도 일단 볼을 가운데 그린 또는 뒤쪽으로 올리는 것이 유리하다. 볼을 띄우기 위해서는 칩 샷보단 피치 샷이 적합하고 클럽은 페이스 각이 높은 샌드웨지SW를 선택하는 것이 좋다. 캐리carry 위주의 샷을 구사하기 때문에 런run 발생률은 80:20 정도 비율이 된다.

**체크 포인트**

1. 클럽은 샌드웨지로 가장 높은 로프트 각을 선택한다(56-60도).
클럽페이스는 너무 열어 셋업하지 않는다. 이미 클럽페이스 각도가 가장 높은 클럽이다. 너무 높게 띄우려고 페이스를 열게 되면 미스 샷에 대한 위험 부담이 높아진다.

2. 볼을 띄우기 위해서 볼위치를 중앙 또는 약간 왼쪽에 놓는다. 스탠스를 피치 앤 런보다 넓게 서고 왼발에 체중을 싣는다. 볼의 위치를 너무 왼쪽에 치우치게 놓다보면 탑핑을 할 위험성이 있어 조심해야 한다.

3. 백스윙은 위로 들어 의도적으로 편안하게 스윙한다. 이때 볼을 띄우려고 하지 말고 헤드의 무게로 팔과 몸통의 삼각형을 유지하며 임팩트를 만든다. 강한 힘으로 빠르게 스윙하기보다 부드러운 템포로 스윙한다.

4. 가장 중요한 점은 스윙 크기만큼 감속하지 말고 자신감 있게 스윙하고 클럽페이스는 회전하지 않는 피니쉬를 유지한다. 이 샷의 목적은 볼을 높이 띄워 벙커를 피하는 데 있다. 너무 예쁘게 치려다 벙커에 빠질 수 있다.

## 포대(솟아 있는)그린 공략법을 알아야 한다(Elevated green)

그린이 솟아 있는 포대 그린Elevated Green은 공간적인 여유가 있을 시 대부분 볼을 띄워서 핀을 공략한다. 하지만 에지 앞쪽에 공간적인 여유가 없을 때는 볼을 낮게 치는 범프 앤 런Bump and Run을 연습해서 사용해보자. 꼭 포대 그린이 아니더라도 그린 공간에 여유가 없을 때 활용하면 좋다. 핀의 앞쪽에 위치함에 따라 볼을 낮은 탄도로 에지를 먼저 맞춰야 하는 상황에서 언제든지 쓸 수 있는 유용한 샷이 될 수 있다.

## 범프 앤 런

범프 앤드 런 샷의 목적은 낮게 굴려서 핀에 붙이는데 있다. 볼을 그린으로 올리지 않고 중간 언덕에 한번 맞춰 속도가 감속되면서 그린 위에 올라가게 만드는 샷이다.

## 체크 포인트

볼을 낮게 치는 테크닉을 알자.

- 볼 위치는 오른발 안쪽에 놓는다.
- 클럽 각도가 낮은 웨지를 선택한다. 다만 간혹 라이lie와 상황에 따라 샌드웨지SW를 사용해도 무관하다.
- 볼의 탄도에 맞는 피니쉬를 만든다. 대부분의 피니쉬는 높지 않다.

# 14

## 경사면 어프로치 샷도 공식이 있다
## Formula in uneven lie

그린 주변에도 크고 작은 경사면이 조성되어 있다. 평지라면 무난하게 구사할 어프로치 샷이지만 경사면에선 주위를 기울여야 한다. 자칫 한 번의 실수가 여러 타수를 잃게 만들 수 있다. 경사면에서 중요한 포인트는 셋업을 평지 상황과 최대한 비슷하게 만드는 것과 클럽 선택에 있다.

### 오르막 어프로치 샷 Uphill lie approach shot

1. 왼발 오르막 경사 어프로치 샷은 로프트 각이 낮은 클럽을 선택한다. 오르막이 클럽의 각도를 크게 만들기 때문이다(56도 샌드웨지SW 거리에서 어프로치AW 웨지 또는 피칭PW 웨지를 잡는 것이 현명하다).
2. 스탠스는 약간 좁히고 볼 위치는 중앙에서 볼 1~2개 정도 오른발 쪽에 둔다. 어깨 라인은 경사면과 비슷하게 맞추고 체중은 자연스레 오른발 쪽으로 두면서 밸런스를 잡는다.
3. 그립은 경사도에 따라 약간 내려 잡아도 된다. 백스윙 시 어깨 회전을 해주고 손목 코킹은 의도적으로 하지 않는 것이 유리하다(너무 급하게 의도한 손목 코킹은 손이 개입되기 쉬워 뒤땅 또는 볼만 걷어 올려 위로 높이 떠서 거리가 짧을 수 있다).
4. 다운스윙 시 손목 각도를 유지하며 경사면을 따라 스윙한다. 거리가 조금 있는 오르막 경사면이면 백스윙 시 어깨 회전이 충분히 되야 왼쪽으로 당겨지는 샷을 피할 수 있다.

## 내리막 어프로치 샷 Downhill approach shot

1. 내리막 어프로치 샷은 로프트 각이 높은 클럽을 선택한다. 내리막 경사가 로프트 각을 낮
   게 만들어 볼의 탄도가 평소보다 낮게 날아간다. 56-60도 사이의 샌드웨지SW가 적합하다.
2. 양쪽 어깨 라인을 경사면과 평행하게 맞춘다. 체중은 왼쪽에 두고 너무 쏠리지 않도록 밸
   런스를 잡는다. 양발 스탠스는 약간 넓게 벌리고 볼 위치는 약간 오른발 쪽에 둔다. 볼의 라
   이lie가 괜찮으면 클럽페이스를 살짝 오픈 시켜도 무관하다.
3. 백스윙 때 손목 코킹을 바로 만들고 다운스윙은 경사면을 따라 낮게 스윙한다(손목 코킹
   이 너무 일찍 풀리면 뒤땅을 치기 쉬운 상황이다).
4. 피니쉬는 길고 높지 않게 짧게 만든다(피니쉬가 높으면 탑핑을 할 위험성이 있다).

## ∴ 웨지 샷 섹션을 정리하면서

골프 게임에 있어 많은 비중을 차지하는 웨지 샷을 잘 치기 위해서는 많은 시간과 노력이 투자되어야 한다. 특히 연습장보다 실전 경험이 중요한 만큼 코스에서 익혀야 할 부분들이 많다. 연습장에선 기본적인 스윙 크기 조절과 거리감 연습 위주로 하는 것이 효과적일 수 있다. 코스에서는 주어진 다른 상황에 맞춰 대처할 수 있는 지식을 바탕으로 경험을 쌓으면 된다. 책으로 모든 웨지 샷을 습득할 수 없지만, 최소한 상황마다 다른 대응 방법에 대한 노하우를 배웠으면 한다. 매번 다른 볼의 라이lie 상태, 그리고 수없이 다양한 거리를 맞춰야 할 때 너무 긴장 안 할 정도면 된다. 머리로 이해하고 몸으로 익히는 이러한 연습은 언젠가는 당신이 리바운드의 귀재가 되어 있을 것을 약속한다.

# 정교한 아이언 샷 타점에 필요한 요소

# Chapter 4

# 아이언 클럽의 기본 개념
## Basic fundamental of an Iron

골프에서 아이언을 잘 치게 되면 진정한 고수가 된다는 말이 있다. 아이언은 클럽 개수가 5~6 개 있기 때문에 숏 아이언부터 롱 아이언까지 다양하게 다룰 수 있어야 한다. 클럽별로 샤프 트 길이가 1/2인치(1.27cm)씩 차이가 나고 페이스 로프트 각도 또한 3~4도 차이가 난다. 여러 클럽의 특성에 맞는 셋업과 스윙 개념의 차이를 익혀야 한다. 앞서 웨지 샷에 대해 배운 것이 많은 도움이 될거라 생각한다. 웨지 샷도 숏 아이언에 속하기 때문에 조금씩 길어진 클럽 길이에 적응하기가 수월할 거라 생각한다. 지금부터 클럽별 아이언 샷 셋업 방법에 대해 알아보자.

# 정교한 아이언 샷을 위한 셋업 방법을 알아야 한다

정확한 아이언 샷의 핵심은 임팩트 시 다운 블로우로 치는 것이다. 클럽마다 길이에 따라 다운 블로우 접근각의 수치가 다를 뿐이지 모든 아이언은 다운 블로우가 필요하다. 그러기 위해서는 왼손이 역할이 중요하며 셋업 시 클럽 샤프트와 일직선으로 유지돼야 한다. 한 가지 확실하게 기억해야 하는 점은 아이언은 비거리가 아닌 정확성이 중요하다. 아이언 거리를 자랑하는 골퍼는 아직 갈 길이 멀다고 말한다.

● **숏 아이언 - PW, 9I**

볼 위치는 중간 기준 볼 1개 정도 오른쪽으로 놓는 것이 좋다. 스탠스의 폭은 어깨 너비보다 살짝 좁게 선다. 체중은 5% 정도 왼쪽에 둬야 짧은 클럽의 길이로 인해 가파른 접근각을 형성한다. 손 위치는 볼보다 항시 앞에 있어야 다운 블로우가 쉽다.

● **미들 아이언 - 8I, 7I, 6I**

볼 위치는 양발 중간에 놓는다. 스탠스 폭은 어깨 너비 정도 선다. 체중은 양쪽에 균등하게 둔다. 손 위치는 볼 앞에 둬야 다운 블로우가 쉽다.

● **롱 아이언 - 5I, 4I**

볼 위치는 중간 기준 왼쪽에 놓는다. 스탠스 폭은 어깨 너비보다 약간 넓게 선다. 체중은 5% 정도 오른쪽에 둔다. 손 위치를 너무 앞쪽으로 두지 않는다. 롱 아이언이기 때문에 손이 너무 앞에서 임팩트되면 슬라이스 샷 발생률이 높아진다. 다른 아이언보다 긴 클럽 길이로 인해 다운 블로우 각이 그리 가파르지 않아도 된다.

미들 아이언 기준

골퍼마다 아이언 클럽 개수와 구성이 약간씩 다르다. 보통 힘있고 헤드스피드가 빠른 남성은 4번 아이언까지 클럽 구성을 한다. 반면에 힘이 없고 헤드스피드가 늦는 남성은 4번 아이언 대신 하이브리드 클럽으로 구성을 하는 것이 유리하다. 또한 여성 골퍼도 클럽 구성이 약간씩 다를 수 있다. 예를 들어 여성 골퍼는 롱 아이언이 6번과 5번 아이언이 될 수 있다. 힘이 없는 여성의 경우에도 5번 아이언을 하이브리드로 대체하는 경우도 많다. 자신의 신체조건과 플레이 스타일에 적합한 아이언 클럽의 구성을 하는 게 효율성에 좋다. 점차 구력이 쌓이게 되면 처음과 다른 클럽 구성으로 바뀌게 되는 것은 지극히 자연스럽게 변하는 부분이다.

# 02 숏 아이언은 무엇이 가장 중요한가?
## Importance in short iron shot

**숏 아이언 스윙은 간결해야 한다.**

숏 아이언을 잘 치기 위해선 스윙을 간결하게 해야 하는데 긴장도가 높으면 스윙이 간결할 수가 없다. 이런 상황에서 컴팩트한 스윙을 만들기 위해서는 팔의 전완 동작이 좋아야 한다. 간결한 백스윙을 하기 위해선 전완근의 자연스러운 로테이션이 이루어져야 클럽이 제대로 된 스윙 평면을 따라다닐 수 있다. 또한 올바른 전완 동작은 왼쪽 겨드랑이와 왼쪽 가슴의 텐션을 잘 유지해준다. 이 느낌은 간결한 스윙을 만드는 중요한 요소이기도 하다. 양팔 로테이션의 감각을 익히는 연습은 언제 어디서나 맨손으로 할 수 있는 연습이다. 바쁜 업무 일정으로 연습장을 가지 못할 때마다 10분 정도 하면 간결한 스윙을 만드는 효율적인 연습이 될 수 있다.

위 연습 동작을 할 때 하프스윙 위치에서 양쪽 손목을 위로 실제 코킹하듯이 올려준다. 임팩트 위치에선 가슴과 손바닥이 같은 위치에서 만나는 느낌을 가지면 더욱 효율적이다. 릴리스 동작에선 양팔이 완전하게 빠져나가는 느낌이고 머리는 뒤에 남는다.

**숏 아이언은 방향도 중요하지만 거리감이 우선이다(Distance control).**

골프 게임에서 항상 언급되는 중요도는 방향과 비거리 또는 거리감이다. 아이언 게임에서도 롱 아이언을 빼곤 방향보다는 거리감을 우위로 정한다. 이유는 숏 아이언에서 방향을 크게 미스하기보다 오히려 거리감이 들쑥날쑥해 정확도가 떨어지기 때문이다. 앞서 언급했듯이 각 아이언마다 9m(10야드yard) 정도의 차이가 나야 아이언을 제대로 사용한다고 말할 수 있다. 아이언 거리감이 좋아야 하는 이유는 그린 공략을 적극적으로 하기 위함이다. 아이언으로 그린에 볼을 올리는 것이 목적이지만 핀 위치가 쉬운 상황에선 공격적으로 공략해야 큰 보상을 받을 수 있다. 그러기 위해서는 정확한 아이언 거리를 칠 수 있어야 선택의 폭이 넓어진다. 정확한 거리감을 위해선 본인 아이언에 대한 정확한 거리를 알고 있어야 가능하다. 그린 주변 상황에 따라 핀을 직접 공략해야 할 때 아이언 거리감에 대해 확신이 있어야 그린 중앙으로 올릴지 아님 직접 핀을 보고 공략을 할지 결정된다. 평소 연습장에서 아이언 거리감 연습을 해서 일정한 거리를 지속적으로 칠 수 있게 만들도록 하자.

## 1. 인도어 연습장 사용 시

볼이 떠서 낙하 지점이 보이는 인도어 연습장이면 가능하다. 피칭웨지PW부터 7번 아이언까지 볼 10개 정도씩 치면서 낙하 지점을 보고 평균 거리를 계산해 놓으면 된다. 물론 클럽에 따라 편차가 20m까지 날 수도 있어 평균치를 계산하는 것이 현명하다. 또한 실외 연습장의 거리보다 실제 코스에서의 거리는 10% 정도 멀리 나간다는 점을 염두에 두어야 한다. 연습볼과 코스에서의 볼의 품질 차이에서 생기는 현상이다.

## 2. 실내 스크린 연습장 사용 시

요즘엔 실내 스크린 연습장 시설이 부쩍 늘어난 추세이다. 스크린 브랜드에 따라 정확도 차이가 조금 있지만 데이터 없이 치는 것보다 시뮬레이터가 있는 실내 연습장이 훨씬 낫다. 실내에서 클럽별 아이언의 거리를 측정해서 인도어 연습장과 비교해 봐도 된다. 현재까지

는 실내 스크린에서의 평균 거리가 조금 더 나오는 것이 일반적으로 확인되어 있다. 초보자 경우는 아직 일관된 타점을 만들기 어려워 평균 거리 계산에 약간의 오류가 있을 수 있지만 구력이 쌓이면 본인이 스스로의 평균 거리를 터득할 수 있게 된다. 중요한 점은 어디서 연습하든 본인 아이언 클럽에 대한 평균 거리를 만들어 확인하는 습관을 갖는 것이 중요하다.

# 아이언 샷의 다운 블로우와 정확한 타점 연습
## Downblow & Impact spot

### 다운 블로우 연습 드릴 - 볼 비하인드 볼 Ball behind the Ball drill

아이언 셋업 후 20cm 정도 뒤에 볼 하나를 더 둔다. 다운스윙 시 뒤에 놓은 볼이 맞지 않도록 한다. 아이언이 길이에 따라 뒤에 놓은 볼의 거리는 조절한다. 연습 초기에는 20cm보다 넉넉한 거리에 놓는 것도 괜찮다. 아이언이 짧아 질수록 거리는 조금 좁혀도 된다. 아이언을 쓸어서 치는 동작을 하면 뒤에 볼이 맞는다. 또한 너무 앞쪽 타점이 되면 볼의 탄도가 낮게 가는 것을 볼 수 있다. 너무 무리하게 좁은 거리보다 본인 상황에 맞게 뒤에 볼 위치를 조절하면서 연습해보자. 이 연습은 뒤땅과 탑핑을 동시에 방지할 수 있는 연습이 될 수 있다. 볼을 놓기 불안한 경우엔 헤드 커버 같은 다른 물건을 두고 연습해도 무관하다.

### 타점 연습 - 3볼 드릴 Three ball drill

이 연습은 목적은 정확한 타점을 만들고자 하는데 있다. 3개의 볼을 세로방향으로 나란히 놓고 가운데 볼에 셋업한다. 스윙 시 아래 위 볼을 건드리지 않고 가운데 볼만 깔끔하게 임팩트 만드는 연습을 한다. 이 연습을 자주하면 볼을 클럽페이스 정중앙에 칠 수 있게 되어 임팩트가 견고해진다. 타점이 정확해야 클럽별 거리가 일정하게 만들어진다.

아이언 샷은 "무조건 다운 블로우로 쳐야 한다"라는 말은 너무도 많이 들었던 말이다. 그러면서 손목코킹 각도를 유지하고 왼팔을 끌고 들어와야 한다. 또는 적당한 체중이동을 하고 레잇히팅late hitting을 해라 등이다. 너무도 많은 예들이 있지만 아마추어들에겐 너무도 생소하고 어려운 말로 들릴 수 있다. 아래 항목들은 다운 블로우의 이해와 동작을 돕기 위한 요소들이다. 연습해보면 다운 블로우의 개념을 조금 쉽게 이해할 수 있다.

## 다운 블로우를 위한 체크포인트

### 1. 너무 한쪽으로 치우진 그립인지 다시 확인하자.

너무 위크weak하거나 스트롱strong
한 그립보다 뉴트럴neutral 그립을
선호한다. 다운 블로우는 왼손의
역할이 큰 비중을 차기한다고 할
수 있다. 뉴트럴 그립은 왼손등으
로 치는 느낌을 다른 그립에 비해
쉽게 느낄 수 있다.

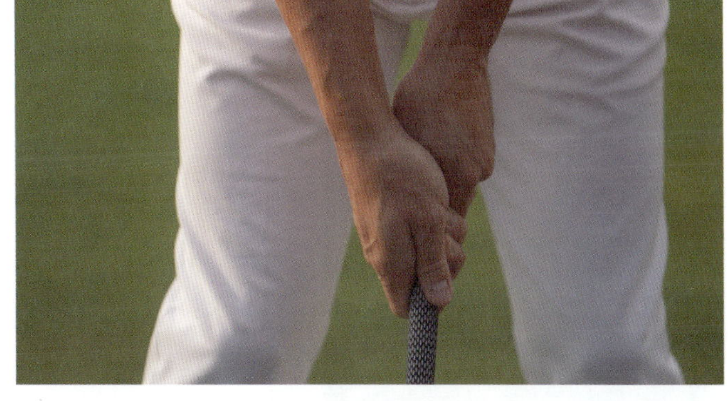

### 2. 손목 코킹을 조금 이해하자.

골프 스윙에서 손목 코킹의 개
념을 이해하는 것이 중요하다.
코킹이 자연적으로 만들어진다
라는 생각은 머리에서 지워야 한
다. 손목코킹 타이밍을 정확하게
이해해야 손목의 언코킹(손목 각
도를 풀어주는)uncocking으로 인
한 임팩트 동작도 수월해진다.

### 3. 절대 오버스윙을 만들지 않는다.

오버스윙에선 정확한 타점을 만
들기 어렵다. 비거리 위주가 아
닌 거리감이 우선이다. 상하체
꼬임에 대한 개념이 확실해야 오
버스윙을 만들지 않는다. 탑스윙
섹션을 참고하면 도움이 된다.

## 4. 오른팔 위쪽(상완근, Upper Arm)의 역할을 이해하자.

오른팔은 항상 몸통 앞에서 진행해야 다운 블로우에 도움을 준다. 오른팔 위쪽을 내려야 다운 블로우가 쉬워진다. 오른팔이 뒤따라오거나 앞서 나가면 항상 미스 샷 위험이 따른다.

## 5. 체중이동과 관련해 하체 움직임을 이해한다.

무조건적으로 하체 회전을 요구하는 동작은 절대 좋은 타점을 만들지 못한다. 힙이 올바른 다운 블로우를 위해 스윙 중심으로 돌아오는 연습을 이미지화 시켜야 한다.

※ 언코킹(uncocking)
손목 코킹의 반대되는 단어로 손목 코킹 각도가 풀어지는 동작을 말한다.

# 04 미들 아이언과 롱 아이언은 기본만 하면 된다
## Middle & Long Iron

**미들 & 롱 아이언의 개념을 이해하자(Understanding the basic fundamental).**

앞서 클럽별 아이언의 기본적인 셋업에 대해 배워보았다. 클럽별 볼 위치, 스탠스 너비 그리고 체중분배에 대해서는 이해했을거라 생각한다. 이번엔 미들 아이언과 롱 아이언에 관한 개념과 추가적으로 알아두면 좋은 요소들에 대해 알아보도록 하자.

### 1. 정신적인 부담을 갖지 말자.

미들 아이언과 롱 아이언은 상급자들에게도 부담스러운 클럽이다. 서론에 언급했듯이 핀에 가까이 붙인다는 생각보다 넓은 그린에 올린다는 전제로 각본을 써야 몸에 긴장감을 줄일 수 있다. 그린에 못 올려도 근처만 가면 본전이라 생각하고 치면 마음이 편할 수 있다. 어드레스 시 등을 펴고 팔을 늘어뜨리는 자세를 취함으로써 긴장도를 낮추는데 도움이 될 수 있다.

### 2. 우측으로 휘는 볼 구질을 예상하라.

무조건 스트레이트 구질로 칠 수 있다는 착각에서 빠져나와야 한다. 통상적으로 숏 클럽은 왼쪽 미스가 주로 나오고 롱 클럽은 우측 미스가 나온다. 클럽페이스의 각도와 클럽 길이 차이에서 생기는 임팩트 시 현상이다. 숏 클럽은 가파르게 접근해 클럽페이스가 닫히는 경우가 생긴다. 반면에 롱 클럽은 헤드가 늦게 따라오면서 클럽페이스가 열리는 현상이 나온다. 그렇다고 왼쪽으로 보내려고 손으로 보상 동작을 하기보다 기술이 향상될 때까지 우측으로 휘는 볼을 예측하는 것이 바람직한 방법이 될 수 있다. 반드시 미스 샷에 준비를 할 줄 아는 골퍼가 되자.

## 3. 멀리 치려고 하기보다 피니쉬를 위한 밸런스 스윙을 하자.

대부분의 골퍼들은 숏 아이언을 제외하곤 멀리치려는 습성이 강하다. 특히 초보 남성 골퍼일수록 두드러지게 나타나는 현상이다. 하지만 이 방법은 아무리 구력이 많은 골퍼라 할지라도 결코 선호하는 방법은 아니다. 물론 헤드 스피드가 빨라야 제대로 된 볼의 탄도가 생기지만 강하게 친다고 헤드스피드가 생성되는 것이 아니라는 부분은 이미 수없이 언급해온 사실이다. 백스윙 시 충분한 어깨 회전과 다운스윙 시 클럽헤드가 막히지 않고 빠져나가는 느낌으로 연습하는 것이 좋다. 또한 밸런스 잡힌 피니쉬를 목표로 정하면 리듬감은 물론이며 올바른 팔 전완 동작과 타이밍이 향상될 수 있다.

## 4. 롱 아이언을 선택하는 이유를 정확하게 인지해야 한다.

우리는 유틸리티 또는 하이브리드 클럽을 두고 부담스러운 롱 아이언을 왜 선택하는 것일까? 이 질문에 대한 답은 정확도를 선택했기 때문이다. 하지만 하이브리드 클럽에 비해 볼의 탄도가 낮은 건 부인할 수 없다. 그럼에도 롱 아이언은 타점 조절이 가능해지면 정확도 면에선 다른 클럽보다 우위에 있다고 볼 수 있다. 또한 유틸리티를 사용할 수 없는 곳에서 롱 아이언을 써야 할 때가 있기 때문에 언젠가는 배워야 하는 클럽임은 확실하다. 볼을 높은 탄도로 띄워야 할 때는 권하지 않지만, 맞바람이 불 때와 앞에 나무가 부담스러워 낮게 치고 싶을 때, 그리고 페어웨이가 좁아질 때 등의 상황에서 롱 아이언을 다룰 수 있다면 큰 장점이 된다. 매번 롱 아이언을 잡을 수 없지만, 필요에 의해서 꼭 쳐야 되는 상황에선 칠 수 있을 정도의 기술을 필요하다.

### 미들 아이언과 롱 아이언을 의도적으로 낮게 칠 때 셋업

1. 클럽을 3~4cm 정도 내려 잡으면 컨트롤 하기 유리하다.
2. 볼 위치를 원래보다 1~2개 오른쪽에 놓는다(볼 탄도에 따라 정하면 된다).

## 5. 아이언의 거리 차이가 안나는 이유가 있다.

보통 클럽마다 거리차가 9m 정도 나야 한다고 알고 있다. 긴 클럽으로 갈수록 거리차가 별로 안나는 이유는 클럽헤드 스피드에 있다. 아무리 타점이 좋아도 클럽헤드 스피드가 느리면 볼이 낮게 뜨고 구르는 거리가 생길 뿐이다. 이 부분은 특히 힘이 약한 여성 골퍼들의 영원한 숙제이기도 하다. 여기 스피드 상향에 좋은 연습 드릴을 소개하고자 한다. 이 연습 드릴은 롱 아이언뿐만 아닌 스피드가 필요한 긴 클럽을 다루는데 여러모로 도움이 될 수 있다.

샤프트를 이용해 빠른 속도를 만든다

## 6. 볼에서 절대로 눈을 떼지 말아야 한다.

볼을 처음부터 끝까지 보는 것이 생각보다 어렵다. 골퍼들은 머리를 움직이지 않는 퍼팅을 할 때도 눈의 초점이 흔들리며 주변 시야를 본다고 한다. 그럼 롱 아이언을 칠 때는 어떨까? 볼을 주시하는 골퍼는 거의 없다고 보면 된다. 어깨 회전을 할 때 머리 위치가 변하는 과정에서 놓치기도 하고 아예 볼에 주시를 안 하는 골퍼도 있다. 짧은 클럽에선 잘 나타나지 않지만 긴 클럽에서는 볼을 주시하는가에 따라 편차가 크게 나타난다. 연습장에서 볼을 주시하는 연습을 꼭 해야 한다. 적어도 임팩트까지 보려고 노력을 하면 스윙에 있어 많은 도움이 될 수 있다. 코스에서 볼을 주시할 때 볼의 로고 또는 개인이 그린 마크를 중 한 군데를 주시하도록 해보자.

# 미들 아이언과 롱 아이언 공략은 다르다
## Strategy for long iron shot

**그린 주변 장애물을 피해서 그린을 공략한다.**

롱 클럽은 숏 아이언에 비해 평균적인 정확도가 떨어지기 때문에 핀에 가까이 붙이는 공략보다 그린 한 가운데를 타겟으로 편하게 치는 공략을 하는 것이 좋다. 앞서 말했듯이 거리가 가까울수록 공격적인 공략이 필요하지만 미들과 롱 아이언 반경으로 들어오면 공격적이기 보다 안전하게 그린을 공략하는 것이 현명한 방법이다. 그린 주변에 벙커나 장애물을 피하면서 그린을 공략하는 플랜을 만드는 것이 미들과 롱 아이언을 효율적으로 사용하는 방법이 된다. 그린에 멀리 올려 롱 퍼팅을 하더라도 퍼팅이 다른 샷보다는 성공할 확률이 높다.

**정확한 클럽페이스 기준의 정렬이 필요하다(Clubface alignment).**

긴 클럽을 다룰 때 골퍼들이 쉽게 놓치는 부분 중 하나는 클럽페이스 기준으로 정렬하는 것이다. 숏 클럽을 다룰 때보다 더욱 신경 써야 할 부분이다. 거리가 많이 나갈수록 클럽페이스에 대한 편차가 심하게 나타나기 때문이다. 어드레스를 할 때 클럽페이스를 기준으로 서야 방향과 거리에 오차를 줄일 수가 있다. 앞서 셋업 섹션에서 언급했듯이 몸의 셋업보다 클럽페이스 셋업을 먼저 행하는 동작을 하고 발을 움직여 스탠스의 위치를 정한다. 본인이 정한 방향과 클럽페이스의 아래쪽 라인이 직각이 되도록 맞춰주면 된다.

방향과 거리의 오차를 줄이는 것이 최우선이다. 어드레스를 할 때는 먼저 클럽페이스가 목표를 똑바로 향하게 하고, 왼발, 오른발 순서로 스탠스의 위치를 정한다. 클럽페이스와 목표 방향을 맞출 때는 리딩에지로 불리는 클럽페이스의 가장 아래쪽 라인이 타겟라인과 직각이 되도록 한다. 왼쪽 어깨를 목표 방향으로 맞추고 서면 몸 전체가 오른쪽을 향하기 쉬우므로 주의해야 한다. 다시 한번 롱 아이언의 클럽페이스 정렬에 대한 중요도를 인지하면서 올바른 정렬에 집중해보자.

# 아이언 임팩트는 스윙궤도 최저점 직전이다
# Low point of an iron

**롱 아이언은 몸의 균형이 버텨야 한다(Balanced body).**

대부분의 골퍼들은 아이언이 다운 블로우로 맞아야 한다는 말에는 이견은 없는 걸로 알고 있다. 여기서 다운 블로우의 저점에 대해 자세히 알아보도록 하자. 다운 블로우의 정확한 위치는 최저점 바로 직전에 이루어진다고 보면 된다. 다시 말하면 내려오는 도중에 임팩트되고 난 후에 저점에 도달한다. 잔디에서 연습할 때 잔디의 디봇(패인 자국)이 볼 앞쪽으로 생기는 이유이기도 하다. 탑핑이나 뒤땅이 되는 스윙은 클럽헤드가 확실하게 최저점까지 도달하지 못한 상태에서 들리거나 풀리게 된 걸 알 수 있다. 또한 클럽이 길어질수록 최저점까지 도달하기가 어려운 이유는 몸의 균형이 버티지 못하고 깨지기 때문이란 걸 알 수 있다. 골퍼들이 웨지를 칠 때보다 긴 클럽을 잡았을 때 휘청대는 이유가 바로 균형에 있음을 알 수 있다. 롱 아이언은 짧은 클럽보다 완만한 접근각이 형성되는 걸 인지하는 것이 중요하다. 임팩트 이후에도 균형을 잡고 왼발에 체중을 실어 끝까지 피니쉬를 만들어야 좋은 결과를 얻을 수 있다.

Rattanon Wannasrichan Asian Tour

골프 스윙의 완성은 흔히들 균형 잡힌 피니쉬라고 말한다. 대부분의 아마추어 골퍼들이 피니쉬를 잡지 못하는 이유는 밸런스가 무너지기 때문이다. 정확한 타점의 아이언 샷을 치기 위해서도 제대로 된 밸런스는 필수이다. 체중이 뒤로 남거나 혹은 앞으로 미는 동작으로 인해 밸런스가 잡히지 않는 스윙에선 최상의 타점이 이루어질 수 없다. 정확한 중심이동과 밸런스에 대한 이해를 통해 아이언 샷 임팩트에 최저점을 향상시킬 수 있다.

## ∴ 아이언 샷을 정리하면서

아이언 샷은 클럽 개수가 많아 기술 연마도 오랜 시간이 걸린다는 생각이 들 수도 있다. 심적 부담을 줄이기 위해 크게 숏, 미들, 그리고 롱 아이언 3가지로 나눠서 생각하면 편하다. 클럽의 길이와 페이스 각도에 따라 셋업과 스윙의 미세한 차이가 있을 수 있다. 여기에 따른 골퍼의 공략과 결과도 다르게 작용하고, 또한 그 결과를 이해하고 포용할 수 있어야 기량이 발전한다. 이번 아이언 섹션에서 다룬 여러 가지 요소들은 비슷하지만, 다른 점도 포함되어 있다. 한 클럽에 국한되어 있는 스윙을 추구하기 보다 여러 클럽을 고루 다룰 수 있는 다양함을 준비를 하는 것이 효율적이다. 단시간보다 연습기간을 여유있게 두고 해야 탄탄한 아이언 샷 기술을 연마할 수 있다. 프로의 실력을 평가할 때 하는 말 중에 이런 말이 있다. 드라이버 샷과 퍼팅이 잘 되면 70대 타수는 칠 수 있지만, 60대 타수를 치려면 아이언 샷이 뒷받침되어야 한다라는 말을 한다. 이 말은 자신의 최고 타수를 만들기 위해서는 다른 샷도 중요하지만, 단연 아이언 샷이 좋아야 된다는 뜻이다. 독자들의 아이언 스윙이 최대한 간결하고 컴팩트하게 만들어질 때 최고의 아이언 샷을 경험하며 희열을 느낄 것이다.

# 우드는 시간이 필요하다

# Chapter 5

하이브리드 클럽의 뜻은 롱 아이언과 페어웨이 우드의 혼합형이라고 생각하면 이해하기 쉽다. 자동차로 예를 들면 휘발유와 전기를 에너지로 이용하는 혼합형 차를 하이브리드 자동차로 불린다. 하이브리드와 유사한 형태의 또 다른 클럽인 유틸리티가 있다. 비슷한 유형의 모양과 용도로 사용되고 있다. 정확히 구분하자면 하이브리는 롱 아이언에 가깝고, 유틸리티는 페어웨이 우드에 가깝다고 보면 된다.

하이브리드의 용도는 롱 아이언 대체 클럽이다. 주말 골퍼들에게 아주 적합한 클럽이라고 할 수 있다. 롱 아이언을 다루기 위해서는 많은 연습량이 필요하지만, 연습량이 없는 주말 골퍼들은 하이브리드로 대체할 수 있다. 하이브리드 클럽은 롱 아이언에 비해 솔sole(바닥) 부분이 넓어 미끄러지듯 쉽게 빠져나가며 칠 수 있다. 특히 잔디 러프에서 롱 아이언보다 하이브리드 클럽은 훨씬 쉽게 탈출할 수 있는 이점이 있다.

# 01 하이브리드 클럽은 당신의 구세주다!
# Hybrid is your savior

## 하이브리드 셋업과 스윙 방법  Hybrid club Setup

하이브리드 셋업과 스윙 방법은 롱 아이언과 흡사하다고 생각하면 된다.

**1. 볼 위치는 중앙에서 볼 1개 정도만 왼쪽에 놓는다.**

볼 위치가 너무 왼쪽으로 놓은면 다운블로우보다 탑핑이 나올 확률이 높다.

**2. 백스윙은 가파르게 가져가고 다운스윙은 미들 아이언과 같은 느낌으로 스윙하면 성공할 확률이 높다.**

하이브리드 클럽을 우드와 같은 개념이라고 생각하고 스윙하면 성공할 확률이 높지 않다. 간결한 스윙을 바탕으로 몸통 안에서 스윙이 유지된다고 생각하면 롱 아이언 대체 클럽으로 좋은 결과를 만들어 낼 수 있다. 스윙을 강하게 하기보다 정확한 타점에 집중하자. 제대로 컨택되면 롱 아이언보다 멀리 보낼 수 있다.

## 아마추어 골퍼의 하이브리드 셋업과 스윙 오류

**1. 볼 위치를 지나치게 왼쪽으로 놓고 셋업해 어깨 정렬이 왼쪽으로 향한다.**

볼 위치가 과하게 왼쪽으로 놓여 있으면 다운블로우가 아닌 어퍼블로우가 될 수 있다. 초보 골퍼들은 볼 위치를 스탠스 중간에 놓고 연습하면서 점차 볼 한개 왼쪽으로 놓아도 된다.

**2. 백스윙시 가파르게 들지 않고 뒤로 돌리면서 든다. 이런 경우엔 다운스윙 시 왼쪽으로 엎어치는 스윙 또는 몸통에 막혀 우측으로 밀어내는 스윙을 하게 된다.**

하이브리드 클럽은 6번 아이언과 동일한 셋업과 스윙을 한다고 생각하면 된다. 하이브리드
클럽을 우드로 생각하는 순간부터 심리적으로 부담되고 스윙이 어려워질 수 있다.

# 02 언제 하이브리드를 사용하면 좋을까?
## When to use hybrid club

**하이브리드 클럽을 사용하기 적절한 상황**

### 1. 페어웨이 경사가 약간 있는 경우 Sloped fairway

우드를 칠 거리지만 볼 위치가 경사면에 놓인 경우는 우드를 치기 쉽지 않다. 무리하게 거리만 생각하고 치게 되면 영락없이 낮은 탄도 볼을 치는 실수를 한다. 이 상황에선 크게 무리하지 않고 하이브리드를 치면 된다. 가장 중요한 부분은 볼의 위치를 중앙으로 옮겨 볼부터 컨택한다. 간결한 3/4 스윙 크기로 부드럽게 치면 오히려 우드보다 좋은 결과를 가져올 수 있다.

### 2. 러프에 놓여 있는 경우 In the rough

볼이 러프에 있는 경우 롱 아이언 공략이 쉽지 않다. 긴 잔디로 인해 클럽헤드가 쉽게 빠져나가지 못해 실수하는 경우가 대부분이다. 러프 종류에 따라 차이가 있겠지만 아주 심한 러프가 아닌 이상은 롱 아이언 대신 하이브리드 클럽을 선택하는 것이 현명하다. 볼 위치는 중앙으로 볼 1개 정도 옮겨주게 되면 볼 먼저 컨택하는데 도움이 된다. 왼손 그립을 약간 강하게 잡아 뒤틀리는 클럽헤드를 제어한다. 또한 클럽을 내려 잡는 것도 방향 컨트롤에 도움이 된다.

### 3. 페어웨이 벙커에 놓인 경우 In the fairway bunker

페어웨이 벙커에서 롱 아이언 대신 하이브리드를 사용하면 탈출하기가 수월하다. 일반적인 그린 주변 벙커와 약간 다른 셋업만 해주면 된다. 셋업 시 발을 조금만 누르면서 스탠스를 취하는 게 좋다(일반 벙커는 조금 많이 누른다). 그립을 약간 내려 잡고 상체와 턱을 숙이지 말고 세워주는 느낌을 갖는다. 스윙은 3/4 크기로 간결한 백스윙을 만들고 다운스윙 시 볼만 걷어 친다는 느낌으로 부드럽게 스윙한다. 하체 회전이 제한적이여도 괜찮기 때문에 오른발이 붙어 있어도 된다.

페어웨이 벙커는 그린 주변과 다르게 모래보다 볼을 가격해야 좋은 결과가 나온다. 상체를 조금 세워주고 발을 많이 묻지 않는 이유가 여기에 있다.

## 하이브리드 클럽을 사용하기 적절하지 않은 상황

### 1. 맞바람이 심하게 불 때

하이브리드 클럽의 장점은 롱 아이언에 비해 볼 탄도가 높다는 점이다. 하지만 맞바람이 심하게 불 때 상황은 약간 다르다. 맞바람이 불면 상대적으로 높은 탄도보다 낮은 탄도가 유리하기 때문이다. 볼의 탄도가 뜨면 맞바람에 부딪치면서 위로 치솟는 상황이 나온다. 미들 아이언 사용이 가능하면 대체하면 된다. 부득이 쳐야 한다면 볼 위치를 중앙 기준에서 오른발로 옮겨 약간 낮은 탄도를 시도해도 된다. 단지, 구력이 없는 골퍼는 추천하지 않으며 연습장에서 연습을 하고난 후에 시도하는 걸 권한다.

### 2. 거리가 애매하게 남은 뒷핀 상황

많은 아마추어 골퍼들은 조금만 긴 거리가 남으면 하이브리드를 치는 상황을 본적이 있다. 남은 거리가 충분하고 상황이 충족되면 상관이 없다. 하지만 잘 맞으면 뒤로 넘어가는 애매한 거리가 남은 상황이면 적극 권장하지 않는다. 그린 뒤쪽으로 넘어가면 숏게임이 어려운 상황이 만들어지기 때문이다. 골프 코스 설계자들의 주된 의도는 그린 앞쪽에서 공략을 하기 쉽게 디자인을 한다. 실력이 출중한 프로들도 그린 뒤보다 짧게 앞이나, 또는 핀보다 짧은 옆에서 숏게임을 시도하는 것을 볼 수 있다. 핀 위치가 뒤에 있는 경우엔 뒤로 넘어가는 샷보다 약간 짧은 샷이 숏게임을 하기 훨씬 수월하기 때문이다. 하이브리드 클럽이 잘 맞는 경우 그린을 넘길 수 있다는 판단이 서면 아이언으로 공략을 하는 것을 권한다.

## 하이브리드 클럽을 적극적으로 권장하는 골퍼

많은 프로들도 본인의 플레이 스타일과 코스 셋팅에 따라 하이브리드와 유틸리티를 클럽 구성에 포함시킨다. 롱 아이언보다 여러모로 다양하게 사용될 수 있기 때문이다. 높은 볼의 탄도와 체공 시간으로 비거리를 늘릴 수 있고, 그린 착지 후에 런 발생률도 롱 아이언보다 적은 것도 크게 비중을 차지한다. 롱 아이언에서 좋은 결과를 보지 못한 경우엔 하루 빨리 하이브리드 클럽이 도움을 받길 바란다.

### 1. 힘이 없는 여성 골퍼와 시니어 골퍼

롱 아이언 개수를 줄이고, 하이브리드 클럽으로 대체하는 것이 바람직하다.

### 2. 손목 힘이 유난히 약한 골퍼

손목 코킹에 대한 부담감을 줄이면서 헤드 무게와 길이로 정확한 타점을 신경쓰면 된다.

## 3. 헤드 스피드가 느린 골퍼

강한 힘으로 빠르게 스윙하지 않아도 정확한 타점 위주의 스윙으로 충분한 비거리를 낼 수 있다.

## 하이브리드 클럽의 로프트 선택

하이브리드 클럽의 로프트는 다양하게 있다. 로프트 선택을 하는 기준은 본인이 어떤 클럽을 대체하기 위해 하이브리드를 사용하는지에 따라 달라진다. 골퍼마다 필요한 개수도 다르기 때문에 선택시 신중해야 한다. 클럽 구입시에는 주변 전문가에게 도움을 청하는 것도 좋은 방법이다.

- **3번 아이언** ➡ 하이브리드 20~21도
- **4~5번 아이언** ➡ 하이브리드 22~23도
- **14~18도 하이브리드** ➡ 5번~3번 페어웨이 우드

# 03 페어웨이 우드의 구성과 셋업에 대해 알아보자

**페어웨이 우드(Fairway Wood)는 당근과 채찍이 동시에 공존한다.**

페어웨이 우드도 하이브리드 클럽과 마찬가지로 다양한 클럽페이스 로프트(각도)를 형성하고 있다. 하이브리드와 다른 점은 클럽의 헤드 크기와 길이에 있다. 일반적으로 같은 클럽페이스 로프트라도 우드의 헤드 사이즈가 조금 더 크게 디자인이 되어 있다. 그런 이유에서 동일한 각도의 클럽을 사용했더라도 페어웨이 우드의 비거리가 조금 더 멀리 나가는 걸 볼 수 있다. 골퍼의 성향에 따라 우드와 하이브리드 중 선택을 하면 된다. 대부분의 골퍼들은 3번 우드 하나는 공통적으로 가지고 다니고 나머지 클럽 구성에서 본인 성향에 맞게 선택을 하고 있다. 여성 아마추어들은 주로 3번보다 4번 우드를 사용하는 경향이 많은데 볼의 탄도를 쉽게 높일 수 있기 때문이다.

페어웨이 우드는 드라이버 다음으로 길이가 긴 클럽이라 비거리가 멀리 가는 만큼 미스샷도 자주 발생한다. 개인적으로 3번 우드는 바닥에서 치는 클럽 중에 가장 어려운 클럽이라고 생각한다. 단지 비거리 때문에 우드의 유혹을 뿌리치지 못하는 것이다. 당근과 채찍을 동시에 제공하는 페어웨이 우드는 본인에게 맞는 클럽 구성을 하는 것이 매우 중요하다. 우드의 종류에는 3번, 4번, 5번, 7번, 9번 등이 있다. 보편적인 우드 구성에 대해 알아보도록 하자.

- **아마추어 남성:** 3번과 5번우드 or 5번우드를 하이브리드 클럽으로 대체
- **아마추어 여성:** 4번우드와 하이브리드(2~3개)
- **아마추어 시니어:** 4번, 7번 그리고 하이브리드(2~3개)

투어 선수들도 가끔 시합 코스에 따라 7번 우드를 사용하는 경우도 있다. 이는 런을 줄이기 위해 롱 아이언 대신 쓰는 것이라고 보면 된다. 아마추어 골퍼들도 자신의 필요성에 따라 선택을 하는 것이 현명하다. 예를 들어 드라이버 샷 이후 평균적으로 남는 거리에 맞는 클럽이나 주로 많이 치는 거리에 대한 우드 구성을 하는 것도 좋은 방법 중 하나다. 어떤 우드를 써야 하는지 정해진 게 없기 때문에 본인 기술력과 근력에 맞는 우드를 선택하는 것이 바람직하다. 우드를 선택할 때 본인의 드라이버 각도와 평균 거리, 하이브리드 클럽 구성을 함께 고려해야 좋은 클럽 구성이 만들어진다.

## 페어웨이 우드 셋업 Setup

우드의 셋업을 좀 더 쉽게 이해하려면 롱 아이언 셋업을 연상하면 된다. 볼의 위치는 왼발 힐과 중앙 사이에 놓으면 된다. 우드의 스윙 궤도는 스윙의 최저점이라고 보면 된다. 아이언은 다운 블로우(하향 타격)down blow, 드라이버는 어퍼 블로우(상향 타격)upper blow로 알고 있다. 우드는 사이드 블로우side blow라고 생각하면 조금 쉽게 이해할 수 있다. 옆에서 내리면서 스윙의 최저점에서 타격하게 되면 최소한의 다운 블로우가 섞여 있긴 하다. 하지만 아이언처럼 의도적으로 찍어치는 것이 아니기 때문에 넓은 솔sole을 이용해 옆에서 완만한 스윙 궤도를 만들면서 내려오면 최저점에서 컨택이 일어난다. 초보자 또는 여성 골퍼는 처음부터 3번 우드를 사용하기보단 4번 또는 5번 우드로 충분히 연습하고 탄도를 높이고 나서 3번 우드를 접하는 게 유리하다.

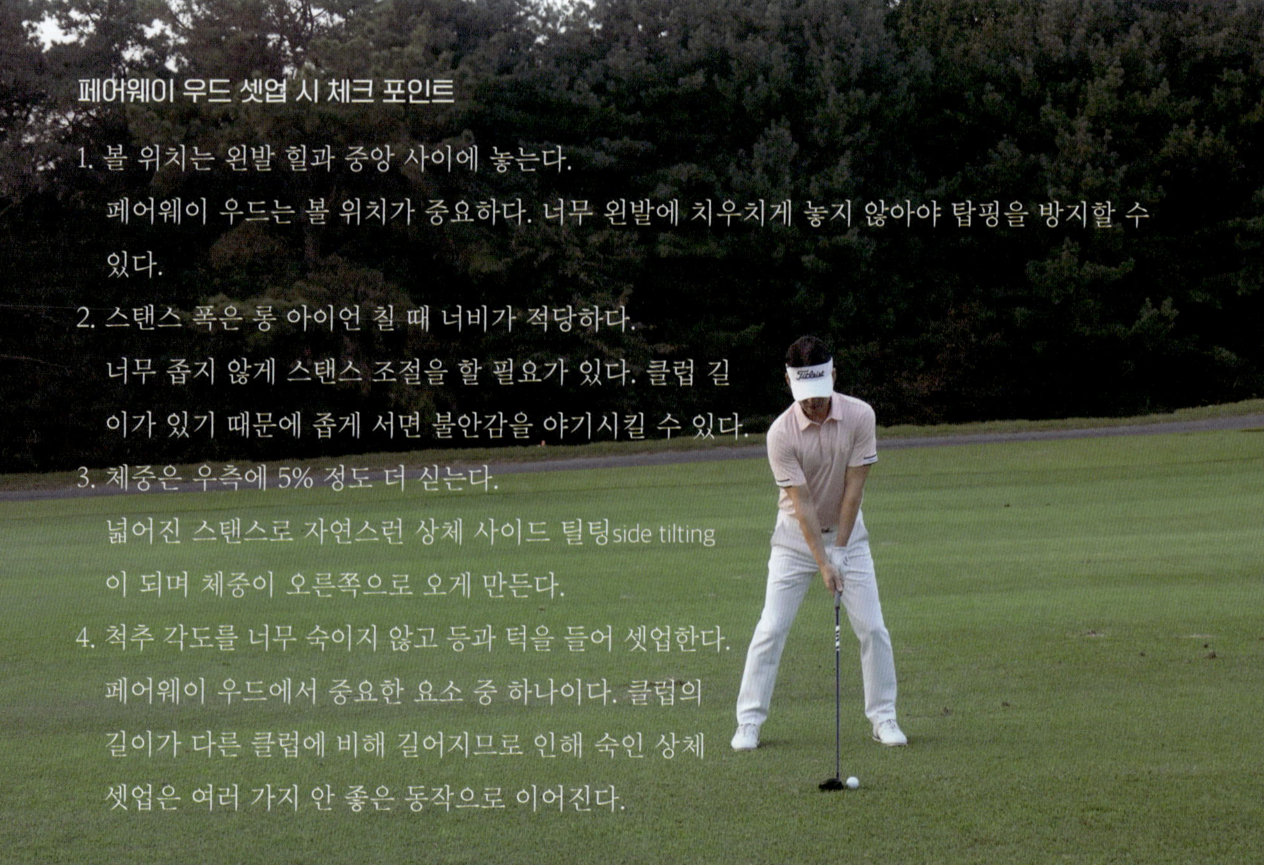

### 페어웨이 우드 셋업 시 체크 포인트

1. 볼 위치는 왼발 힐과 중앙 사이에 놓는다.
페어웨이 우드는 볼 위치가 중요하다. 너무 왼발에 치우치게 놓지 않아야 탑핑을 방지할 수 있다.
2. 스탠스 폭은 롱 아이언 칠 때 너비가 적당하다.
너무 좁지 않게 스탠스 조절을 할 필요가 있다. 클럽 길이가 있기 때문에 좁게 서면 불안감을 야기시킬 수 있다.
3. 체중은 우측에 5% 정도 더 싣는다.
넓어진 스탠스로 자연스런 상체 사이드 틸팅side tilting이 되며 체중이 오른쪽으로 오게 만든다.
4. 척추 각도를 너무 숙이지 않고 등과 턱을 들어 셋업한다.
페어웨이 우드에서 중요한 요소 중 하나이다. 클럽의 길이가 다른 클럽에 비해 길어지므로 인해 숙인 상체 셋업은 여러 가지 안 좋은 동작으로 이어진다.

# 04 페어웨이 우드 스윙 방법의 키 포인트를 알자
## Fairway wood

**우드 스윙은 척추 각도 유지가 메인이다(Maintaining thr spine angle).**

페어웨이 우드는 두 번째로 긴 클럽이기 때문에 굳이 비교하자면 아이언보다 드라이버 스윙 동작에 가깝다고 보면 된다. 단 볼의 위치도 다르고 드라이버 스윙처럼 어퍼블로우 동작은 절대 권장하지 않는다. 스윙 아크가 길고 크기 때문에 척추 각도의 유지가 드라이버와 비슷한 점이라 생각하면 된다. 셋업 시 만든 척추각을 중심으로 어깨와 몸을 좌우로 회전시키는 느낌으로 스윙해야 한다. 아이언 스윙처럼 너무 가파른 백스윙보다 충분한 어깨회전과 팔의 길이와 너비를 이용한 스윙을 해야 다운스윙이 너무 가파르게 내려가거나 올려치지 않고 완만한 접근각으로 최저점을 만들 수 있다. 긴 클럽의 길이로 인해 척추각을 유지하며 스윙 아크를 만드는 것이 쉽지는 않다. 특히 페어웨이 우드를 칠 때 거리를 내려고 하면 척추각이 위로 들리는 상황이 만들어지게 되면서 미스 샷이 발생한다. 우드는 타점만 제대로 되면 가장 먼 거리를 보낼 수 있다는 점을 인지하고 부드러운 리듬으로 피니쉬까지 자신있게 스윙하는 느낌으로 하면 좋다.

**페어웨이 우드 스윙 체크 포인트**

페어웨이 우드의 이점을 살리기 위해서 클럽의 솔sole(바닥)을 충분히 이해하고 스윙하도록 한다.

**1. 백스윙을 낮게 가져가며 척추 각을 유지한채 어깨 회전을 충분히 해준다.**

테이크어웨이 시 손을 과하게만 쓰지 않으며 클럽을 낮게 뺄 수 있다.

**2. 거리를 내려거나 띄우기 위한 복석이 아닌 정확한 타점 위주의 스윙으로 피니쉬까지 완성한다.**

우드의 유혹은 비거리를 내기 위해 강하게 치는 것이다. 타점이 중요하다는 사실을 잊지 말자.

### 3. 최저점에 도달하기 전에 팔뚝회전하며 풀어친다는 느낌을 갖는다.

팔이 임팩트까지 너무 끌리게 되면 클럽페이스가 열리가 된다. 미리 풀어주면서 들어와야 정확한 타점이 만들어진다.

### 4. 클럽헤드 스피드를 내기 위해 빠르고 급한 다운스윙 전환보다 부드러운 전환이 중요하다.

하체의 체중이동 전환이 없는 우드 스윙은 존재하지 않기 때문에 항상 하체와 같이 동시성과 연결성을 준비해야 한다.

### 5. 스윙 시 상체가 급하면 앞으로 나가면서 볼의 탄도가 낮게 출발해 거리 손실이 난다.

거리 손실은 물론이고 제대로 된 스윙 자체를 만들기 어려워진다. 피니쉬도 전혀 할 수 없는 스윙을 하게 된다. 체중이동 후 머리가 뒤에서 맞는 느낌이 있어야 한다.

### 6. 우드 스윙은 다운 블로우, 어퍼 블로우도 아닌 사이드 블로우로 친다고 생각한다.

이 말의 정확한 의미는 너무 찍어치거나, 들어치지 말라는 것이다. 이미 알고 있지만, 찍어치는 동작이 강하면 볼의 탄도가 전혀 나오지 않는다. 또한 들어치는 동작이 과하면 체중이 뒤에 남아 뒤땅과 탑핑과 같은 미스샷이 나온다. 이 둘 사이의 스윙을 말로 표현할 때 사이드 블로우라 하는 것이다. 사이드 블로우도 스윙 최저점에서 맞는 것이다. 스윙 데이터에도 마이너스(-)로 표기되는 것이 정확한 우드 샷이다. 다만 아마추어 골퍼의 기술력과 성별에 따라 +1 ~ -3까지의 접근각이 형성돼도 무난하다. 정확하게 우드는 다운 블로우로 치는 것이 맞지만, 너무 찍어치려는 의도를 줄이고자 사이드 블로우 스윙의 개념으로 이해하면 된다.

### 7. 낮은 스윙 플래인은 탄도를 높이지 못한다.

사이드 블로우를 치기 위해 백스윙 차체를 너무 뒤로 빼는 경우 백스윙의 위치가 낮아 에너지가 아래보다 옆으로만 전해지기 쉽다. 왼쪽으로 당기는 풀 샷과 낮은 탑핑을 유발하기도 한다.

### 8. 볼의 탄도가 낮을 시엔 로프트 각이 높은 클럽으로 먼저 연습한다.

먼저 모든 셋업이 정상적으로 만들었음에도 탄도가 안나는 이유를 알아보자. 클럽헤드 스피드가 느린 것인지, 기술력 문제인지에 대해 알아야 한다. 골퍼마다 탄도의 차이가 있음을 이해하고 본인에게 맞는 우드 로프트를 선택하는 것이 중요하다. 모두의 클럽 헤드 스피드는 같을 수 없다.

**상황에 따른 페어웨이 우드 치는 방법을 터득하자(Unusual circumstances).**

## 1. 경사면에 놓인 상황 Uneven lie situation

오른발이 높은 내리막과 오른발이 낮은 오르막 경사에서는 3번 우드보다 5번 우드를 치는 것이 유리하다. 3번 우드는 페어웨이 라이lie가 거의 평지임 때 사용하는 것이 효과적이나. 어떤 경우를 막론하고 경사면 상황에선 클럽을 1인치 정도 내려 잡고 볼 위치를 1cm 정도 중앙으로 옮기는 게 유리하다. 셋업도 다른 클럽을 사용할 때와 유사하게 어깨 라인을 지면과 비슷하게 위치시킨다.

## 2. 우드로 티샷하는 상황 Teeing off with the fairway wood

홀 전장 거리가 길지 않고 페어웨이가 좁은 상황에선 우드로 티샷을 할 때가 가끔 생긴다. 초보 아마추어 골퍼 입장에선 조금이라도 앞에서 치는 것이 목적이라 크게 와닿지 않을 수도 있지만 중상급 정도가 되면 좁은 페어웨이로 형성되어 있는 홀에서는 3번 우드를 잡는 경우가 자주 있다. 또한 드라이버를 치고 남는 거리가 애매할 때 역시 3번 우드를 잡기도 한다. 우드로 티샷을 할 때는 드라이버와 마찬가지로 티를 사용해도 된다. 티를 꼽지 않고 치는 프로들도 있지만 아마추어 골퍼가 따라하는 건 금물이다. 일단 티 높이는 새끼손가락 하나 들어갈 정도로 높이면 좋다. 가끔 뒷바람이 불 때 3번 우드가 높은 탄도로 인해 드라이버보다 많이 나가는 경우도 있을 수 있다. 높은 탄도로 인해 길어진 체공시간 때문이다. 이때 볼의 위치는 볼 반개 정도 왼쪽에 놓고 같은 스윙을 하는 것이 좋다. 드라이버처럼 스윙하려고 의식하면 너무 올려치는 동작이 강해 탑볼을 치는 경우가 발생한다. 너무 강하게 치려고 하기보다 머리를 볼 뒤에 두고 원래 치던 페어웨이 우드 스윙을 하면 티로 인해 볼의 탄도는 높이 뜨게 되어 있다. 티샷이라고 너무 다른 느낌을 주기 보다 약간의 볼 위치 정도만 바뀌도 좋은 결과가 나타난다.

## 3. 페어웨이 잔디 위에 있는 상황 on fairaway

페어웨이 잔디에 볼이 있다고 해서 자만하면 안 된다. 아무리 페어웨이 한가운데라도 연습장의 매트같은 평지 상황이 아니기 때문이다. 특히 우리나라 특성상 페어웨이도 약간의 경사면이 항상 존재하게 되어 있다. 또한 페어웨이 우드를 치는 만큼 에임을 신경쓰면서 방향성도 고려해야 한다. 평지성라는 안일함으로 너무 쓸어친다는 마음으로 스윙을 하게 되면 무조건 뒤땅을 치는 미스 샷으로 이어지기 쉽다. 조금이라도 발이 불편함을 느끼게 되면 셋팅을 바꿔주는 게 좋다. 그립을 조금 내려잡고 볼의 위치는 중앙에 놓는다. 힘으로 강하게 치는 스윙 대신 리듬있는 컴팩트한 스윙으로 볼을 끝까지 보고 스윙하자.

## 4. 러프에 놓인 상황 In Rough

러프에 놓인 상황에선 먼저 러프의 잔디 상태를 살피는 것이 중요하다. 볼이 잠길 정도로 깊고 빳빳한 성향의 잔디 러프에서는 숏 아이언으로 탈출하는 것에 집중하는 편이 낫다. 중간 러프 정도로 판단이 되면 몇 가지 사항을 준비해서 시도해 보자. 먼저 그립을 내려서 강하게 삽는 것이 중요하다. 일반적인 잔디보다 긴 러프의 잔디는 저

항이 강하기 때문이다. 볼 위치를 중앙으로 옮기고 다운 블로우 개념으로 아이언처럼 스윙한다. 볼의 탄도는 낮고 대부분 착지 후 런이 평소보다 많이 발생한다. 캐리 거리가 없는 관계로 거리는 크게 기대하지 말고 정확한 컨택과 방향성에 집중하는 것이 좋은 방법이다.

# 05 드라이버로 쇼를 보여주기 위해서는 기본기가 잡혀 있어야 한다

## 드라이버 샷의 이해와 중요도 Understanding the importance of a Driver

드라이버는 가장 긴 클럽이기에 스윙 아크도 길고 헤드 스피드도 빠르다. 이로 인해 비거리를 가장 멀리 보낼 수 있어 많은 골퍼들을 유혹되어 가장 연습을 많이 하게 되는 클럽이기도 하다. 드라이버 샷을 멀리 정확히 보낼 수만 있으면 세컨드 샷을 칠 때 짧은 거리가 남아 동반자들보다 유리한 위치에서 샷을 할 수 있다. 문제는 드라이버 샷을 정확히 치기가 가장 힘든 클럽이라는 점이다. 물론 다른 클럽들도 똑바로 치는 것이 쉽진 않지만 드라이버는 더욱 어렵다. 먼저 길이가 다른 클럽에 비해 가장 긴 44~46인치이고, 로프트 각도 또한 9~11도 정도 안팎이 되어 다른 클럽에 비해 정확한 타점을 만들기 쉽지 않다. 그야말로 스피드와 기술의 정교함이 동시에 필요한 샷이라고 볼 수 있다. 여기에 대부분의 골퍼들의 거리 욕심이 더해져 힘을 주체 못하는 스윙으로 골퍼들은 심각한 스트레스를 겪곤 한다. 프로들도 미스 샷이 심한 경우 간혹 드라이버 입스yips에 빠지기도 한다.

드라이버 스윙은 다른 클럽을 모두 다뤄보고 접하는 편이 바람직하다. 아무래도 길이가 짧은 클럽을 경험하고 난 후 드라이버 스윙을 접하는 편이 유리하다. 드라이버를 잘 치면 가장 강력한 무기가 될 수 있지만 초보 땐 거의 좌우 방향으로 휘어지게 친다. 투어선수들도 멀리 정확히 칠 수 있는 선수는 그다지 많지 않다. 당연히 아마추어 골퍼들도 두 가지를 다 할 수 없어 처음에는 스윙궤도와 기본기를 익혀 정확도를 향상시키는데 집중하는 편이 현명하다. 특히 초보 골퍼는 비거리보다 정확한 드라이버 샷을 치는 연습이 중요하다.

드라이버는 다른 클럽에 비해 스윙궤도가 중요하다. 길이와 각도 때문에 조금만 틀어져도 미스 샷 비율이 높아지게 된다. 처음에는 거리보다 정확도를 위한 요소에 집중하고 풀파워에 70% 정도 스윙을 하자. 점차 기술이 향상되면 자연스럽게 비거리가 조금씩 향상되는 것을 느낄 수 있을 것이다.

> ※ 입스(yips)
> 골프에서 스윙 전 샷 실패에 대한 두려움으로 발생하는 각종 불안 증세(근육 경직, 떨림)

**클럽 길이가 에임을 어렵게 만든다(Length of the club).**

드라이버의 에임이 쉽지 않은 이유는 클럽의 길이 때문이다. 길이가 가장 긴 클럽이라 몸과 볼의 간격이 가장 멀다. 또한 무의식 중 거리에 대한 의식이 있어 에임에 대한 절차보단 치기 위한 준비에 몰두하는 경우가 많다. 먼저 드라이버 클럽의 에임 설정은 멀리 있는 곳이 아닌 바로 앞을 목표로 정해야 쉽다. 대부분의 골퍼들이 거리에 대한 의식으로 인해 먼 곳을 타겟을 만들어 에임을 정한다. 오른손 위주의 골퍼는 대체적으로 우측 방향으로 서는 경향이 있다. 이 부분을 인지해서 에임 연습 과정에서 세밀하게 체크할 필요가 있다. 에임을 다루는 섹션에서 설명했듯이 에임은 프로들조차 어려워하는 부분이라 반복적인 연습과 라운드 경험이 필요하다(에임에 대한 디테일한 부분은 에임 섹션을 참고하면 도움이 된다).

## 드라이버 에임 시 체크 포인트

1. 아이언 클럽과 달리 볼이 티 위에 있기 때문에 너무 숙인 자세보다 등을 곧게 펴고 턱을 조금 든다. 오른쪽 어깨는 약간 낮춘다. 하복부에 살짝 힘이 들어가면서 약간 서있는 느낌이 드는 것이 좋다.

무릎은 너무 굽힌 자세는 티 위에 있는 볼을 상향 타격하기 어렵다. 어느 정도 다리에 버티는 느낌을 위해서 무릎은 약간만 구부리는 것이 도움된다. 최종 셋업 후 다리 뒤쪽 허벅지 햄스트링hamstring 부위에 힘이 들어가는 자세가 바람직하다.

2. 어드레스 시 두 발을 모아 클럽을 셋업하는 것이 타겟 라인과 몸의 정렬을 마추기 훨씬 수월하다.

많은 아마추어 골퍼들의 공통적인 실수는 우선 순위를 볼과 스탠스에 먼저 집중하면서 클럽과 타겟을 먼저 맞추는 과정에 신경쓰지 못한다. 두 발을 모으면서 클럽페이스와 타겟에 집중하고 나서 최종 정렬과 스탠스를 잡아도 방향 감각을 놓치지 않는다.

3. 어드레스 시 양쪽에 위험 지역이 보여도 본인이 보내고 싶은 방향만 바라보는 이미지를 그려보자.

위험 지역에 집중하게 되면 자신감 있는 스윙을 하지 못하고 결국 위축되는 스윙을 하게 된다. 샷에 대한 결과에 집착하지 말자. 기술이 부족해서 샷의 방향과 거리감이 안 맞을 수 있지만 에임을 잘못 서거나 머리가 복잡하고 결정되지 않는 상황에서 아무것도 바랄 수 없다. 이미지 루틴 연습은 시간이 오래 걸리고 자신만의 노력이 필요하다. 하지만 반복적인 연습을 통해 루틴으로써 몸에 습득하게 되면 매번 자신도 놀라울 정도의 결과를 낼 수 있다.

**4. 준비를 마쳤으면 오래 생각하지 말고 바로 스윙을 시행하는 것이 바람직하다.**

샷에 대한 모든 생각은 볼 뒤에 서서 페어웨이를 바라보며 마치는 것이 좋다. 어드레스 이후 생각이 많게 되면 몸이 긴장되어 경직된 스윙을 하게 된다. 경직되는 몸을 만들지 않기 위해서도 반복적인 루틴이 필요한 이유다.

# 드라이버 셋업의 메인 포인트를 알면 쉽다
# Key point for easier driver setup

드라이버 셋업은 다른 클럽들과 약간 다른 점이 있다. 먼저 볼을 높은 티 위에 올리는 것과 볼 위치가 가장 왼쪽으로 이동했다는 점이다. 물론 다른 클럽도 티샷의 경우 티를 사용하지만 드라이버만큼 티를 높이 올리지 않는다. 이런 셋업을 만든 이유는 드라이버 스윙을 올려치기 위해서다. 아이언은 다운 블로우로 치고, 드라이버는 어퍼 블로우로 친다고 언급한 적이 있다. 중앙 기준으로 왼쪽으로 옮긴 볼 위치는 최저점을 지나 올라가는 상향 타격을 하기 위함이다. 상향 타격에 도움을 주기 위해서는 볼 위치와 함께 몸의 위치도 만드는 것이 중요하다. 드라이버 셋업에서 척추의 기울기tilting와 숙인bending 각도가 매우 중요하다. 척추 각도 기울기에 따라 스윙궤도가 올려칠 수 있는 어퍼 블로우upper blow가 형성되기 때문이다. 셋업에 중요한 메인 포인트에 대해 알아보도록 하자.

**좋은 드라이버 샷을 위한 기본 셋업**

1. **볼 위치는 왼발 힐 안쪽에 놓는다. 정확하게 상체 기준으로는 왼쪽 팔이 조여주는 겨드랑이 위치가 최적이다.**

너무 왼발 앞꿈치 쪽에 놓으면 상체가 쫓아나가는 스윙 또는 깎아치는 스윙이 나올 확률이 높다.

2. 척추의 축이 오른쪽으로 살짝 기울게(틸팅) 셋업한다. 많은 아마추어 골퍼들이 오른쪽 어깨가 앞으로 나오는 셋업이 쉽게 만들어진다(볼 위치가 왼쪽이라 상체까지 돌아서게 된다).

척추의 축을 기울일 때 하체는 중앙에 위치하고 상체만 오른쪽으로 움직이면 된다. 자연스럽게 오른쪽 골반이 내려가는 자세를 만들어야 어퍼 블로우 스윙이 수월하다.

3. 상체를 숙이고 팔에 힘을 너무 빼면 양팔이 너무 구부러지게 된다. 척추 각을 너무 숙이지 말고 턱을 약간 드는 느낌으로 선다. 어깨 아래로 팔을 부드럽게 늘어뜨리면서 그립을 빨래 쥐어 짜듯이 잡고 손의 움직임을 주면서 긴장을 푼다.

상체 힘을 빼려고 앉는 자세를 취하고 척추각이 너무 내려가면 팔이 구부러지고 스윙 아크가 좁혀져 힘 있는 스윙을 하기 어렵다. 또한 백스윙 시 척추각의 위아래 움직임도 스윙에 도움되지 않는다.

4. 스탠스를 어깨 너비보다 약간 넓게 서고 체중은 오른쪽에 60% 둔다. 양발 앞꿈치는 11자보다 15도 정도 살짝 열어주는 것이 좋다.

체중을 오른쪽으로 좀 더 싣는 이유는 쉽게 올려치는 스윙궤도를 만들기 위해서다. 양발 앞꿈치를 15도 정도 오픈 시키는 이유는 백스윙 시 스웨이(옆으로 밀리는 동작)를 방지하기 위함이다.

5. 하복부를 등쪽으로 살짝 밀어주면서 뒷벅지(hamstring)와 힙(hip)에 견고한 힘을 느낀다. 양발은 지면을 잡고 있는 느낌을 갖는 것이 좋다.

하복부에 힘을 넣을 수 있으면 아래허리가 꺾이는 자세를 방지하며 몸통 회전 시 좋은 꼬임을 만들 수 있다. 발은 지면과 좋은 접지력을 유지하기 위해 견고하게 잡는 연습이 필요하다. 발에 힘이 없는 자세에서는 결코 자신의 최대치의 힘을 활용하는 스윙을 만들 수 없다.

6. 등을 너무 펴려고 하면 힘이 들어가 몸통 회전에 지장을 준다. 편한 회전이 될 수 있게 상체보다 하체에 견고한 느낌을 갖자.

몸 전체에 힘을 줄 수는 없다. 그렇다고 다 뺄 수도 없는 일이다. 이 말은 몸의 어딘가는 힘이 들어가야 하는데 상체보다는 하체에 힘이 더 있는 것이 유리하다고 생각하면 좋다. 지면에서부터 올라오는 힘을 팔로 전달한다는 느낌으로 생각하면 상체 힘이 들어가는 것을 방지할 수 있다. 상체는 척추의 각에 신경 쓰는 것이 좋다.

# 07 드라이버는 스윙 아크가 중요한 역할을 한다
## Driver swing Arc

드라이버의 스윙 아크가 중요한 이유는 길이가 긴 클럽이기 때문이기도 하다. 짧은 클럽의 경우는 스윙 아크가 좁아도 크게 지장을 받지 않지만 드라이버의 경우는 다르다. 드라이버 스윙 아크가 좁아지게 되면 임팩트 순간까지 스윙 순서가 유지되기 어렵다. 특히 대근육을 이용한 스윙의 동시성 동작을 구현하기 어려워져 불필요한 손동작이 개입되기 쉽다. 테이크어웨이 동작에서 언급했듯이 테이크어웨이부터 스윙 길이를 잘 활용해야 전체 스윙의 아크가 깨지지 않는 스윙을 만들 수 있다.

효율적인 스윙 아크를 만들기 위해서는 오른팔의 역할이 중요하다. 스윙 시작과 함께 너무 빠르게 접는 오른팔보다 어깨와 팔이 이루는 삼각형을 유지하는 과정이 필요하다. 스윙 아크를 통하여 파워를 최대로 축적할 수 있는 방법이기도 하다. 그렇게 하기 위해서는 백스윙 때 클럽을 팔로 들어 올리거나 손목 코킹을 너무 일찍 하지 말고, 클럽헤드를 지면에 가까이 낮고 길게 빼서 어깨 회전이 넓게 이루어지도록 해야 한다. 이때 머리가 너무 많이 이동하지 않도록 우측 골반이 반대 방향(타겟)으로 살짝 돌아주는 것이 꼬임을 만드는 부분에 있어 훨씬 더 효과적이다. 이 동작은 탑 스윙 포지션에서 올바른 꼬임을 만들 때 언급했었던 동작이기도 하다. 이처럼 골프 동작의 메카니즘은 기본기부터 모두 연결이 되어 있다고 생각하면 된다.

이경훈 프로 PGA Tour

스윙 아크 크게 만드는 방법 체크 포인트 Making a swing arc

### 1. 클럽헤드를 낮고 길게 뺀다.

오른팔이 일찍 접히지 않게 손목 코킹 타이밍까지 유지하는 연습이 필요하다.

### 2. 어깨 회전이 넓게 이루어지면서 스윙 아크가 커진다.

팔 움직임과 손목 코킹 지점을 함께 조율하는 것이 중요하다.

### 3. 손목 코킹을 너무 일찍 하지 않는다.

손목 코킹 타이밍에 여유를 갖는 것이 중요하다.

### 4. 팔로만 들어 올리는 동작은 전체 순서에 지장을 준다.

드라이버 스윙을 가장 어렵게 만드는 동작은 팔만 위주로 들어 올리는 동작이다. 드라이버는 클럽이 길기 때문에 무엇보다 순서와 밸런스가 중요하다. 팔, 어깨, 몸통, 골반의 순서가 지켜지며 연결성이 좋아야 드라이버 스윙이 큰 무리없이 만들어진다.

**드라이버 스윙은 밸런스와 위치를 중시한다(Balance & Position).**

이미 완벽한 셋업을 통해 이상적인 스윙궤도를 만들기 위한 준비가 50% 이상 완성됐다고 본다. 드라이버 스윙에서 두 가지 정도만 지키려고 신경써보자.

### 1. 드라이버 스윙을 강하게 치는 목적보다 밸런스 있는 스윙을 하려고 연습하자.

앞에서 말했듯이 골퍼들의 내면에는 드라이버를 멀리 강하게 치려는 기본 욕망이 내제되어 있다. 이 유혹을 떨치기 위해선 본인만의 목표가 있어야 한다. 목표를 밸런스 있는 피니쉬로 잡으면 아주 부드러운 스윙 연습을 할 수 있다. 피니쉬 섹션에서 언급했듯이 좋은 피니쉬를 잡으려면 강한 동작보다 리듬있는 스윙이 필요하다고 배웠다. 어쩌면 드라이버를 위한 동작이라고 할 수도 있다.

## 2. 머리 위치를 뒤쪽에 두고 임팩트한다.

드라이버 스윙 시 자주 나오는 실수는 드라이버가 찍혀 맞는 경우다. 강한 상체 동작이 앞서 머리가 뒤에 남지 못하고 앞쪽으로 나가기 때문이다. 물론 머리를 아예 뒤에 두라고 하는 말은 아니다. 다만 과한 머리 이동이 있게 되면 여러 가지 불안한 요소가 생겨 드라이버 스윙에 문제가 생긴다. 볼이 찍혀 맞아 거리가 나지 않고 하늘로만 높이 올라가는 스카이 샷이 나온다. 또한 팔과 클럽이 앞으로 나가 깎여 맞는 동작으로 인해 심한 슬라이스 구질이 생긴다. 드라이버 스윙에서 필요한 상향 타격 어퍼 블로우가 안 되는 경우다. 게다가 임팩트 후에 양팔을 뻗어주는 릴리스 동작 역시 만들기 어렵다. 연습 시 눈의 시선 처리를 연습하는 게 중요하다. 다운스윙 시 눈의 시선은 볼에 두고 임팩트 이후엔 오른발 앞꿈치를 쳐다보는 연습을 해보자. 릴리스 동작까지만 머리를 볼 뒤에 두는 연습을 통해 상향 타격 연습을 한다. 피니쉬 동작까지 만들려고 하면 이 연습의 의미가 희석될 수 있다. 부분 연습을 통해 체중이동과 머리 위치를 느껴보도록 하자.

# 드라이버 샷 페어웨이 안착률을 높이는 방법을 알아야 한다
## Fairway regulation

드라이버의 최종 목표는 비거리보다 페어웨이 안착이 우선이다. 이 때문에 초보 골퍼일 때는 더욱 거리 욕심을 버려야 한다는 말을 자주 듣는다. 티 박스에서 보게 되면 양옆으로 OB 지역과 위험 지역들이 페어웨이와 함께 놓여 있다. 좌우 위험 지역을 피해 안전하게 페어웨이에 안착하는 것이 효율적인 게임 운영을 하는 것이다. 페어웨이 안착률을 높이기 위한 몇 가지 해법에 대해 알아보자.

**페어웨이 안착률을 높이는 방법 체크 포인트**

### 1. 그립을 짧게 내려잡는다.

어드레스 시 그립을 2cm 정도 내려잡고 셋업을 한다. 그립을 내려잡으면 약간의 거리 손실을 볼 수 있지만 방향의 정확도는 높아진다.

### 2. 풀 파워 대신 70% 스윙을 한다.

스윙 모양은 풀 스윙을 할 때와 유사하지만 힘을 100% 쓰기보다 70~80% 정도로 스윙하고 밸런스에 신경쓴다. 야구에 비해 말하자면 홈런이나 장타가 아닌 단타를 친다는 리듬감 위주의 느낌으로 스윙한다.

### 3. 상체보다 하체 위주의 셋업과 스윙을 한다.

상체에 힘이 많게 되면 여러 가지 어려운 상황을 만든다. 다운스윙 시 깎아치거나, 찍어치고 또는 들어치는 현상은 강한 힘을 주체 못하기 때문이다. 상체가 힘이 들어가 몸이 나가면서 찍어치게 되면 볼이 위로 높이 뜨거나 왼쪽 방향으로 걷잡을 수 없이 당겨진다. 또한 상체가 먼저 나가 깎아치게 되면 심한 슬라이스로 인해 우측으로 심하게 휘는 볼을 치게 된다(아마추어 골퍼 90%가 슬라이스를 못 고치고 골프를 그만둔다). 마지막으로 들어치는 동작은 상향 타격을 만들고자 힘으로 팔을 너무 빨리 내리는 동작으로 올바른 체중이동 전에 손목 각도가 풀려 뒤땅을 치는 경우를 말한다. 모두 다운스윙 순서를 무시하고 강한 상체가 먼저 움직여 생기는 현상이다. 셋업과 스윙할 때 상체는 팔과 하체의 연결 역할만 견인한다는 느낌으로 스윙하면 페어웨이 안착률이 좋아진다.

## 4. 드라이버만 정답이 아니다.

페어웨이가 좁고 거리가 짧은 홀에서는 드라이버 대신 3번 우드나 하이브리드 클럽을 사용해서 티샷을 해도 무관하다. 티를 꽂을 수 있기 때문에 볼을 띄우기도 바닥에서 치는 것보다 수월하고 거리도 더 멀리 나간다. 본인의 평소 거리를 파악하고 벙커와 같은 위험지역에 떨어지는 것도 미리 방지하는 것도 좋은 방법이다. 코스 설계사들은 볼이 떨어지는 랜딩(IP) 지점에 벙커 또는 위험 지역을 설계한다. 거리가 짧은 홀에 벙커가 많은 이유가 여기에 있다.

## 5. 페어웨이 지키는 마인드를 갖자.

페어웨이가 좁거나 위험 지역이 많은 것에 집중하기보다 본인이 보내고 싶은 지점의 이미지를 그리는 연습이 중요하다. 스윙도 가장 잘 맞았을 때 느낌이나 연습장에서 하듯 편안한 마음으로 스윙을 한다는 마인드를 갖도록 하자.

# 09 드라이버 장타를 치는 비결을 알고는 있자
## Gaining distances with a driver

초보 골퍼에게 처음부터 장타를 치라고 권하지 않는다. 거리 욕심이 생기면 스윙의 기본기가 자리잡기 전에 깨지기 때문이다. 기본적인 근력이 있고 몸을 사용하는 인지 능력이 좋은 골퍼는 어느 정도 구력이 생기면 거리에 대해 본능적으로 관심을 갖게 된다. 누구나 장타를 칠 수 없다는 건 모두가 아는 사실이다. 솔직히 말하면 장타도 타고나야 유리하기 때문이다. 하지만 장타만큼 중요한건 정타를 치는 것이다. 제대로 정타를 쳐야 장타를 생산할 수 있다. 골퍼의 의무는 본인의 최대 스피드에서 강하게 칠 수 있는 기술을 배우는 것이다. 지금부터 장타를 치기 위한 요소에 대해 배워보도록 하자.

**비거리를 위한 체크 포인트**

### 1. 클럽헤드 스피드 Clubhead Speed

일단 장타의 첫 번째 요소는 빠른 헤드 스피드가 우선이다. 빠른 스피드가 있어야 다른 기술을 다듬어서 제대로 된 장타로 만들 수 있다. 헤드 스피드를 높이려면 그립의 악력이 중요하다. 그립 악력에 관해서 그립 섹션에서 주로 언급되었지만 다시 한번 리뷰해보자. 헤드 스피드를 높이려면 먼저 본인의 그립 악력을 이해해야 한다. 그립을 너무 약하게 쥐면 클럽 페이스 컨트롤이 안돼서 임팩트 때 헤드의 뒤틀림이 발생한다. 너무 강하게 쥐면 팔뚝의 회전이나 손에서 느끼는 클럽헤드의 원심력이 느껴지지 않아 헤드 스피드가 떨어진다. 클럽을 잡고 손목을 돌려 원을 그릴 수 있게 만들다. 클럽을 반대로 잡고 샤프트 무게를 스윙해서 스피드를 느끼는 것도 좋은 방법이다. 또한 반대로 드라이버 헤드보다 무거운 도구를 사용해 연습 스윙을 해도 스피드 향상에 도움이 된다. 본인의 악력을 잘 이해하고 클럽헤드와의 일치감을 느낄 수 있는 정도의 악력을 만들어 스피드를 낼 수 있는 연습을 해보도록 하자.

너무 무리하게 스피드를 내려고 하면 부상 위험이 있을 수 있으니 충분한 스트레칭 후에 스피드를 점진적으로 향상시키는 것이 중요하다.

## 2. 임팩트 타점 Centerness of Contact 스매쉬 팩터 Smash Factor(데이터 분석 시 사용)

임팩트 시 타점이 중요한 요소가 되는 이유는 정타에 벗어나게 되면 최소 5m, 최대 20m 정도 거리 손실이 생기기 때문이다. 타구의 거리뿐 아니라 타구의 질과 방향에도 영향을 미친다. 헤드 스피드는 선천적으로 타고난다고 말하기도 하지만, 타점의 정확도는 후천적 기술을 통해 만들 수 있는 요소라고 말한다. 실내 연습장에 마련된 시뮬레이터 데이터를 통해 확인할 수 있다.

## 3. 클럽헤드의 접근각 Angle of Approach 어택 앵글 Attact Angle

클럽헤드의 접근각이 어떤 각으로 들어와 타격이 되느냐에 따라 볼의 타점, 탄도, 그리고 방향에 영향을 미친다. 앞서 배웠듯이 각 클럽마다 길이와 페이스 각도 그리고 볼 위치에 따라 접근각이 조금씩 다르게 형성된다.

위 3가지가 장타를 위한 비거리에 영향을 미치는 가장 큰 요소들이다. 셋 중 하나의 요소가 불안하거나 기술이 실종된다면 진정한 장타는 있을 수 없다. 이제부터 3가지 요소들의 완성도를 충족시키기 위한 기술 동작에 대해 알아보도록 하자.

## 장타를 치려면 상하체의 확실한 꼬임을 만들어라(Body coiling)

백스윙 시 다운스윙을 위한 힘을 비축하기 위해서는 확실한 꼬임을 만들어야 한다. 꼬임에 있어 중요한 부분은 백스윙 과정에서 하복부(코어)의 힘을 놓치지 말아야 하는 전이다. 누구나 장타의 욕심은 있지만, 코어의 힘을 유지할 수 있는 시점까지만 움직여야만 좋은 꼬임을 가질 수 있다. 팔로만 지나치게 만든 오버스윙, 또는 허리까지 과도하게 회전되어 상하체 꼬임이 깨지는 경우가 종종 있다. 스윙의 폭이 너무 머리 뒤까지 넘어가게 되면 오버스윙이 된다. 오버스윙의 단점 중 한 가지는 다운스윙 시 내려오는 접근 각도가 너무 가파르게 형성되어 백스핀량이 발생하여 런이 줄어들게 된다.

## 드라이버 장타를 위한 체크 포인트

### 1. 어깨 회전을 충분히 한다.

어깨 회전은 장타를 위한 필수 조건이다. 단지 위에서 언급했듯이 하복부와의 꼬임에 적절히 부합할 수 있게 만들어 주는 것이 중요하다. 양발의 체중을 지면에 밀착시키고 적당한 그립 악력과 상체의 힘을 빼고 어깨를 돌리면 하체와 만나는 지점에서 걸리는 느낌을 갖게 된다. 가동성이 좋은 골퍼는 등판이 타깃을 향할 정도까지 하면 유리해진다.

### 2. 샷에 체중이 실리면서 왼다리가 기둥처럼 버텨준다.

필자가 개인적으로 생각하는 장타를 위한 가장 중요한 요소이다. 많은 골퍼들이 가동성에 대한 활성화 대비 안정성이 떨어지기 때문이다. 체중을 왼쪽 다리에 실어주고 나서 제어하는 동작도 따라줘야 뒤따라오는 팔과 클럽의 가속으로 빠르고 강한 임팩트를 만든다. 앞서 다운스윙과 임팩트 섹션에서 설명했듯이 장타의 원동력은 왼쪽 다리의 견고함에 있다. 스피드가 빠르지 않을 때는 그다지 견고함을 요구하지 않지만, 빠른 스피드와 강한 임팩트를 하고자 할 땐 왼다리의 안정성, 즉 감속이 되면서 기둥처럼 버텨줘야 장타가 나온다. 무작정 빠른 회전만을 추구하는 하체는 스피드를 낼 수는 있지만 강한 타점을 만들기 쉽지 않다. 프로들도 평균 비거리는 비슷한데 볼의 방향이 정확하지 않은 선수들의 공통점은 볼을 정확하고 강하게 치지 못하기 때문이다. 왼다리의 버티는 힘이 좋아야 왼쪽어깨가 일찍 열리지 않고 임팩트를 만들어야 강한 타구를 만들어낸다. 가동→안정으로 이어지는 하체 움직임이 장타의 또 다른 비결이기도 하다.

## 장타를 위해 몸이 느끼는 체크 포인트

**1. 백스윙 시 어깨와 하복부로 인해 꼬이는 느낌이 든다.**

연습 후에 복부에 느낌이 올 정도면 제대로 된 동작으로 연습한 것이다.

**2. 다운스윙 전환 시 왼쪽 발바닥이 지면을 딛고 오른쪽 무릎은 않는 느낌.**

매우 중요한 연습 동작이다. 대부분 골퍼들은 무조건 쫓아가려고 발버둥치기 때문이다. 영문 대문자 A가 되는 연습을 하면 좋다.

**3. 임팩트 시 왼쪽 다리가 기둥이 되면서 왼쪽 골반이 위로 올라가는 느낌.**

왼쪽 다리가 안정성이 가동되기 위해서는 왼쪽 골반이 위로 올라가야 한다. 연습 시 위로 올리는 동작을 같이 해 보도록 하자.

**4. 임팩트 시 오른쪽 앞꿈치가 지면에 붙어있는 느낌과 머리가 뒤에 남아있는 느낌.**

오른발 앞꿈치는 머리를 최대한 남겨둘 수 있게 만든다.

**5. 릴리스 구간에서 팔이 뻗어지는 느낌과 오른쪽 어깨가 아래로 도는 느낌.**

어깨가 아래로 도는 느낌은 숙인 상태에서 평행으로 도는 것과 동일하다. 초보 골퍼들은 어깨가 아래보다 앞으로 나오기 때문에 쉽지 않은 동작이 될 수 있다. 릴리스 구간에서 팔이 뻗어지기 위해서도 어깨는 아래로 돌아야 한다.

# 10 위험을 감수해야 멀리 칠 수 있다
## Draw shot

드로우(draw) 샷 구질이 가장 멀리 나간다.

드로우 샷 구질은 볼이 오른쪽에서 시작해서 왼쪽으로 약간 휘는 구질을 말한다. 가장 멀리 가는 구질이지만 단점은 너무 왼쪽으로 많이 휘게 되면 정확도가 떨어져 위험할 때가 있다. 드로우 구질은 땅에 떨어진 후에 런이 발생하기 때문에 바람 부는 날에도 유용하고 샷의 전체 거리도 더 길어지게 된다. 드로우 샷을 치기 위해 셋업에서 몇 가지 자세를 조율해 보는 것을 배워보자.

**드로우 샷 셋업 체크 포인트 setup**

1. 정상적인 드라이버 셋업에서 오른발을 1~2cm 정도 약간 뒤로 빼서 클로즈(Close) 스탠스를 만든다.

**2. 그립을 너무 스트롱(strong) 그립으로 잡는 경우 훅이 유발하는 경우가 있을 수 있다.**

오른손이 강한 골퍼는 뉴트럴 그립을 잡는 것을 선호한다. 반드시 그립과 볼 구질에 따른 그립 선택을 해야 한다.

**3. 볼의 위치는 1개 정도 오른쪽으로 옮긴다.**

볼 위치가 정상적인 위치에선 클럽페이스 각도가 열릴 확률이 높다. 볼 위치를 오른쪽으로 옮김으로써 클럽페이스 각을 직각으로 만들기 수월해진다.

**4. 스윙궤도는 인 투 아웃으로 스윙한다.**

정확하게 말하면 오른발을 뒤로 뺀 라인대로 스윙을 하면 된다. 오른발이 뒤로 빠져 있어 발의 정렬이 1시 정도로 되어 있으면 인 투 아웃in to out 스윙을 하기 수월하다.

**5. 릴리스를 평소보다 적극적으로 하여 임팩트 때 페이스가 닫히도록 유도한다.**

스윙은 스탠스 방향 각도대로 하고 클럽페이스 각도는 스윙궤도보다 닫힌 느낌으로 스윙하면 어느 정도 드로우 구질이 생긴다. 너무 많이 닫힌 클럽페이스 각도는 심한 훅을 유발할 수 있어 유의해야 한다.

**6. 체중이동이 너무 빠르거나 앞쪽으로 유지되지 않게 충분히 뒤에서 쳐주고 피니쉬한다.**

체중이동은 하체 위주가 돼야 한다. 상체가 과하게 움직일 경우 컨택트 문제가 생길 수 있다. 반면에 체중이동이 덜 된 상태에서 오른발을 너무 뒤에 잡아두면 팔로만 잡아채는 스윙을 하게 되어 왼쪽으로 심하게 휘는 훅 구질이 나올 수 있다.

개인적으로 드로우 샷을 강하게 추천하지는 않지만, 방법은 알고 있어야 한번씩 연습을 할 수 있을 것 같아 소개한다. 특히 초보 골퍼에겐 드로우 샷은 어려운 샷이라는 점을 염두에 두고 연습하길 바란다. 초보 골퍼들은 반대 구질인 슬라이스를 본능적으로 더 쉽게 치지만 짧은 비거리와 방향 조절 때문에 어려움을 겪는다. 드로우 샷을 연습한다 해도 정확한 드로우 구질이 나온다는 보장은 없다. 하지만 한 가지 확실한 점은 슬라이스 방지에 적잖은 도움이 될 수 있다.

# 11 티 높이가 드라이버 샷에 미치는 영향이 있다
## The tee height affects the driver shot

드라이버 샷을 칠 때 티 높이는 정해져 있지 않다. 보편적인 티 높이는 클럽 헤드의 윗 부분이 볼 중간 높이로 오면 이상적인 높이라 한다. 아마추어 골퍼들은 매번 같은 티 높이를 마주지 못해 티에 고무를 장착해서 높이를 조절하기도 한다. 티 높이에 따라 볼 구질에 미치는 영향이 조금씩 달라질 수 있기 때문이다. 다시 말하면 티 높이는 평소에 본인이 치던 높이로 맞춰서 치는 것이 가장 안전하고 페어웨이 안착률이 높다. 여기 3가지 대표적인 티 높이에 대해 알아보도록 하자.

### 1. 일반적인 티 높이 Normal tee length

초보 골퍼와 일반적인 티샷 상황에 사용되는 티 높이다. 티에 있는 볼이 드라이버 클럽헤드의 반 정도가 올라온 높이다. 본인 스윙에 따라 정상적인 볼의 탄도와 거리를 낼 수 있다.

## 2. 하이 티 높이 High tee length

장타와 드로우 구질을 치기 위해 티 높이를 일반 높이보다 높게 꼽는다. 티를 높이면 더욱 올려치는 상향 타격이 형성되고 스핀량이 줄어 떨어진 후 런이 많이 발생하게 된다. 높은 티 높이 사이로 찍어치는 스카이 샷을 유발할 수 있어 초보 골퍼들에게 권장하지는 않는다.

## 3. 로우 티 높이 Low tee length

맞바람 또는 페이드 구질을 치기 위해 티 높이를 일반 높이보다 낮게 꼽는다. 티가 낮으면 볼의 구질이 낮게 가며 왼쪽에서 오른쪽으로 휘는 페이드 구질이 생긴다. 거리보다 정확도 위주의 드라이버 샷을 치기 위해서 프로들은 종종 사용한다. 낮은 티 높이로 인해 탑핑을 할 위험성이 있어 초보 골퍼들에겐 적극적으로 권장하지 않는다.

드라이버 샷을 칠 때 티 높이는 매번 일정한 것이 좋다. 간혹 플라스틱 티를 사용하며 티 높이를 맞추는 아마추어들을 볼 수 있다. 하지만 웬만하면 나무 티를 사용할 것을 추천한다. 이유는 나무 티를 사용하게 되면 본인의 스윙에 대해 피드백을 받을 수 있다. 만일 티가 부러지면 너무 찍어치는 스윙을 한다고 보면 된다. 나무 티가 자주 부러져 처음엔 조금 번거로울 수 있지만 시간이 지나면 티 높이 조절도 금방 손에 익혀진다.

## ∴ 우드 섹션을 정리하면서

하이브리드, 페어웨이 우드, 그리고 드라이버는 모두 거리에 대한 유혹을 뿌리치기 어려운 클럽들이다. 하지만 너무 처음부터 거리에 집착하다 보면 스윙 본연의 이미지를 잃어버리기 쉬운 클럽이기도 하다. 각 클럽의 기능을 알고 상황에 따라 활용하는 것이 중요하다. 아이언 클럽들과 달리 우드 종류의 클럽들은 상황에 맞게 선택하는 능력이 게임을 좌우할 수 있다.

# 볼은 언제나 내가 원하는 곳에 있지 않는다

Chapter 6

## 경사면 샷에선 공식을 외워라!

골프 코스와 연습장이 다른 이유는 여러 가지가 있다. 첫번째는 잔디와 매트의 차이도 있고, 긴장감 없이 한 클럽으로 여러 번의 샷을 칠 수 있는 점도 다르다. 이외 가장 큰 차이는 골프 코스는 크고 작은 경사면이 있지만 연습장은 평지에서 연습하는 부분이다. 페어웨이조차 미세한 경사를 끼고 있고 페어웨이를 벗어나면 더욱 큰 경사가 조성되어 있다. 평지가 아닌 경사면에서의 샷은 경사에 따라 변경된 셋업과 스윙을 해야 한다. 가장 큰 핵심은 어떤 경사이던 최대한 평지와 비슷한 셋업을 만들어야 한다. 지금부터 4가지 경사면의 샷에 대한 공식을 알아보도록 하자.

# 01

# 내리막 경사면 샷을 잘 다루는 비결이 있다
## Downhill lie

왼발이 낮은 내리막 경사는 가장 치기 까다로운 경사면 샷이다. 임팩트 구간을 버티는 하체 힘과 손목의 각도가 필요하기 때문이다.

## 내리막 경사의 흔한 오류 Common error

### 1. 임팩트까지 버티지 못해 뒤땅 또는 일어나며 탑핑을 친다.

왼발쪽에 힘이 끝까지 버티지 못하고 상체가 들려 타점 미스가 생긴다.

### 2. 낮은 탄도와 심한 슬라이스로 인해 방향과 거리조절이 어렵다.

경사면 샷에 대한 이해와 그에 맞는 셋업과 에임이 필요하다.

## 내리막 경사 셋업시 체크 포인트 Downhill lie Setup

### 1. 손 위치는 볼보다 앞에 오게 한다. 볼 위치는 스탠스 중앙에서 오른쪽으로 옮겨 놓는다.

뒤가 높기 때문에 지면을 먼저 치는 걸 방지하기 위해 손과 볼 위치를 옮긴다. 볼 위치가 뒤로 가면 손의 위치는 자동으로 앞으로 오게 되지만 의식을 갖고 앞에 두는 것이 실수를 줄인다.

### 2. 클럽을 로프트가 높은 클럽으로 교체한다(예: 6번 예정 → 7번으로 교체).

오른발이 높은 상황에서는 볼의 탄도가 낮기 때문에 로프트가 높은 클럽으로 교체한다. 체공 거리가 짧아지겠지만 원래보다 낮은 탄도라 착지 후 런이 발생한다. 제대로 된 타점이 이루어지면 거의 비슷한 거리를 확보할 수 있다.

### 3. 체중은 왼쪽에 비중을 두고 어깨를 지면의 경사와 최대한 평행하게 한다.

경사로 인해 체중이 왼쪽으로 쏠리는 부분을 스탠스를 약간 넓게 만들어 체중을 분배한다.

### 4. 오른쪽 무릎을 조금 구부려 경사면과 맞춘다.

오른쪽 무릎을 구부려 경사면과 어느 정도 평행하게 만들면서 안정감을 갖는다. 오른쪽이 너무 높을 시 다운스윙에서 가파르게 접근할 수 있어 신경써야 한다.

## 5. 타겟보다 살짝 왼쪽을 에임한다.

내리막 경사에서는 팔의 회전 동작이 쉽지 않아 약간 우측으로 휘는 구질이 나올 것을 대비한다.

내리막 경사 스윙 시 체크 포인트 Downhill lie swing

## 1. 코킹을 하며 바깥쪽으로 가파르게 3/4 정도만 백스윙을 한다.

왼쪽으로 쏠려있는 체중으로 인해 풀 스윙이 되지 않는다. 너무 팔로만 들지 않게 어깨회전도 동행하도록 한다.

## 2. 다운스윙 시 가파르게 내리되 손목 코킹을 유지한다.

다운스윙 시 상체가 급하지 않아야 손목 코킹 유지가 유리하다.

## 3. 클럽헤드는 경사면을 따라 낮게 가져간다.

반드시 왼쪽 다리가 버텨줘야 하고 임팩트까지 머리는 고정된 느낌을 갖는다.

## 4. 상체가 앞으로 나가면서 걸어가는 느낌으로 하면 클럽을 낮게 가져갈 수 있다.

들리는 동작을 방지하고 걸어나가면서 릴리스를 조율한다.

## 5. 피니쉬는 걱정말고 임팩트에 집중하자.

부분적인 피니쉬가 만들어질 것을 예상하고 정확한 타점에 집중한다.

# 02 오르막 경사면 샷은 기회가 될 수 있다
## Uphill lie shot

왼발이 높은 오르막 샷은 경사면 샷 중에서 가장 무난한 샷이다. 두 가지만 잘 지켜지면 오히려 좋은 기회로 전환될 수 있다. 첫째는 오르막 경사로 의해 탄도가 조금 더 높이 뜬다는 점이다. 두 번째는 경사면으로 인해 볼의 구질이 약간 왼쪽으로 휘어지는 드로우 구질이 발생할 수 있는 점을 고려해야 한다. 이에 알맞는 셋업을 준비하는 것이 기회를 살릴 수 있는 좋은 방법이다.

**오르막 경사의 흔한 오류 Common error**

**1. 오르막 경사를 의식해 너무 들어치는 스윙으로 인한 탑핑**

체중이동이 전혀 안 된 상태에서 과하게 올려치는 동작으로 인해 발생한다.

**2. 상체 위주의 스윙으로 당겨지는 풀 샷**

오르막 경사면에서는 제한적인 체중이동으로 인해 스윙이 당겨질 수 있다.

**오르막 경사 셋업 시 체크 포인트 Uphill lie Setup**

**1. 볼 위치는 중앙에 위치시키고 손 위치는 볼보다 앞쪽에 둔다.**

**2. 그립을 조금 내려 잡고 어깨를 경사면과 평행하게 한다.**

어깨 라인을 경사면과 맞춰야 좋은 컨택을 할 수 있다.

**3. 클럽 선택 시 한 클럽 긴 클럽을 선택한다(예: 6번 → 5번 교체).**

오르막 경사면으로 인해 로프트 각도가 높아져 볼의 탄도가 높게 뜨기 때문이다.

**4. 스탠스는 절대 넓히지 않고 동일하게 또는 살짝 좁히는 게 유리하다.**

오르막 경사에선 제한된 체중이동이 되기 때문에 오히려 넓은 스탠스가 더 불리하다. 스탠스를 줄여 하체가 어느 정도 움직일 수 있는 상태가 스윙하기 유리하다. 너무 가파른 경사면에선 너무 좁게 만들면 밸런스가 무너질 수 있어 중심을 잡을 수 있을 정도로 조정한다.

## 5. 왼발을 약간 오픈 시킨다.

원활한 하체 회전을 돕기 위해 왼발을 오픈 시킨다. 상체만의 스윙을 제어할 수 있는 역할을 하체의 역할을 통해 도움을 줄 수 있다.

## 6. 목표의 오른쪽을 향해 에임한다.

오르막 경사면에서는 상황에 의해 클럽페이스가 약간 닫히는 현상이 나온다. 이로 인해 생기는 드로우 구질을 위해 타겟 라인을 약간 우측으로 정한다.

오르막 경사 스윙 시 체크 포인트 Uphill lie swing

## 1. 머리를 고정하고 백스윙은 3/4 정도 스윙 크기로 한다.

경사면이기 때문에 머리 움직임을 최소화 시킨다. 스윙을 간결하게 만들어 임팩트에 중점을 둔다.

## 2. 오르막이라도 체중을 왼발로 이동시키며 다운스윙한다.

체중이동이 제대로 되지 않으면 볼이 왼쪽으로 당겨지는 훅 구질이 나오다.

## 3. 손이 앞에서 컨택트 되게 만든다.

손목 코킹이 임팩트까지 어느 정도 유지되면서 스윙해야 강하게 휘는 훅 구질을 제어할 수 있다.

## 4. 피니쉬는 되도록 짧게 만들고 임팩트에 집중한다.

피니쉬를 끝까지 할 수 없으니 간결하고 컴팩트한 스윙으로 마무리하자.

손목 코킹이 임팩트까지 어느 정도 유지되면서 스윙해야 강하게 휘는 훅 구질을 제어할 수 있다.

# 03 스탠스보다 볼이 낮은 상황엔 비밀이 있다
## Ball lied below the feet

볼이 발보다 낮은 상황도 만만하게 보면 안 된다. 스윙하기 편한 자세가 아니라서 정확한 임팩트를 하기 쉽지 않다. 이런 상황에도 무난하게 탈출할 수 있는 비법이 있다. 물론 여러 번의 연습이 필요하지만 전보다는 훨씬 더 좋은 방향성과 높은 그린 적중률을 만들 수 있다.

### 발보다 낮은 경사에서 흔한 오류 Common error

**1. 볼과 몸 간격이 적당하지 않아 탑핑 또는 생크가 난다.**

간격을 너무 좁게 서면 생크가 날 수 있다. 너무 넓은 간격은 탑핑을 유발한다.

**2. 왼쪽으로 당기는 풀 샷이 종종 나온다.**

이 상황에서 원래 구질은 약간 오른쪽으로 휘어가는 슬라이스 구질이다. 하지만 너무 하체를 고정한 나머지 상체로만 스윙하게 되어 왼쪽으로 당겨지는 풀 샷이 나온다.

### 발보다 낮은 볼의 셋업 시 체크 포인트 Below the feet setup

**1. 무릎을 구부리고 체중이 앞쪽으로 쏠리지 않게 만든다.**

발 아래쪽에 있는 볼과 비슷한 높이를 맞추기 위한 과정이다. 이때 체중이 너무 앞쪽으로 쏠리면 간격이 좁아진다. 반대로 체중을 너무 뒤에 두면 간격이 넓어지게 되어 체중을 중앙에 유지하는 것이 좋다.

**2. 볼 위치는 중앙에 두고 클럽은 한 클럽 길게 잡는다.**

첫 번째는 오른쪽으로 휘는 구질로 거리 손실이 발생한다. 두 번째는 평지보다 완벽하지 않은 체중이동으로 인해 볼에 전달되는 에너지가 약해 거리 손실이 불가피하다.

**3. 볼과 간격은 평소보다 살짝 가까히 선다. 너무 가까우면 생크 날 확률이 있으니 체중 분배를 잘 조절해서 선다.**

**4. 오른쪽으로 휘는 구질을 감안해 타깃의 왼쪽을 에임한다.**

왼쪽 타겟을 정할 때 너무 과하게 왼쪽을 보지 않는다.

5. 클럽을 길게 잡고 스탠스를 약간 넓게 선다.

강하게 스윙하기보다 어느정도 밸런스를 잡기 위해 노력한다.

## 여기서 마지막 비법을 공개한다.

### 클럽페이스를 약간 세워서 어드레스 한다.

많은 골퍼들이 이 같은 경사면 상황에서 당기는 샷을 치고 어이없는 표정을 하곤 한다. 여기엔 간단한 아주 간단한 원인이 있다. 일단 볼이 발보다 아래 있는 상황은 골퍼들은 무릎을 굽혀 볼과 높이를 최소화 한다. 이 자세에서 많은 힘이 하체에 쏠려 있는 것이 사실이다. 이 상황에서 하체를 너무 잡고 있어 회전할 수 없는 경우가 생겨 팔로만 스윙하게 되면 볼은 어김없이 왼쪽으로 당겨지게 되어 있다. 물론 숙련된 프로선수들은 하체를 어느 정도 회전하여 샷을 한다지만, 아마추어 골퍼들에겐 너무 무리한 동작이다. 이걸 해소하기 위해 클럽 헤드의 힐heel 부분을 들면 확실하게 우측으로 휘는 볼을 만들 수 있어 편하게 스윙할 수 있다.

**발 보다 낮은 볼의 스윙 체크 포인트 Below the feet swing**

**1. 머리를 고정하는 느낌으로 백스윙은 3/4 스윙 크기로 만든다.**

스윙 크기를 간결하게 만들어야 임팩트까지 밸런스를 유지가 쉽다.

**2. 하체 움직임은 최소화 시키고 팔과 상체 위주로 스윙을 가져간다.**

하체를 전혀 움직이지 않으면 실수가 나올 수 있다. 부드러운 골반 회전은 필요하다.

**3. 임팩트 이후에도 오른발이 지면에 붙어있게 두고 피니쉬하는 것이 중요하다.**

목적은 피니쉬보다 정확한 타점에 둬야 한다. 피니쉬는 짧고 간결하게 진행해도 괜찮다.

# 04 스탠스보다 볼이 높은 상황은 스윙궤도가 중요하다
## Ball lied above the feet

볼이 발보다 높게 위치한 경우의 샷은 완만한 스윙 궤도가 필요하다. 발보다 아래 있는 위치보다 약간 수월한 느낌이지만 경사각에 따라 틀려질 수 있다. 만일 너무 가파른 경사면에 걸려 있는 상황이면 가까운 곳으로 탈출하는 것이 다음 샷을 위한 좋은 전략이 된다. 거의 서서 스윙을 하기 때문에 역시 임팩트가 관건이 될 수 있다. 볼이 왼쪽으로 휘는 것을 감안하여 착지 후 런이 발생하는 것을 염두에 둬야 한다.

**발보다 높은 볼 스윙 시 흔한 오류 common error**

1. 너무 완만한 스윙으로 인해 완전히 왼쪽으로 감기는 샷
2. 과한 오른쪽 에임으로 인해 곧장 우측으로 가는 미스 샷
3. 무리한 클럽 선택으로 인해 하늘로 짧게 높이 뜨는 스카이 샷(러프 경사면에서 우드 또는 유틸리티를 선택해 실수하는 경우가 있다).

**발보다 높은 볼 셋업 시 체크 포인트 Above the feet Setup**

**1. 볼 위치는 오른발 쪽으로 옮긴다.**

스윙이 가파르지 않고 완만한 플랫 스윙궤도이기 때문에 볼의 위치를 우측으로 놓는다.

**2. 몸을 세우고 그립을 내려 잡는다. 클럽은 한 클립 짧게 잡는다(예: 6번 → 7번).**

착지 후 런이 발생하는 경우가 많아 짧은 클럽으로 공략해도 거리감을 맞출 수 있다.

**3. 손의 위치는 볼 앞쪽에 놓는다.**

**4. 체중은 발 앞쪽에 두고 밸런스를 유지한다.**

**5. 왼발을 열어 약간 오픈 스탠스를 하고 에임을 약간 우측으로 한다.**

발보다 높은 볼 스윙 시 체크 포인트 Above the feet Swing

**1. 백스윙은 약간 플랫하게 진행한다.**

지형으로 인해 클럽을 가파르게 들지 못한다. 단지 클럽이 너무 뒤로 처지지 않게 손목 코킹 타이밍에 신경 쓴다.

**2. 서있는 셋업으로 인해 온전한 힘을 실을 수 없기 때문에 3/4 스윙 크기와 70% 정도 힘으로 스윙한다.**

스윙 시 힘을 쓰려고 하지 않아야 정확한 임팩트를 할 수 있다. 평지가 아니고 셋업이 불안정한 상태라 힘을 절대 100% 쓰려고 하지 않는 것이 좋다.

**3. 경험이 쌓이면 클럽페이스를 약간 열고 스윙을 하면 왼쪽으로 휘는 양을 조절할 수 있게 된다. 하지만 충분히 경험을 쌓은 후에 시도할 것을 권한다.**

지형과 플랫한 스윙으로 인해 클럽페이스가 열고 닫힘이 많을 수 있다. 휘는 양이 많게 되면 에임의 폭도 넓어지게 되어 방향 조절에 어려움을 겪는다. 구력이 생기면 클럽페이스 각을 열어 휘는 양을 조율할 수 있다.

## ∴ 경사면 샷을 정리하면서

경사면에서의 샷은 누구나 쉽지 않은 상황이다. 특히 초보인 경우엔 더욱 그렇다. 많은 필드 경험이 필요하고 또한 경사면의 각에 따라 조금씩 난이도가 변한다. 문제는 일반 연습장에서 경사면 샷을 연습할 수 없다는 게 지금의 안타까운 현실이다. 연습을 할 수 없어 더욱 몸에 익숙해지는 시간이 오래 지연될 수밖에 없다. 가끔은 스크린 골프를 이용해 조금이라도 실전과 흡사한 경사를 느끼는 것도 한 방법이 될 수 있다. 먼저 4가지 경사면의 상황에서 셋업과 스윙의 메인 포인트를 공식처럼 외워두면 나중에 무의식 중에 셋업 자세와 스윙이 나올 것이다.

# 05 벙커 샷을 너무 두려워만 하지 말자
## Bunker shot

대부분의 아마추어 골퍼들에게 벙커는 두려움의 대상이다. 일단 벙커 샷을 대처하는 방법을 모르는 경우도 있고, 심리적으로 탈출에 대한 압박으로 인해 소심한 스윙이 실수로 이어지는 경우가 많다. 일단 아마추어 골퍼가 벙커샷을 못하는 이유는 연습할 수 있는 환경이 부족하다는 점이다. 또한 벙커샷에 대한 정확한 이해와 방법을 모르고 동료들에게 배운 막연하고 애매한 방법을 본인 나름대로 사용하기 때문이다. 지금부터 벙커에 대한 모든 것에 대해 정확하게 이해해보도록 하자.

### 벙커 샷의 원리와 기본 셋업 방법을 알자(Basic setup).

벙커샷이 일반 셋업과 다른 점은 클럽을 모래 지면에 댈 수 없다는 점이다. 그립을 잡을 때도 벙커 밖 잔디에서 잡고 치는 아마추어들도 있기도 하다. 여러 가지로 셋업이 쉽지 않다는 점이 셋업할 때부터 느껴진다. 이러 부분도 심리적인 영향을 미치기도 한다. 셋업에 관련된 요소들을 하나씩 알아보자.

### 샌드웨지 헤드 디자인 Design of the club

그린사이드 벙커에선 보통 샌드웨지를 많이 사용한다. 샌드웨지 디자인의 특성은 모래에 깊게 파고들어 클럽헤드가 멈추는 것을 방지하고 뒤땅을 치지 않도록 바운드bounce가 디자인 되어 있다. 또한 샌드웨지는 벙커 탈출을 돕기 위해 일반 아이언 보다 헤드 무게가 무겁게 디자인 되어 있다. 샌드웨지는 바닥 부분 솔sole이 가장 넓은 것이 특징이다. 솔의 앞쪽은 리딩 에지leading edge라고 하고 뒤쪽은 트레일링 에지trailing edge(바운스)라 부른다. 일반적인 클럽은 리딩에지가 지면에 닿지만 샌드웨지는 뒤쪽이 낮아 리딩 에지가 지면에서 뜨게 설계되어 있다. 샌드웨지의 구조는 넓은 솔과 무거운 무게의 조합으로 쉽게 벙커 샷을 칠 수 있게 되어 있다.

샌드웨지의 디자인이 바로 벙커 샷의 비밀인 것이다. 벙커 샷의 비밀은 리딩 에지가 아닌 솔의 뒷 부분을 먼저 떨어뜨리는 것에 있다. 클럽헤드가 모래에 박히지 않고 모래 속에서 미끄러지듯이 튕겨져 나가면서 벙커 탈출을 쉽게 만들어 준다. 벙커샷은 볼을 먼저 치는 것이 아니라 모래를 쳐서 볼을 내보내야 하는 원리인 것을 알면 된다.

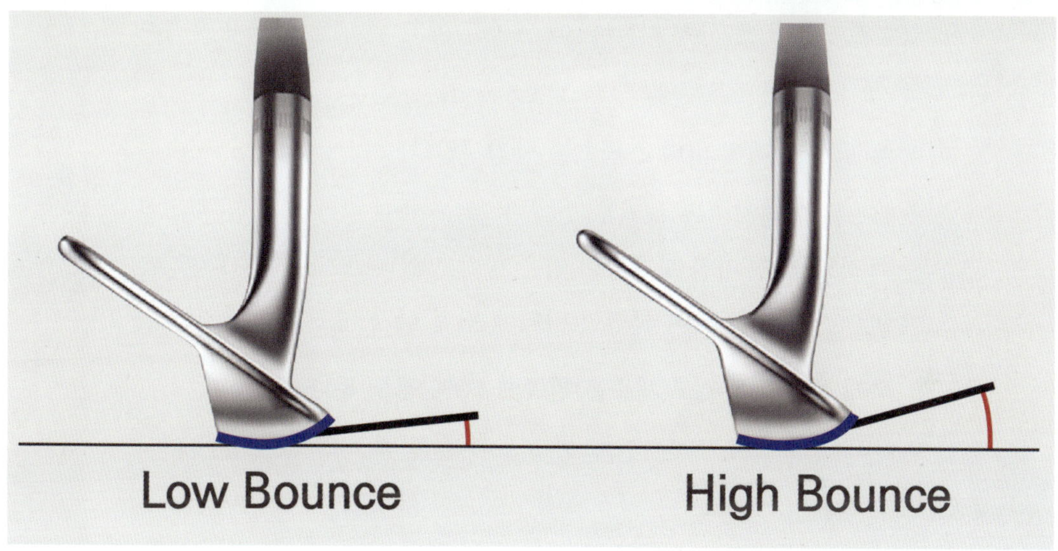

**1. 그립은 뉴트럴 그립으로 약간 내려 잡는다.**

뉴트럴 그립은 손목을 부드럽게 사용할 수 있는 여건을 만들어준다.

**2. 클럽페이스를 오픈시키고 볼 뒤 모래에 닿지 않게 위치 시킨다.**

페이스가 오픈돼야 바운스가 먼저 모래를 칠 수 있고 벙커턱을 넘기가 쉽다. 벙커는 헤저드(위험지역)로 지정되어 클럽을 바닥에 닿으면 벌타를 부여 받게 되어 있다.

**3. 에임은 깃대 왼쪽 11시 방향으로 어드레스 한다.**

클럽페이스 오픈 시킨 각도 만큼 왼쪽을 에임해야 볼 방향이 우측으로 가지 않는다.

**4. 두 발을 모래에 비벼 스탠스를 안정시킨다.**

스탠스를 안정시키는 목적도 있지만 발을 비벼 모래의 양을 확인하는 목적도 있다. 가끔 모래양이 적은 벙커도 있다. 모래양이 적을 경우에 페이스 각도를 줄여 클럽이 바닥에 튕겨 나가 미스샷을 방지한다.

**5. 무게 중심을 낮추고 체중은 왼쪽에 60% 정도 둔다.**

중심이 낮아 손목을 부드럽게 위로 들을 수 있게 하다. 모래양을 너무 많지 않고 적당히 뜰 수 있게 체중을 왼쪽으로 10% 정도 더 실어 셋업하는 것이 매우 중요하다.

**6. 손을 늘어뜨리고 위치는 배꼽아래 중앙에 위치시킨다.**

일반 스윙처럼 손위치가 앞쪽에 위치하게 되면 손이 너무 앞쪽에서 컨택되어 볼이 먼저 맞게 되어 거리 조절이 어렵다. 손이 중앙에 위치해야 손보다 클럽헤드가 먼저 빠져나간다.

# 06 벙커 샷 미스 원인과 해법을 알아야 한다
## Cause and Solution

벙커 샷의 미스 샷은 크게 두 가지가 있다. 첫 번째는 클럽이 빠져 나오지 못하거나 모래의 너무 뒤를 가격해 많은 모래양으로 인해 볼이 탈출을 못하는 경우가 있다. 두 번째는 너무 얇게 볼부터 맞아서 홈런이 되는 경우를 말한다. 골퍼 입장에선 두 가지 결과 모두 허무할 수밖에 없다. 미스 샷 원인과 올바른 해법에 대해 알아보도록 하자.

### 벙커 샷 미스 원인 Cause

**1. 볼을 띄우려는 목적으로 머리가 지나치게 뒤에 남는다.**

머리의 위치를 뒤로 두게 되면 임팩트 시 지나치게 볼 뒤를 가격해 볼이 그대로 벙커 안에 있게 된다. 머리 위치가 볼 위에 있게 해야 정확한 임팩트 위치로 다운스윙이 되어 클럽이 빠져 나갈 수 있다. 셋업 자세에서부터 체중 분배를 왼쪽에 두는 것을 확인한다. 백스윙 시 과한 체중이동을 조심해야 한다.

**2. 팔로 강하게 당기는 스윙도 탈출을 어렵게 만든다.**

안정된 하체를 위해 발을 비벼 모래에 묻는 동작은 중요하다. 다만 하체를 고정시키고 팔로만 스윙하라는 말을 절대 아니라는 점을 알아야 한다. 팔과 상체의 회전이 필요하고 하체도 제자리 회전을 도와줘야 뒤를 과하게 치지 않는다. 과한 아웃투인 스윙궤도 또한 팔을 당기게 만드는 동작이라는 점을 알아야 한다.

**3. 정확한 스윙 크기와 임팩트 스피드를 모른 채 스윙한다.**

거리에 대한 이미지를 정확하게 파악하고 스윙 크기와 스윙 속도를 정해야 한다. 정확한 스윙 이미지가 없을 시 실수할 확률은 높아진다.

벙커 샷은 모래와 볼을 함께 핀 쪽으로 날려 보내는 샷이다. 모래의 2~3cm 정도를 바운스로 친다고 생각하고 과감하게 스윙하자.

**올바른 벙커 샷 스윙 체크 포인트 Bunker swing**

벙커 샷은 가파른 백스윙과 클럽을 일자로 세우는 피니쉬가 가장 중요하다.

**1. 잘 정리된 셋업에서 몸의 정렬을 따라 부드럽게 백스윙을 든다.**

백스윙을 너무 안쪽으로 돌리거나 밖으로 들지 않는다. 몸과 스탠스의 정렬대로 손목 관절을 부드럽게 사용하며 위로 든다.

**2. 임팩트 후 가슴이 반드시 따라나가야 한다.**

이 부분이 중요한 이유는 팔로만 스윙하는 것을 막아주는 동작이기 때문이다. 짧은 거리를 친다고 팔로만 스윙하는 동작보다 가슴도 같이 치고 나가는 느낌을 주는 것이 좋다.

3. 손으로 끌지 말고 클럽헤드가 먼저 빠져나가는 팔로스루를 해야 헤드 무게를 느낄 수 있다.

손을 끌고 내려오게 되면 정확한 타점을 만들지 못한다. 볼을 먼저 타격할 수도 있고 또한 반대로 많은 모래를 동반시키는 경우도 생긴다.

4. 클럽이 빠져 나가고 반드시 클럽을 일자로 세우는 피니쉬를 만들어야 좋은 벙커 샷을 만든다.

다른 숏게임 샷도 유사하지만, 벙커 샷은 헤드 무게를 이용하는 게 절대적으로 필요하다. 손목에 힘을 빼고 헤드가 먼저 나가야 클럽을 세울 수 있다. 피니쉬 때 클럽페이스에 자신을 얼굴을 거울삼아 볼 수 있도록 해 보자.

5. 벙커 샷 백스윙의 크기는 잔디에서 거리보다 두 배 정도 크게 한다.

벙커에서의 스윙을 일반 잔디보다 크게 하는 이유는 모래의 대한 저항 때문이다. 사람마다 임팩트 스피드가 조금씩 다르지만 이 연습은 거리조절 능력을 향상시키는 좋은 훈련이다.

**벙커 샷의 거리 조절은 이렇게 해보자(Distance control).**

그린사이드 벙커라도 핀 위치에 따라 다른 거리를 쳐야 할 상황을 맞는다. 5m 정도 전후의 샷도 있지만 10m 전후 샷, 또는 그 이상의 샷을 쳐야 하는 상황이 오기도 한다. 여기에 대처할 수 있는 방법에 대해 알아보자.

**벙커 샷 거리 조절을 위한 요소 Elements for distance control**

### 1. 클럽 페이스 각도 Clubface angle

일반적인 벙커 샷의 클럽페이스 각도에서 조금 더 열거나 닫는 방법으로 거리 조절을 할 수 있다. 벙커 턱이 높은 경우엔 각을 더 열어 높이 띄워 짧게 친다. 반면에 뒤에 있는 핀 공략을 할 때는 각도를 조금 닫고 치면 먼 거리를 칠 수 있다.

### 2. 볼 포지션 Ball position

볼 포지션에 따라 거리를 조절할 수 있다. 보통 클럽페이스 각도와 볼 포지션을 고려하며 거리 조절을 결정한다. 일반적으로 볼을 오른쪽으로 옮기게 되면 낮게 멀리 보낼 수 있고, 왼쪽으로 옮기게 되면 높이 짧게 가게 된다.

### 3. 임팩트 스피드 Impact speed

핀의 위치에 따라 임팩트 스피드를 조절하기도 한다. 특히 핀 위치가 벙커 바로 뒤에 위치한 경우엔 강한 임팩트 보다 부드러운 임팩트 스피드로 조절하면 유리하다. 단, 부드러운 임팩트를 만드는 기술이 더 힘들다는 점을 알아야 한다. 굉장히 정밀한 타점이 필요하고 처음부터 끝까지 부드러움이 유지해야 하는 기술이라 많은 연습량이 필요하다.

# 상황에 따른 벙커 샷 종류와 대처 방법을 알아야 한다
## Adjusting to various types

**경사면 벙커 샷은 위험 신호임을 인지하자.**

일반 벙커 샷보다 경사면의 벙커 샷은 조금 더 까다롭다. 특히 심한 경사면일수록 상황은 심각해진다. 일단 위험 신호에 대한 경각심을 느끼면서 상황에 맞는 대처를 하는 법을 알고 있는 것이 중요하다.

**오르막 경사 벙커 샷 체크 포인트 Uphill bunker shot**

**1. 체중이 너무 오른쪽으로 쏠리지 않게 한다.**

오르막 경사로 인해 체중이 너무 오른쪽으로 쏠리기 쉽다. 오른 무릎을 조금 굽혀 체중을 잘 지탱하도록 한다. 어깨를 최대한으로 경사면과 평행으로 맞추는 것이 중요하다.

**2. 볼 위치는 중앙에서 볼 1개 왼쪽에 놓고 클럽페이스 각도를 너무 오픈하지 않는다.**

오르막 경사면에 맞춰 셋업을 하게 되면 클럽페이스가 이미 누운 상태가 되어 많이 오픈시키지 않아도 된다. 경사도와 거리에 맞게 조율하도록 한다.

**3. 경사도에 따라 낮은 각도의 클럽으로 변경하는 것도 좋은 방법이다.**

경사면이 심한 상황에선 샌드웨지SW보다 어프로치웨지AW 또는 피칭웨지PW를 사용하는 것이 거리 확보에 유리할 수 있다. 거리가 있을 경우엔 샌드웨지가 짧을 수 있다. 또한 오르막 경사에서의 샌드웨지는 착지 후 런이 거의 발생하지 않는다. 샌드웨지를 사용할 경우는 충분한 스윙 스피드를 내야 제대로 된 거리를 만들 수 있다.

**4. 백스윙은 기본 벙커 샷처럼, 다운스윙은 경사면을 따라 모래를 퍼내듯이 릴리스 한다.**

오르막 벙커 샷 스윙의 차이점은 다운스윙에 있다. 백스윙은 정상적인 벙커 샷과 동일하게 올리고 다운스윙 시 손을 미리 풀어주는 릴리스 동작이 필요하다. 이는 손이 끌고 들어가는 것을 제어할 수 있는 중요한 동작이다.

## 내리막 경사 벙커 샷 체크 포인트 Downhill bunker shot

경사면 벙커 샷 중에서 어려운 샷에 속한다. 볼의 탄도가 낮고 착지 후 런이 많이 발생하기 때문에 거리 조절이 쉽지 않기 때문이다. 셋업 자세에 조금 더 신중을 기해야 탈출 확률이 높아진다.

### 1. 볼의 위치는 중앙에서 오른쪽으로 옮겨 놓는다.

내리막 경사에선 다운스윙 시 클럽헤드가 모래에 빨리 접촉하기 때문에 스탠스 뒤쪽에 위치해야 정확한 타점을 만들 수 있다.

### 2. 그립은 짧게 잡고 스탠스는 넓게 만든다.

다운스윙 시 몸이 일찍 들리지 않게 안정된 넓은 스탠스를 만든다. 일반 벙커와 마찬가지로 발을 비벼 안정성을 확보한다. 어려운 상황에서는 항상 짧은 그립을 잡는 것이 좋다.

### 3. 클럽 선택은 로프트 각이 가장 큰 샌드웨지를 선택한다(56~60도).

내리막 경사에선 볼의 탄도가 낮게 출발하기 때문에 높은 탄도의 클럽을 사용하는 것이 적합하다. 클럽페이스 각은 약간만 오픈하는 것이 유리하다.

### 4. 머리 위치는 볼보다 약간 앞쪽에 위치하고 오른쪽 어깨는 지면에 맞춰 약간 높게 어드레스 한다.

모든 경사면의 법칙은 어깨라인과 경사면을 최대한 맞추는 것이다. 스윙 궤도의 접근각이 어깨라인에 따라 임팩트에 영향을 미치기 때문이다. 스윙 과정에서 머리는 최대한 움직임을 주지 않고 시선은 볼을 주시하는 것이 좋다.

### 5. 가파른 백스윙과 다운스윙은 헤드 무게를 이용한다.

백스윙을 가파르게 올려야 모래를 건드리지 않고 올릴 수 있다. 다운스윙도 마찬가지로 팔로 끌어내리려 하지 말고 헤드 무게를 이용해서 경사면에 맞춰 낮게 스윙을 헤야 힌다.

### 6. 피니쉬보다 임팩트에 신경 쓰자.

클럽헤드를 낮고 길게 가져가는 데 신경을 쓰고 피니쉬는 짧고 낮게 만들어준다. 피니쉬보다 흔들리지 않는 스윙 중심과 클럽을 낮게 빼는 과정이 중요하다.

**오르막 벙커 턱에 박힌 볼 Plugged on a uphill lie**

골프를 치다 보면 가끔 운이 없어 볼이 벙커 경사면에 박힐 때가 있다. 초보인 경우엔 빼서 쳐도 무난하게 넘어가지만 그렇지 않는 경우엔 플레이를 해야 하는 경우가 생긴다. 물론 벌타를 부여받고 상황을 쉬운 상황을 만들어 칠 수 있지만 심하지 않은 경우엔 플레이를 하는 것도 좋은 경험이다. 이때 중점을 둬야 하는 것은 좋은 결과보다 벙커 탈출 자체에 의미를 두는 것이다.


**턱에 박힌 볼 체크 포인트**

**1. 넓은 스탠스를 유지한다.**

경사가 심하기 때문에 평소보다 넓은 스탠스를 만든다. 오른발을 잘 지탱하기 위해 모래를 다지게 되면 벌타를 받을 수 있어 유의해야 한다(선수들의 경우 매우 신중해야 하는 동작이다).

**2. 클럽페이스 각도는 벙커 턱에 따라 조절한다.**

벙커 턱이 수직인 경우엔 약간 열고, 경사가 사선으로 턱이 낮으면 헤드를 닫고 스윙해도 된다. 클럽페이스가 열린 상태에선 헤드가 깊게 파고들지 못해 파워가 떨어지는 점을 인지해야 한다.

**3. 백스윙을 손목 위주로 코킹 바로 한다.**

길게 가져가는 백스윙은 뒤쪽 모래를 칠 확률이 높다.

**4. 다운스윙은 볼 뒤 2~3cm 강하게 치고 클럽헤드는 앞쪽 턱에 걸리거나 모래에 박혀 피니 쉬가 안 되는 점을 감안하자.**

머리를 고정시키고 볼에 시선을 고정시킨다. 임팩트까지 밸런스를 유지하고 정확한 타점에 집중해야 한다. 가파른 경사면에선 클럽이 모래에 잡히거나 벙커 턱에 걸려 나오지 못할 수 있나. 피니쉬보나 상안 스윙으로 정확한 타점에 신경써야 한다.

벙커 턱에 박힌 볼을 칠 때의 메인 포인트는 빠른 손목 코킹과 강하게 치는 다운스윙이다. 손목 힘이 없는 골퍼는 손목 부상의 위험이 있을 수 있어 무리하게 시도하지 말아야 한다.

**비가 온후 젖은 벙커 샷 Wet bunker shot**

비가 온 뒤의 모래는 약간 단단해져 있어 오히려 일반 벙커 샷보다 쉽게 탈출할 수 있다. 일반 칩샷을 하는 동작과 흡사하다.

**1. 클럽을 직각으로 두거나 아주 적게 오픈시킨다.**

핀 위치 거리에 따라 직각으로 놓거나 약간 오픈시킨다. 일반적인 벙커 샷 만큼 절대 오픈시키지 않는 이유는 단단한 모래로 인해 바운스가 튕겨 탑핑을 할 수 있기 때문이다.

**2. 손의 위치를 중앙보다 약간 앞쪽에 놓고 볼 위치는 중앙에서 약간 오른쪽에 놓는다.**

일반 어프로치 샷을 하는 손 위치와 흡사하다. 젖은 벙커에선 앞쪽에 놓아야 리딩에지로 치기 유리하다. 볼과 모래 사이를 친다는 느낌이면 적당하다.

**3. 임팩트 이후 백스윙 크기보다 짧은 끊어치는 피니쉬로 마무리 하는 것이 좋다.**

스윙을 너무 크게 하지 않아도 닫힌 클럽페이스로 인해 쉽게 탈출할 수 있다. 얇은 모래 디봇
이 생기면서 볼이 가볍게 탈출한다.

## 50m 거리의 벙커 샷은 가볍게 친다.

### 먼 거리 벙커 샷 Distance bunker shot

벙커 샷이 30m 이상이 되면 고난이도 샷에 속한
다. 투어 선수들도 30m 이상의 벙커 샷을 무척
힘겨워하는 것이 사실이고 세이브를 장담하기 어
려운 애매한 거리이다. 먼저 클럽선택에 관해 다
양한 옵션을 열어두는 것이 중요하다. 샌드웨지
SW에서 어프로치웨지 AW(52도) 또는 피칭웨지
PW로 바꿔주는 것이 필요하다. 너무 부담을 갖지
말고 가벼운 마음으로 경험을 쌓게 되면 점점 좋은 결과로 이어질 것이다.

## 셋업 & 스윙 체크 포인트 Setup and Swing

### 1. 클럽페이스 각도를 약간 오픈시키고 셋업한다.

어느 정도 거리가 있기 때문에 그린 사이드 벙커보다 클럽페이스 각을 조금 닫아야 한다.

### 2. 볼 위치는 중앙에 놓고 셋업하고 스윙궤도는 완만한 인투인(In to In)으로 한다.

가까운 그린사이드 벙커에선 아웃투인Out to In 스윙궤도를 구사한다면, 거리가 있는 벙커 샷
은 인투인In to In 스윙궤도로 볼의 1cm 뒤를 가격하면 된다. 주의 할 점은 너무 완만하게 하
려다가 모래를 너무 많이 치는 상황이 나오지 않게 해야 한다.

### 3. 백스윙의 크기는 10시 정도로 하고 피니쉬를 해준다.

클럽 교체로 인해 클럽페이스 각도가 줄어 그다지 큰 스윙을 할 필요는 없다. 정확한 타점이
되는 것이 중요하다.

어려운 샷인 만큼 마음의 부담을 느끼지 않아야 한다. 가까운 그린사이드 벙커와 달리 완만한
U타입의 스윙을 하는 인투인 궤도로 정확하게 타점을 만드는 것이 메인 포인트다.

**페어웨이 벙커 샷에 대해 알아보자(Fairway bunker shot).**

대부분의 페어웨이 벙커 샷은 긴 거리가 남아 있지만 벙커의 턱은 그다지 높지 않게 설계되어 있다. 하지만 볼의 위치가 벙커 앞쪽일 경우에는 벙커 턱이 문제가 되는 경우도 있다. 대부분의 페어웨이 벙커 샷의 오류는 남은 거리가 주는 부담감에 긴 클럽을 선택해서 앞의 벙커 턱이 맞아 탈출이 안 되거나 아주 짧은 거리만 가게 되는 상황이다. 거리에 맞는 클럽을 선택할 시 탄도가 낮아 앞에 벙커 턱을 넘기지 못할 때가 있다. 이때 거리에 맞는 클럽을 선택하는 것보다 벙커 앞턱을 넘길 수 있는 클럽을 선택하는 것이 현명하다. 페어웨이 샷보다 치기 어려움에도 불구하고 골퍼의 욕심은 항상 화를 부르게 되어 있다. 실력과 경험이 쌓이기 전까지는 본인이 선택하고 싶은 클럽보다 항상 한 클럽 정도 높은 각을 선택하는 것이 좋다. 벙커 턱이 문제가 되지 않는다면 오히려 한두 클럽 크게 선택해서 그린을 노려도 무관하다.

**페어웨이 벙커 샷 체크 포인트 Check point**

**1. 모래에 발을 묻은 만큼 그립을 짧게 잡는다.**

그립을 내려잡으면 볼에 대한 감각과 정확성이 향상된다.

**2. 볼은 스탠스 중앙에서 약간 오른쪽에 두고 체중은 왼발에 조금 더 싣는다.**

볼 위치 조절은 모래보다 볼을 먼저 가격해야 하기 때문이다.

**3. 지나친 하체 움직임은 몸의 밸런스를 무너뜨릴 수 있어 상체와 팔 위주의 스윙을 하는 것이 유리하다.**

페어웨이 벙커에선 최대한 하체 움직임과 체중이동을 자제하는 것이 좋다.

**4. 앞쪽 벙커 턱이 문제가 없을 경우 한두 클럽 길게 잡는다.**

풀스윙을 하지 않고 부드러운 스윙을 하기 위함이다. 모래 위에서 강한 스윙을 하는 것은 바람직하지 않다.

**5. 탑핑을 친다는 생각으로 스윙을 하면 된다.**

스윙 크기를 3/4 정도로 만들어 볼만 걷어 친다는 생각으로 가볍고 부드러운 스윙을 한다. 어드레스 시 클럽헤드를 볼 위쪽에 어드레스 하는 것이 탑핑을 만들기 유리하다.

Rattanon Wannasrichan Asian Tour

페어웨이 벙커 샷의 메인 포인트는 강한 스윙이 아닌 모래보다 볼을 먼저 쳐야 한다는 점이다.

# 08 벙커 샷 연습은 이렇게 하자
# Bunker shot drills

일반 아마추어 골퍼의 입장에선 벙커 샷이 너무 어렵지만 연습하는 게 쉽지 않다. 특히 시간 없는 주말 골퍼들은 더욱 연습할 시간이 없을 것이다. 벙커 샷 연습을 할 수 있는 환경이 조성된 골프장도 그리 많지 않은것도 사실이다. 혹시라도 주말에 파3 코스 또는 해외 코스에서 벙커 샷 연습을 할 수 있는 여유가 생기면 아래 연습을 해보면 도움이 된다.

## 모래에서 벙커 샷 연습 방법

라인 드릴 Line Drill

김동원 프로 European Tour

라인 드릴의 의도는 정확한 지점의 모래를 치는 연습이다. 만일 라인의 앞부분 또는 뒷부분을 치게 되면 탑핑이나 뒤땅 같은 치명적인 미스 샷으로 이어질 수 있다.

1. 벙커를 잘 다져 놓는다.

2. 수직으로 손목 코킹을 하고 망치로 내려치듯 4~6회 연속적으로 내려친다.

모래 때리기 동작을 파리를 잡듯이 수직으로 올려서 해본다.

3. 바닥에서 찰진 소리가 나게 연습한다.

약간이라도 빗 맞게 되면 찰진 소리가 나지 않는다.

**연습장 매트에서 벙커 샷 연습 방법 Practice on a mat**

실제 모래에서 벙커 샷 연습하기 어려운 골퍼들을 위해 연습장 매트에서 벙커 샷 연습을 할 수 있는 연습을 알려주고자 한다. 실제로 초보 골퍼들에게 많은 교습가들이 알려주는 방법이기도 하다. 이 방법을 먼저 연습하고 실제 벙커 샷을 접하면 그만큼 불안감을 줄여줄 수 있다. 연습장 고무 티를 1cm 정도 높이에 볼을 올린다. 일반 벙커 샷 셋업을 하고 클럽헤드가 고무 티 아래로 빠져나가며 치는 연습을 한다. 정확하게 고무티 밑을 지나가면 볼은 자연스럽게 뜨게 된다. 클럽헤드가 손보다 먼저 빠져나가는 연습이 확실히 되면 실제 벙커 샷에서도 자신감이 생기게 된다.

클럽페이스 각을 오픈 시키고 연습할 때 고무 티의 높이가 너무 높지 않도록 주위해야 한다. 너무 높을 시 볼이 바로 위로 뜨는 상황이 나타날 수 있다.

### 1. 몸의 정렬을 11시 방향으로 오픈시킨다.

실제 벙커와 동일한 몸의 정렬을 만드는 것이 중요하다.

### 2. 클럽페이스를 45~50도 정도 오픈시키고 그립한 후 헤드를 바닥에 닿지 않고 들고 셋업한다.

바닥에 닿지 않는 연습을 해야 실제 벙커에서 제대로 셋업할 수 있다.

### 3. 스윙 크기를 3/4 정도로 만들고 피니쉬도 비슷한 크기로 만든다.

클럽페이스 각도와 임팩트 스피드로 거리 조절 연습을 시도하는 것도 좋은 방법이다.


### ∴ 벙커 샷을 정리하면서

구력 40년 이상 되신 팔순 여사님이 필자에게 벙커 샷에 대한 질문을 유선으로 한 적이 있었다. 약간의 설명을 드렸지만 제대로 이해하기 어렵다고 생각했다. 주변에 전문 코치에게 레슨을 받으시라고 권했지만 정중히 거절하셨다. 마지막으로 필자가 했던 말이 생각난다. "너무 어려우시니까 볼과 모래를 손으로 던지세요, 핸드웨지입니다!"라고 농담삼아 한적이 있다. 골프에 대한 열정이 넘치시는 노년의 여사님에게 드린 마지막 조언이었다. 농담처럼 들리는 이 말에 벙커 샷이 쉽지 않다는 것을 알 수 있다. 독자들에게 드리고 싶은 말은 벙커 샷을 탈출 목적으로 접할 것을 권한다. 핀에 가까이 붙이려는 욕심이 생기는 순간 고도의 긴장감으로 여러 가지 실수를 범하게 된다. 또한 벙커 샷에 대한 이해와 방법을 꼭 숙지하고 실행에 옮기면 훨씬 나은 결과로 이어질 수 있다는 점을 강조한다.

# 09 트러블 샷을 극복해야 진정한 위너가 될 수 있다 Trouble shot

**디봇에 있는 샷을 치는 방법을 알자(Shot making from the divot).**

트러블 상황에서 당신은 더욱 빛난다.

모든 운동이 그렇듯이 골프도 칠 때마다 상황이 바뀐다. 화창하고 바람이 잔잔한 날에 페어웨이에서 치는 날이 있지만, 반대로 비와 바람이 불고 러프 또는 안 좋은 상황에서 치는 날이 있기도 하다. 샷을 치기 편한 상황에선 모두가 잘 치지만 트러블 샷에선 준비된 자만 극복할 수 있어 더욱 변별력이 생긴다. 트러블 샷은 경사면에서의 샷과 마찬가지로 셋업부터 다른 장치를 만들어야 한다. 이런 어려운 상황을 극복할 수 있다면 당신의 골프는 더욱 빛을 발한다. 트러블 상황을 위한 안전장치에 대해 알아보자.

디봇에 있는 볼을 확인하면 마음이 편치 않다. 아마추어 골퍼들은 간혹 빼놓고 치는 경우도 있다. 아주 초보 때는 가능하지만 어느 정도 구력이 생기면 하지 말아야 할 행동 중 하나이다. 디봇 깊이에 따라 조금 다르긴 하지만 정상적인 셋업보다 다르게 셋업해야 한다는 점을 기억해야 한다. 디봇에서의 샷과 가장 흡사한 상황은 내리막 경사면 샷을 연상하면 좋은 이미지가 그려질 것이라 생각한다. 모든 트러블 샷이 어려운 이유는 대처 방법을 모르기 때문이다. 미리 준비를 하고 예측하면 불안함과 두려움이 조금씩 해소된다.

**디봇에 있는 샷 체크 포인트 Divot shot check point**

**1. 디봇의 상태를 먼저 확인한다.**

디봇의 깊이, 디봇에 모래 뿌려진 상황, 디봇 안 볼의 위치를 확인하고 볼 위치와 클럽을 정하는 것이 현명하다. 얇게 떠진 디봇의 경우엔 볼 위치를 1개 정도 오른쪽으로 옮기지만 깊은 디봇의 경우 2개 정도 옮겨야 할 때도 있다.

**2. 그립은 짧게 내려 잡고 클럽은 한 클럽 작게 잡는다.**

옮겨진 볼 위치로 인해 임팩트 시 클럽페이스 각이 세워져 맞는다. 한 클럽 작게 잡아도 볼 구질이 낮게 날아가고 런이 평소보다 많이 발생하기 때문에 최종 거리는 비슷하다.

### 3. 디봇 샷에서 가장 중요한 점은 손목의 각도를 유지시키는 동작이다.

백스윙부터 빠른 손목 코킹을 만들어 임팩트까지 유지하는 것이 중요하다. 다운스윙은 기존 디봇 아래을 파고 들어간다는 느낌으로 강하게 내려와야 좋은 임팩트로 이어진다.

### 4. 디봇이 모래로 메워진 자국이라면 페어웨이 벙커라 간주하고 셋업을 하자.

볼이 먼저 타격이 돼야 한다는 점을 잊지 말고 셋업 시 머리를 들어 상체가 선 상태의 자세를 만들어준다.

### 5. 정확한 타점을 만들기 위해 스윙 크기는 3/4 정도로 한다.

평소보다 낮은 볼의 탄도를 감안하여 한 클럽 짧게 잡고 런이 발생하는 거리를 예측한 계산이다. 너무 크고 강한 스윙을 할 필요는 없다.

### 6. 평소보다 가파른 다운블로우로 인해 피니쉬는 짧게 마친다.

디봇에선 타점이 가장 중요한 요소임을 기억하자.

### 7. 오른쪽으로 약간 휘는 구질을 대비해 살짝 왼쪽 에임을 선호한다.

볼 위치에 따라 편차는 있겠지만 디봇이 깊어 볼이 오른쪽에 있을수록 볼은 오른쪽으로 휘는 구질을 예상해야 한다.

### 맨 땅 위에서의 샷은 이렇게 해야 한다(Hardpen).

플레이를 하다보면 볼이 맨 땅 위에 놓이는 경우가 가끔 있다. 자연으로 인해 생기는 경우인데 다른 트러블 샷과 마찬가지로 빼서 칠 수는 없다. 이런 경우에 너무 겁먹을 필요가 없다. 오히려 깊은 리프에 있는 샷보다 쉬워질 수 있기 때문이다. 러프에선 볼에 직접적인 컨택이 되지 않아 거리에 대한 조절이 어려울 수 있으나, 맨 땅에서의 샷은 볼만 정확히 가격되면 스핀이 걸리게 되어 목표까지 거리조절을 하기 수월하다. 이해하기 쉽게 말하면 낮게 굴리는 치핑을 연상하면 된다. 이 샷의 중요한 점은 클럽선택에 있다. 샌드웨지를 선택하지 않는 이유는 샌드웨지의 아래부분인 바운스가 바닥을 먼저 치고 튕겨져 볼이 얇게 맞는 현상이 나온다. 볼을 띄우는 목적이 아닌 낮게 굴리는 목적이기 때문에 어프로치 웨지AW 또는 피칭웨지 PW를 선택하는 것이 좋다.

맨 땅 위에 샷 체크 포인트 check point

**1. 클럽선택은 샌드웨지를 제외하고 거리에 따라 선택한다.**

그린에서 거리가 있는 핀 위치는 피칭웨지 이외에 9번 아이언도 좋은 선택이다. 이 샷의 목적은 굴리는 데 있기 때문에 멀리 있는 핀 위치엔 적합할 수 있다.

**2. 볼의 위치가 중요하다. 오른발쪽에 가깝게 놓는다.**

중앙에 가깝게 놓으면 안 좋은 라이lie로 인해 뒤땅을 칠 위험이 생긴다.

**3. 체중은 왼쪽에 60%를 꼭 둬야 한다.**

체중이 왼쪽에 있어야 정확한 컨택이 이뤄진다. 많은 아마추어 골퍼가 체중분배를 제대로 못해 손의 위치가 가운데로 몰려 실수를 하는 경우가 많다.

**4. 임팩트 이후까지 손목 각도를 유지한다는 느낌이 중요하다.**

매우 중요한 부분이다. 위의 모든 셋업은 손목 각도를 잘 만들기 위함이라 해도 과언이 아니다. 손목 각도를 미리 풀지 말고 헤드 무게로 다운스윙을 하며 유지시킨다는 느낌이 중요하다. 손목 각도는 임팩트 시 관성으로 인해 자연스럽게 풀리게 되어 있다. 또한 손목 각도는 강한 힘으로 유지되는 것은 아니므로 힘이 너무 강하면 오히려 탑핑을 유발할 수 있다.

※ 하드팬(Hardpen)
   맨땅, 카트 도로 같은 단단한 지면을 말한다.

# 10 깊은 러프에서의 샷을 연마하자
## Heavy rough

단 탈출의 목적을 두는 것이 먼저다. 페어웨이를 벗어나 깊은 러프의 있는 본인의 볼을 확인하면서 가장 먼저 볼의 라이lie를 살펴보는 습관을 들여야 한다. 일단 볼이 어느 정도 풀에 가려져 있어 다른 볼과 혼동하기 쉽기 때문이다. 볼의 전반적인 상태를 확인한 후에 클럽 선택을 하는 것이 현명한 방법이다. 깊은 러프에선 남은 거리에 따라 클럽을 선택하는 것보다 상황에 따른 클럽 선택이 우선이기 때문이다. 마지막은 과욕에 의해 무리한 스윙으로 부상 위험에 빠지는 일이 없도록 무리하지 말고 조심스럽게 대응해야 한다.

**깊은 러프에서의 아이언 샷 Iron shot from a heavy rough**

### 1. 잔디 길이를 확인하고 1~2 클럽 짧게 선택한다.

클럽이 길수록 잔디의 저항을 이겨내기 힘들기 때문에 되도록 거리보다 짧은 클럽으로 대응하는 것이 좋다. 깊은 러프에서는 탈출이 목적이기 때문에 좋은 결과를 얻기 위해 무리하지 않는다.

### 2. 셋업 시 클럽헤드를 볼 바로 뒤에 대지 않고 약간 떨어뜨려 어드레스 한다.

볼 뒤에 바짝 붙히게 되면 긴 풀로 인해 볼이 움직일 수도 있다. 볼이 본인의 의해 움직이게 되면 벌타를 부여 받게된다.

3. 그립은 짧게 잡고 왼손 마지막 세 손가락을 평소보다 강한 악력으로 잡는다.

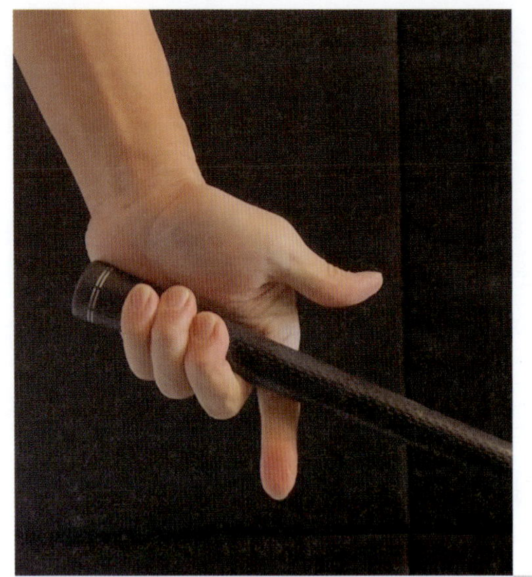

러프에선 긴 풀로 인해 임팩트 순간 헤드가 틀어질 수 있어 왼손 그립에서 마지막 세 손가락의 악력을 조금 단단하게 만드는 것이 중요하다. 긴 풀의 저항을 어느 정도 이길 수 있는 손가락의 힘이 필요하다. 여성 골퍼의 경우 피칭웨지로 가까운 페어웨이 지역으로 탈출하는 것이 좋다.

4. 임팩트는 어드레스 시 클럽헤드를 낳던 지점을 치려고 하자.

이런 상황에서는 볼을 먼저 치는 것이 아닌 잔디와 볼을 같이 친다는 개념을 갖고 스윙에 임해야 한다. 클럽헤드와 볼 사이에 풀이 끼어 스핀이 걸리지 않고 낮은 탄도로 런이 많이 발생한다. 가까운 거리에서도 마찬가지이다. 단 높이와 런의 양이 약간 다를 뿐이지 과정과 결과의 개념은 같다.

5. 피니쉬는 짧고 간결하게 만든다.

긴 풀에 저항을 받아 정상적인 팔로스루가 되지 않아 컴팩트한 스윙으로 마무리 한다는 느낌으로 한다.

**잔디 위에 살짝 떠있는 볼은 이렇게 해야 한다(Shot from a Flier lie).**

간혹 페어웨이를 놓쳐 불안한 마음으로 볼을 찾고 나서 안도의 표정을 한 적이 있을 것이다. 볼이 생각보다 너무나 예쁜 모습으로 잔디 위에 떠있기 때문이다. 물론 긴 풀 안에 있는 것보다는 나쁘지 않은 상황이지만 섣불리 덤볐다가 낭패를 볼 수도 있다. 마치 장미를 보고 꺾으려다 가시에 찔리는 경우와 비슷할 수도 있다. 반드시 조심해야 할 함정이 있다는 뜻이다. 일단 볼이 떠있다는 뜻은 잔디의 종류가 질기고 뻣뻣하다는 말이다. 이런 상황을 플라이어 라이flier lie라고 한다. 먼저 볼을 강한 다운 블로우로 치면 뒤땅을 치게 될 확률이 있어 조심해야 한다. 볼을 약간 높이 띄운다는 느낌으로 스윙해야 정확하게 볼을 먼저 컨택할 수 있게 된다.

## 잔디 위에 떠 있는 볼 체크 포인트

**1. 볼 위치를 평소보다 약간 왼쪽에 놓고 오픈 스탠스로 선다.**

높은 탄도와 우측으로 휘는 페이드 샷 구질을 위한 셋업이다.

**2. 평소보다 한 클럽 짧게 잡는다.**

플라이어 라이에선 높은 탄도와 감소된 백스핀으로 인해 평소보다 먼 거리가 나간다.

**3. 백스윙 시 몸의 정렬대로 스윙하고 높은 피니쉬를 만들어준다.**

스윙의 취지는 높은 탄도로 뒤땅을 치지 않는 것이다. 너무 인으로 들어오는 플랫한 스윙궤도보다는 약간의 아웃 스윙궤도로 높은 피니쉬를 만들어 주는 것이 좋다.

**4. 그린이 안착하면 약간의 런이 발생한다.**

만일 최적의 높은 페이드 샷을 구사하면 좋지만 아닌 경우엔 런이 발생할 수 있다는 점을 고려해야 한다.

앞에서도 언급했듯이 잔디의 종류에 따라 질기고 뻣뻣한 잔디에서는 볼이 떠있게 된다. 이러한 상태를 플라이어flier라고 하는데 몇 가지만 주의하면 된다. 먼저 잔디 위에 떠있는 볼을 치게 되면 백스핀이 감소하기 때문에 많이 구른다는 것을 염두에 두자. 이런 상황에선 짧은 클럽을 선택하든지 아니면 클럽을 짧게 잡고 부드러운 스윙을 해야 한다. 이 상태에서는 높이 뜨는 하이 페이드 샷을 치면 그린에서 구르는 것을 상쇄시킬 수 있기 때문에 가장 효과적이다.

# 11 바람을 이기려고 하지마라<br>Shot into the wind

**맞바람이 불 때 Head wind**

날씨 중에 바람이 부는 날이 가장 플레이하기 어려운 날이라 생각된다. 오히려 비오는 날은 폭우가 쏟아지지 않을 시엔 플레이에 크게 지장을 주지 않는다. 특히 바람이 앞뒤, 좌우로 도는 바람을 맞는 날엔 무지하게 힘든 날이 될 수 있다. 선수들도 스코어가 가장 안 좋은 날이 심한 바람이 부는 날이다. 일반적으로 바람이 불게 되면 집중이 떨어질뿐 아니라 볼을 강하게 치려는 경향이 생긴다. 당연히 밸런스도 깨지게 되면서 스윙의 순서와 리듬이 망가지는 스윙을 쉽게 하게 된다. 아마추어 골퍼 입장에선 너무 힘든 상황이다. 이럴수록 한 가지 기억해야 하는 것은 스윙을 부드럽게 해야 한다는 점이다. 말은 쉽고 행동은 어렵지만 강하게 칠수록 당신의 볼은 위로 치솟거나 좌우로 휘는 경험을 수 없이 하게 될 거라는 사실을 잊지 말자. 어느 정도 거리를 맞추기 위해서는 바람의 세기를 파악해야 한다. 본인이 서있는 위치에서 느끼지 못해도 높은 위쪽에서 부는 바람이 있고 또는 멀리 있는 깃대가 흔들리는 경우도 있기 때문이다. 모든 바람을 다 파악할 수는 없지만 몇 가지 테스트를 통해 바람의 강도를 점검하는 방법도 알아두자.

**바람의 강도 점검 방법 Intensity of the wind**

**1. 잔디를 공중으로 날리지 말고 손으로 내릴때 바람의 방향과 강도를 체크한다.**

공중으로 날리면 손 힘의 영향을 받을 수 있어 엄지와 검지로 비비면서 떨어뜨리는 게 정확하다.

**2. 주변에 나뭇가지가 흔들리는 것을 보면 바람의 강도를 느낄 수 있다.**

본인은 느끼지 못해도 나뭇가지가 흔들리면 바람의 영향을 받는 것이다.

**3. 그린에 있는 깃대가 흔들리는 것을 확인하면 바람의 강도를 느낄 수 있다.**

항상 본인이 느끼는 것보다 볼이 가야 하는 곳의 상황이 중요하다. 샷을 하기 전 볼이 놓인 곳과 볼이 가야 할 곳 두 군데 모두 확인하는 것이 도움이 된다.

**맞바람 불 때 체크 포인트 Check point in a head wind**

## 1. 맞바람이 불 때는 낮은 탄도의 샷이 유리하다.

강한 스윙보다는 부드러운 스윙이 낮은 탄도를 만드는 데 유리하다. 너무 강한 스윙은 볼을 뜨게 하고 슬라이스를 유발시켜 거리가 턱없이 짧아진다. 또한 티 높이를 조절할 때 너무 낮게 꽂은 티는 오히려 가파른 궤도로 인해 과한 백스핀이 발생하게 되어 볼의 탄도가 높아진다. 티 높이는 평소보다 약간만 낮추는 것이 현명한 방법이다. 이는 드라이버와 아이언 티샷을 할 때 둘 다 해당되는 부분이다.

## 2. 평소보다 넓은 스탠스로 대응한다.

바람이 부는 날 가장 힘든 부분은 밸런스를 잡는 것이다. 평소보다 약간 넓은 스탠스는 안정감과 균형감을 높여줄 수 있다. 또한 부드럽고 천천히 하는 스윙에도 도움이 된다. 골퍼들이 기억해야 할 점은 바람부는 날은 강함보다 부드러움으로 바람을 이기려고 하기보다 지혜롭게 대응하고 도움을 받을 수 있게 만들어야 하는 날이라는 것이다. 부드러운 스윙을 하게 되면 클럽헤드가 약간 인사이드 스윙궤도가 만들어져 드로우 구질을 치기 유리한 점도 있다.

스탠스를 넓히는 것은 퍼팅할 때도 예외는 아니다. 바람이 부는 날에는 퍼팅 스탠스를 넓혀 스트로크에 부담을 주는 것을 방지할 수 있다.

**뒷바람이 불 때 체크 포인트 Check point in a trailing wind**

### 1. 볼의 체공 시간이 길어야 한다.

뒷바람이 불 때의 샷은 맞바람일 때보다 훨씬 수월하다. 볼의 체공시간만 확보하면 뒷바람을 이용해 볼을 더 멀리 날아갈 수 있게 한다. 평소보다 티 높이를 높게 꽂고 볼의 체공시간을 길게 만들어야 한다. 뒤바람일 때 볼이 멀리 가는 이유는 체공시간이 길어졌기 때문이다. 뒷바람으로 인해 평소보다 높은 티 높이는 런거리에도 도움을 줄 수 있다.

### 2. 클럽선택 시 3번 우드도 고려해 본다.

뒷바람이 불 때 필요한 건 높은 탄도의 볼 구질이다. 간혹 드라이버로 높은 탄도가 어려운 골퍼들은 3번 우드를 사용하면 오히려 나은 효과를 얻을 수 있다. 3번 우드로 더 높은 탄도를 만들어 체공시간을 늘릴 수 있기 때문이다.

### 3. 티샷이 아닌 다른 경우엔 거리 조절에 집중하자.

뒷바람이 티샷에 있어 비거리에 큰 도움을 줄 수 있지만 그린 공략할 때는 뒤바람에 의해 거리 조절이 쉽지 않을 수 있다. 착지 후 런이 발생하기 때문에 한 두 클럽 짧게 선택해야 한다.

또한 클럽 길이가 짧은 웨지를 칠수록 바람의 영향을 받는 강도가 점점 약해진다. 볼이 바닥과 가까워지면 바람의 영향을 덜 받기 때문이다. 이 점을 고려해 티 샷 이후에는 거리 조절에 좀 더 집중을 하는 것이 바람직하다.

## 슬라이스와 훅 바람 불 때 체크 포인트 Check point in a sidewind

슬라이스와 훅 바람이 불 때의 샷도 과히 만만치 않다. 다만 강도에 따라 바람이 도움을 주기도 한다는 점을 적극적으로 이용할 필요가 있다. 단 한 가지 꼭 기억할 부분은 바람과 싸우려고 하지 말고 바람을 이용하는 전략으로 플레이하는 것이 현명한 방법이다. 슬라이스와 훅 바람에서 중요한 점은 바람의 강도를 측정하는 것이다. 바람 강도에 맞춰 에임을 하고 바람을 이용해 타겟으로 보내질 수 있는 샷이 정답이다. 사이드 윈드sidewind라고 하는 이런 상황에서 가장 중요한 요소는 셋업 시 에임이다. 대부분의 아마추어 골퍼는 바람에 정신을 뺏긴 나머지 그 어떠한 과정도 중요시 하지 않는다. 정확한 바람을 측정하고 에임을 정해 어드레스까지 마친다. 그런 후 자신이 정한 에임을 믿고 과감한 스윙을 하는 것이 중요하다. 약간 틀어진 에임으로 인해 스윙에 영향을 미치게 되면 결코 원하는 방향으로 칠 수가 없다. 한번 정한 에임 이후 많은 생각을 하지 않는 것이 도움이 된다. 드라이버에 자신이 없을 경우 3번 우드나 유틸리티 클럽을 사용해도 된다. 문제는 본인의 자신감이 중요하다. 믿고 스윙할 수 있는 자신감이 바람에 버틸 수 있는 또 하나의 강한 무기이기도 하다.

슬라이스와 훅 바람이 불 때 티 높이로 약간을 도움을 받을 수도 있다.

**● 슬라이스 바람 → 티 높이를 평소보다 약간만 높인다.**

약간 높은 상향 타격으로 백스핀이 줄어들어 슬라이스 바람의 영향을 덜 받는다.

**● 훅 바람 → 티 높이를 평소보다 약간 낮춘다.**

약간 낮은 탄도의 볼로 인해 훅 성향을 볼을 줄일 수 있다.

바람속에서 플레이는 정말 힘들다는 것은 한번쯤 경험해본 골퍼라면 누구나 공감한다. 좋은 결과보다는 과정에 집중하고 밸런스 위주의 스윙을 한다고 생각하면 의외로 좋은 결과를 경험할 수 있다. 모두가 똑같은 상황이라는 점을 기억하고 포기하지 말고 배운대로 응용해 보면 좋은 경험을 쌓을 수 있는 시간이 될 수 있다.

**비 오는 날의 플레이는 이렇게 해야 한다.**

비 오는 날의 플레이는 번거로움만 참을 수 있으면 오히려 바람이 강한 날보다 쉽게 플레이할 수 있는 날이다. 단지 평소보다 챙겨야 할게 많아져서 초보 골퍼들은 별로 선호하지 않을 수 있다. 비 오는 날을 대비해서 고려해야 할 요소들에 대해 알아보자.

스윙에 있어 비 오는 날 가장 조심해야 할 부분은 볼을 먼저 가격해야 한다는 점이다. 이런 상황에선 손목의 역할이 중요하다. 손의 위치가 앞쪽에서 컨택되는 느낌으로 스윙을 해야 뒤땅을 피할 수 있다. 비 오는 날은 쓸어치는 스윙궤도보다 가파르게 다운 블로우가 돼야 정확한 타점을 만들 수 있다. 셋업은 상체를 너무 숙이지 않고 들고 셋업해야 볼부터 치기 쉽다. 페어웨이 아이언 샷은 한 클럽 길게 잡아 거리를 맞춰주면 좋다. 비가 오는 양에 따라 다르지만 아마추어 골퍼의 경우 5~10m 정도 거리에 영향을 미친다. 그린에서 퍼팅 시 백스트로크를 평소보다 크게 가져가야 거리를 맞출 수 있다. 비로 인해 그린 스피드가 느려져 있을 수 있기 때문이다. 마지막으로 스윙 시 발이 미끄러지지 않도록 하체에 힘을 비중을 더 두는 것이 유리하다. 스윙을 크게 하기보다 3/4 정도 크기로 타점에 집중할 수 있는 스윙으로 밸런스를 유지하는 것에 중점을 두는 것이 좋다.

## 비 오는 날에 챙겨야 필수품

### 1. 키친 타월을 꼭 챙겨라.

그립을 닦을 때 수건보다 훨씬 좋은 흡수력으로 그립을 닦아준다. 비 오는 날에 그립만 미끄럽지 않으면 얼마든지 플레이를 잘할 수 있기 때문이다.

### 2. 마른 수건 2장 정도 챙기자.

그립 외에도 닦을 것은 많다. 최대한 적게 젖은 상태를 만들어 플레이하는 것이 중요하다.

### 3. 비 장갑을 여러 장 준비하자

일반 장갑보다 비 장갑은 손을 건조하게 유지시킨다. 그립감이 달라 미끄러운 영향을 덜 받는다.

### 4. 옷이 젖으면 제대로 스윙하기 어렵다.

비 옷이 있으면 챙기면 도움이 많이 된다. 혹시 준비가 안 되면 우산을 꼭 챙기길 바란다.

### 5. 여벌을 챙겨 교체하면 좋다.

여벌의 옷을 챙겨 상의 만이라도 전반 끝나고 교체하면 한결 쾌적한 느낌으로 후반을 맞이할 수 있다.


## ∴ 트러블 샷을 정리하면서

트러블 샷은 누구나 쉽지 않은 상황으로 다가온다. 투어선수들로 위기의 상황에서 희비가 갈리는 것을 우리는 자주 볼 수 있다. 아마추어 골퍼들도 고수와 하수를 가늠하는 기준이라고 볼 수도 있다. 이런 상황을 피하려고 하기만 하다보면 점점 스트레스가 쌓일 수밖에 없다. 처음에 실패를 하더라도 과정을 겪다보면 한결 쉽게 위기를 기회로 만들 수 있는 실력을 만들 수 있다. 처음부터 아무것도 모르는 상태에서 대응하는 것보다 지금까지 설명한 방법으로 준비하면 다른 골퍼보다 수월하게 탈출할 수 있을거라 생각된다. 처음부터 너무 많은 기대보다 지혜롭게 알고 있는 방법을 활용해 위기를 기회로 만드는 샷이 되길 바란다. 트러블 샷을 통해 독자들도 느꼈겠지만 모든 트러블 샷의 기본은 그립을 짧게 잡고, 볼 위치를 조정하고, 마지막으로 스윙 크기를 3/4 정도만 하는 게 공통점이다. 이 요소만 지켜도 반이상은 성공한 셈이다. 이제부터 트러블 상황에서 도피하지 않고 자신있게 시도해 보는 골퍼가 되길 바란다.

# 알아두면 편한
# 골프 어드바이스

# Chapter 7

골프에선 기술을 제외하고도 여러 가지 어드바이스advise를 듣게 된다. 도움이 되는 부분도 있을 수 있고 해당이 안 되는 부분이 있다고 생각할 때도 있을 것이다. 당연히 모든 사람이 다르기 때문에 모두 해당되는 것이 아닐 수도 있다. 단 지식은 많이 알고 있을수록 도움이 되는 적이 많다고 생각한다. 일단 지식을 알아야 사용하기도 하고 대처 방법도 찾을 수 있게 된다. 독자들은 여기 내용뿐만이 아닌 다른 여러 지식들을 접하길 바란다. 접해본 후에 어떤 지식이 본인에게 적합하고 도움이 되는지 선택의 폭을 넓힐 수 있다.

# 01 생크는 고급 미스 샷이다
## Shank

**라운드 중 미스 샷에 당황하지마라(Do not panic!).**

라운드 중 이해할 수 없는 미스 샷이 나오게 되면 누구나 당황하게 된다. 그중에 하나가 생크 shank 샷이다. 생크 샷은 클럽의 호젤hosel(클럽 헤드와 샤프트를 연결하는 부분)에 맞아 45도 곧장 오른쪽으로 출발하는 샷을 말한다. 그런데 이 샷을 고급 미스 샷이라고 부르기도 하는데 이유가 뭘까? 생크 샷은 초보 골퍼들에게 잘 나오지 않는 미스 샷이기 때문이다. 생크가 나려면 결국 스윙 궤도가 인사이드에서 진입해야 하는데 대부분의 초보 골퍼들은 아웃투인 스윙으로 클럽페이스 바깥쪽 토우toe 부분에 컨택되기 때문이다. 한마디로 생크는 초보골퍼보다 중급자가 과한 인사이드 스윙 궤도로 인해 생기는 미스 샷이라 할 수 있다. 정리하면 생크가 나는 원인은 과한 인사이드 궤도, 또는 이 중 동작으로 인해 손은 아웃사이드, 클럽은 인사이드로 들어오려는 상황에서 나오게 된다. 또한 다운스윙 시 머리가 과하게 앞쪽으로 나갈 시에도 생크가 유발할 수도 있다.

### 1. 과한 인사이드 궤도 Too inside swing path

클럽이 너무 플랫하게 볼 쪽으로 접근하며 인투 아웃 스윙 궤도로 인해 클럽의 연결 부분이 맞기 때문이다.

### 2. 이중 동작으로 인한 스윙 궤도 Dual plane action

다운 스윙 스타트 시 강한 상체로 인해 손은 아웃사이드로 진행되고, 클럽은 인사이드에서 들어가는 동작이 나오게 되는 동작을 말한다. 팔의 로테이션이 원활하지 못하며 막히는 현상으로 생크가 발생한다.

### 3. 머리가 앞쪽으로 치우치는 경우

볼 위치가 너무 왼쪽에 있는지 확인한다. 머리 위치가 앞쪽으로 진행되어 팔이 미처 따라오지 못해 처지면서 생크를 내는 경우를 말한다. 강한 몸통 회전보다 부드러운 느낌의 스윙으로 타이밍을 찾는 연습이 필요하다.

### 라운드 중 응급 처치 방법 Quick fix during the round

라운드 중에 생크가 날 때는 다운스윙 시 힙을 뒤쪽으로 앉는 동작을 취함으로써 손이 몸 쪽으로 가깝게 내려오게 하는 것이 가장 좋은 방법이다. 여러 번 반복 연습을 할 수 없는 만큼 볼과 몸의 간격을 약간 넓게 선다. 손팔이 스윙하는데 부담스럽지 않고 몸에 가까이 다니게 만드는 것에 집중하면 좋다. 몸과 간격이 너무 멀게 서면 임팩트 시 클럽페이스 바깥쪽 토우 부분에 맞는 것도 유념해야 한다.

다른 방법 중 하나는 스윙 플레인이 너무 플랫하지 않은지 확인하는 방법이다. 백스윙을 1/2 스윙 위치에 만들어 놓은 상태에서 팔을 위로 올려 탑스윙 위치로 만들어 본다. 이때 손의 위치가 높은 느낌이 들면 예전 스윙은 좀 낮았다는 의미가 될 수 있다. 낮은 플레인은 클럽이 과하게 아래로 처질 수 있어 생크를 유발할 수 있다. 올바른 플레인으로 수직으로 떨어지는 동작으로 느끼면 도움이 될 수 있다.

하프 스윙 동작에서 탑스윙을 만들어 본다

약간 플랫한 탑스윙                    힙을 후방으로 밀어주는 동작

## 연습장 생크 방지 연습 Practice drill

시간이 많은 연습장에서 할 수 있는 연습방법을 소개하고자 한다. 일반적으로 많이 소개된 연습이기도 한 이 연습은 생크 교정에 있어 좋은 효과를 보이고 있다. 두 개의 볼을 놓고 안쪽에 있는 볼을 치는 연습이다. 실직적으로 손이 몸 쪽으로 붙어 내려오는 느낌을 갖게 하는 연습으로 처음엔 굉장히 불편한 느낌을 갖지만 서서히 손의 느낌이 몸에서 멀지 않은 일치감을 느낄 수 있게 만들어 준다. 셋업 시 바깥쪽 볼에 클럽을 대고 어드레스 하는 것이 바람직한 연습방법이다. 처음부터 너무 좁게 서지 않게 만드는 것이 중요하다.

생크는 꾸준하게 나오는 미스 샷은 아니기 때문에 크게 걱정은 안 해도 된다. 갑작스럽게 나와 당황스럽기는 하지만 응급처치 방법을 알고 예비하면 라운드 시 큰 문제는 없을 것이다. 라운드에서 생크가 주로 생기는 상황은 아무래도 평지성 라이보다 경사면에서 자주 일어난다. 불편한 경사면 라이에서 이런저런 고민을 하다 몸과 볼 간격이 좁아질 때 조심해야 한다. 또한 어색한 백스윙과 다운스윙의 궤도로 인해 컨택에 문제가 생길 수도 있다. 경사면에 놓인 볼에 셋업할 시 조금 세밀하게 어드레스 과정을 진행하면 생크 샷을 방지할 수 있을 것이다.

# 02 오른손을 강하게 쓰는 느낌과 심한 훅 구질 (오른손과 왼손의 비율)

라운드 시 오른손 사용이 강하게 드는 느낌은 정말 난감할 수 있다. 무의식적으로 쓰이는 오른손으로 인해 심한 훅 구질은 회복 가능하지 않은 경우가 대부분이다. 강한 긴장감으로 경직된 상황에서 나오는 스윙일수도 있고, 체중이동이 결여되어 체중이 뒤에 남아 몸보다 팔로 스윙을 주도하는 기술적 문제일수도 있다. 오른손이 강하다는 말은 반대로 왼손이 약하다는 뜻도 된다. 이런 경우에 먼저 그립을 확인하도록 한다. 만일 스트롱 그립을 잡은 상황이라면 뉴트럴(중립) 그립으로 돌려 잡는 걸 추천한다. 또한 왼손이 주로 리드한다는 느낌으로 스윙을 한다. 다른 한 방법은 몸통이 막히지 않고 끝까지 회전하는 느낌을 갖는 것이다. 골반이 잡혀 있고 팔로만 스윙하면 볼은 100% 왼쪽으로 빠르게 도는 훅을 치게 된다. 마지막으로 클럽을 조금 짧게 내려잡아 훅을 방지할 수 있는 라이각을 만들어준다.

## 슬라이스 너무 심한 경우(왼손의 역할)

슬라이스가 심하게 나는 경우는 위의 상황을 반대로 이행하면 된다. 그립은 너무 위크하게 잡혀있는지 확인하고 약간 스트롱하게 조정한다. 볼위치가 너무 왼쪽에 놓인지도 확인을 해야 한다. 또한 몸통이 팔에 비해 너무 회전을 빨리하여 클럽이 오픈되어 임팩트가 되면 터무니없는 슬라이스가 나게 된다. 왼팔 로테이션에 중점을 두고 클럽을 릴리스하는 동작에 중점을 두자. 팔뚝 릴리스는 생각보다 쉽게 되지 않기 때문에 본인이 생각하는 것보다 미리 릴리스를 준비하는 것이 효과적일 수 있다.

## 슬라이스 방지를 위한 체크 포인트 정리

1. 그립을 스트롱하게 조정한다.
2. 볼 위치가 왼쪽으로 쏠리지 않았는지 확인한다.
3. 몸통 회전이 너무 빠르지 않게 힙 근육 같은 대근육을 활용한다.
4. 리드하는 왼손 로테이션을 생각보다 미리 준비한다.
5. 에임을 약간 우측으로 조준한다.

## 라운드 중 지속적인 뒤땅이나 탑핑이 날 때 Fat & Thin shot

라운드 중에 샷이 뒤땅fat과 탑핑thin 샷이 반복해서 나오게 되면 짜증이 나게 된다. 탑핑과 뒤땅은 같은 맥락의 미스 샷이라고 보면 된다. 결론은 손목이 미리 풀려 클럽의 타점이 미리 만들어지기 때문이다. 백스윙에서 다운스윙 전환 시 빠른 손 동작으로 인해 손목이 미리 풀리는 경우이다. 라운드에서 많은 연습을 할 수 없기 때문에 한가지에 집중하면 좋은 방법을 알려주고자 한다.

일단 다운스윙 전환에서 대근육의 원천인 왼쪽 힙을 사용하는 방법이다. 왼쪽으로 체중이 옮겨지는 동작에서 왼쪽 힙을 빠르게 회전시키지 말고 후방 대각선 방향으로 지긋이 누르는 동작을 해준다. 이때 머리가 너무 앞으로 움직이지 않도록 신경써야 한다. 상대적으로 손 팔 동작 보다 대근육에 신경을 쓰면 손 팔 동작은 자연스럽게 지연되어 올바른 임팩트 타이밍을 만들게 된다. 샷을 치는 중간에 간간히 연습을 하면 많은 도움이 된다.

탑핑 역시 뒤땅을 피하려고 왼팔을 당기면서 임팩트하는 동작에서 발생한다. 때문에 특별히 다른 연습보다 위 동일한 동작으로 연습하게 되면 왼팔이 끌어당기지 않고 편하게 회전되며 올바른 타점이 형성될 것이다.

라운드 중에는 특별하게 운동을 할 수 없지만, 평소에 손목 운동을 조금씩 해주면 손목 코킹 유지하는데 도움이 된다. 선천적으로 좋은 손목 힘을 타고난 사람이 그리 많지 않다는 점을 기억하면 된다. 골프에서 손목 부상은 단골 손님이니만큼 운동을 통해 관리를 잘 해야 한다.

다운스윙 전환 섹션을 참고하면 도움을 될 수 있다.

힙을 45도 각도로 지긋이 누른다

## 갑자기 볼이 높이 뜨면서 거리가 나가지 않을 때 High sky shot

라운드 도중 갑자기 티 샷이 위로 높이 뜨고 거리가 나지 않을 때가 있다. 결론은 강한 힘으로 인해 상체가 빠르게 앞으로 튀어 나가면서 머리도 앞쪽에 위치하여 스윙 궤도가 가파르게 임팩트에 이르게 되는 상황이다. 볼을 찍혀 맞으면서 위로만 뜨고 거리가 줄어드는 샷을 스카이 샷이라고 한다. 현장에서 스카이 샷을 수정하는 방법을 알아보자.

일단 스윙 궤도를 완만하게 만들고자 클럽헤드를 지면에서 낮게 움직이는 이미지를 갖는 것이 중요하다. 강한 상체 힘이 문제인 만큼 거리를 내려는 의지보다 부드러운 리듬의 스윙으로 페어웨이를 지킨다는 마음으로 스윙하는 것이 중요하다. 셋업 시 중요한 부분은 척추각을 약간 오른쪽(뒤쪽)으로 기울어 놓는 것이 중요하다. 스윙 시 리듬감 위주로 부드럽게 상향 타격을 하고 체중은 점진적으로 왼쪽으로 옮겨주는 것이 바람직하다.

## 숏 클럽이 타겟 왼쪽으로 갈 때 Pulling with short iron

숏 클럽을 칠 때 미스 샷 패턴이 간혹 왼쪽 위주로 생기는 경우가 종종 있다. 투어프로들도 가끔씩 왼쪽 미스를 하는 경우가 있다. 두 가지 원인을 알고 나면 바로 해결할 수 있다.

스윙 크기를 조절하는 과정에서 몸통 회전 대비 팔을 너무 위로 들어 급한 리듬으로 연결되어 바로 아웃투인 스윙으로 치기 때문이다. 숏 아이언을 칠 때 짧은 스윙을 만들려고 한 나머지 손에 이끌린 백스윙을 만들지 않아야 한다. 거리 컨트롤을 위해 스윙 크기를 조절하되 몸통 회전이 확실히 돼야 손에 이끌린 스윙이 되지 않는다. 볼 포지션도 앞쪽이 아닌 중앙이나 약간 오른쪽에 놓는 것이 좋은 타점을 만들기 수월하다. 또한 스윙이 짧다 생각해 빠른 다운 스윙 템포로 치는 경우도 조심해야 할 부분이다. 스윙이 작더라도 부드럽고 리듬 있는 스윙으로 대응해야 원하는 정확한 방향과 거리를 만들 수 있다.

몸통 회전에 어려움이 있는 골퍼는 왼발을 오픈해서 셋업하지 않도록 한다. 보통 짧은 스윙을 할 때 왼쪽의 원활한 회전을 위해 왼발을 오픈 시키는 셋업을 하는데 이로 인해 몸통 회전이 덜 된 상태에서 팔로 드는 스윙을 하게 된다. 바로 이런 상황이 왼쪽 미스 샷을 유발할 확률이 높다. 본인의 몸을 잘 이해하고 왼발을 오픈 시키기보다 스탠스를 좁게 서고 왼발을 약간 뒤로 빼기만 해도 회전에 도움이 될 수 있다.

# 03 당신의 궁금증을 풀어줄 스윙 조정 관련 Q & A

**1. 왼손 마지막 세 손가락에 힘이 잘 들어가지 않는 이유는 무엇입니까?**

그립을 잡을 때 손가락 위주가 아닌 손바닥 쪽에 가깝게 잡아서 그렇습니다. 또한 스윙 연습을 많이 안 해도 손가락에 힘이 들어가지 않습니다. 손가락도 연습을 통해 힘이 생겨야 합니다. 정확한 그립의 위치와 연습이 많은 도움이 될 수 있습니다.

**2. 손목 코킹을 하면 왼손 엄지 손가락 관절이 아픈데 이유와 고칠 방법을 알 수 있을까요?**

일단 그립 쥐는 모양에 문제가 있는 거 같습니다. 그립 잡을 때 왼손목의 각이 세워져서 그립을 쥐게 되면 왼손 엄지가 짧게 잡히지 않고 긴 엄지(롱섬long thumb)그립이 되어 연습을 많이 할수록 엄지가 아파지게 됩니다. 왼손 그립을 잡을 때 악수하듯 계단식 모양으로 그립을 잡아야 하고 숏섬(짧은 엄지)을 만드는 그립을 잡아야 엄지 손가락 부상이 없습니다. 앞쪽 그립 섹션을 참고하시면 도움이 될 거라 생각합니다.

**3. 잘못된 그립과 골프 엘보 부상은 관련이 있는 건가요? 엘보가 때문에 계속 고생하는데 어떻게 해야 되나요?**

전부 그런 건 아니지만 잘못된 그립은 여러 근육 관련 부상을 야기시키기도 합니다. 특히 긴 왼손 엄지 손가락의 잘못으로 근육이 늘어나 있는 상태에서 강한 임팩트를 가하다 보면 엘보 부상이 올 수도 있습니다. 불필요한 손목 근육 텐션은 뼈에 연결된 인대와 건에 무리를 주게 됩니다. 또한 무리한 연습으로 인해 손상이 올 수도 있고 부족한 근육 운동으로 인한 부상도 있습니다. 손목, 팔, 그리고 어깨와 광배 스트레칭을 통해 혈액 순환을 돕고 근육의 근력과 유연성을 지속적으로 유지하고 만들어야 합니다. 통증이 심할 경우 전문 의료진에게 도움을 받을 필요가 있습니다.

4. 양손 그립을 빨래 짜듯이 가까이 모아야 한다고 알고 있는데 양손이 자꾸 벌어지는데 어 떤 이유인지 궁금합니다.

먼저 성확한 그립 루틴으로 잡고나서 최종적으로 엄지 아래 생명선으로 된 도톰한 부분을 약 간 누르는 동작이 필요합니다. 그리고 나서 광배근을 중심으로 양팔 엘보를 안쪽으로 조이듯 모아야 합니다. 이때 어깨가 안으로 말리지 않게 등과 복부에 힘을 유지합니다. 마지막 세손 가락과 엄지아래 부분의 악력이 중요한 만큼 손가락의 힘도 어느 정도 지긋이 들어가게 해 야 두 손의 위치를 유지할 수 있습니다. 그립이 정확해야 여러 동작들이 수월하게 만들어진 다는 사실을 잊지 말아야 합니다.

5. 팔과 몸 사이 간격이 자주 변하는데 어떻게 하면 지속적으로 유지되는지 궁금합니다.

본인의 정확한 팔과 몸 사이의 간격은 상체의 숙인 각과 관련이 있습니다. 바로 선 자세에서 골반에서부터 상체를 숙여 자세를 잡고 무릎을 약간 굽혀 견고한 하체를 만들어 주면 됩니다. 이후 어깨에서 늘어뜨리는 팔의 위치가 본인의 간격이 됩니다. 너무 많이 숙인 자세는 간 격을 멀게 하고, 너무 서있는 자세는 간격을 가깝게 하기 때문에 적당히 숙인 각을 만드는 게 중요합니다. 허리 근력에 따라 자주 바뀌는 자세는 바람직하지 않습니다. 허리와 복부 근력 강화 운동을 해야 하는 이유이기도 합니다. 상체의 적당히 숙인 각도는 앞뒤 체중분배로 구 분하여야 하고 체중이 발의 앞꿈치 또는 뒤꿈치가 아닌 발볼 중앙에 위치하는 것이 좋습니 다. 연습할 때 클럽을 내려 놓고 반복적으로 상체 숙인 위치를 인지하고 확인하는 연습이 많 은 도움이 될 수 있습니다.

6. 시간이 지날수록 자세가 점점 낮아지는데 어떤 이유인가요?

가장 먼저 본인의 체력을 확인하는 게 좋습니다. 체력을 확인하는 방법은 9홀을 마쳤을 때 다 리가 아픈 느낌이 들면 하체 운동이 필요한 상태입니다. 하체가 버티지 못하면 자세는 자꾸 아래로 내려가게 되는 셋업을 합니다. 물론 스윙에도 지장을 주고 미스 샷을 유도하기도 합 니다. 또 다른 부분은 셋업 시 체중이 너무 뒤꿈치쪽에 있지 않은지 확인합니다. 체중을 뒤쪽 에 두게 되면 조금씩 앉아야 하는 자세가 나올 수 있습니다. 셋업은 앉은 자세보다 약간 서있 는 느낌이 스윙하는데 유리합니다.

### 7. 셋업을 마치면 캐디는 자꾸 우측으로 섰다고 합니다. 왜 이런 걸까요?

초보 시절엔 에임 서기가 매우 어렵습니다. 오른손 잡이의 경우 무의식적으로 오른쪽으로 서게 되어 있습니다. 과학적으로 증명되진 않았지만 통계는 그렇습니다. 누군가 에임에 대해 조언을 하면 받아드리고 다시 나와서 왼쪽으로 조절해 셋업하는 것이 현명한 방법입니다. 골프는 치는 사람보다 보는 사람이 훨씬 더 정확하게 볼 수 있습니다. 반드시 에임 루틴 과정을 통해 셋업하는 방법을 습관화해야 합니다. 전에도 언급했듯이 에임은 프로들로 어려워하는 부분이니 너무 스트레스 받지 말고 지속적인 에임 루틴을 통해 방향 감각을 느끼는 것이 중요합니다. 앞서 에임 섹션을 참고하시면 도움이 될 수 있습니다.

### 8. 스윙이 괜찮은 것 같은데 타점이 들쑥날쑥 하는데 무엇 때문인지 답답합니다.

이런 경우엔 볼의 위치를 확인할 필요가 있습니다. 본인이 선택한 클럽과 볼 위치가 맞아야 정확한 타점을 만들 수 있습니다. 또 다른 부분은 임팩트 시 가슴판이 빨리 들리지 않고 오래 머무르는 느낌을 갖는 것도 도움이 될 수 있습니다. 샷에 실수가 나는 것은 일단 느린 회전보단 빠른 회전에서 문제 발생이 많기 때문입니다. 샷 하기 중간에 느린 스윙으로 회전에 대한 타이밍 연습을 하는 것도 도움이 됩니다. 항상 기술을 확인하기 전에 셋업을 확인하는 것이 현명한 방법입니다.

### 9. 라운드 초반에 등과 허리 통증을 느끼고 점점 심해져서 스윙이 불편해집니다.

먼저 등의 통증은 일시적인 담 증상일 수 있습니다. 갑자기 무리한 힘을 주게 되어 근육에 무리가 가는 경우입니다. 주말 골퍼들과 골프를 가끔 치는 골퍼들 사이에선 자주 생기는 증상입니다. 가장 좋은 방법은 근육 이완 스프레이를 뿌려주는 것도 좋습니다(국내에선 캐디에게 요청). 다른 방법은 골프볼을 이용해 담 걸린 부위를 마사지하는 방법입니다. 허리 통증의 경우는 반복적인 스윙으로 인해 생긴 근육통이라고 보면 됩니다. 먼저 셋업 자세에서 아래 허리가 꺾이지 않았는지 확인을 해야 합니다. 아래 허리가 꺾인 S posture 자세는 허리에 상당한 압력을 가하게 되어 있어 허리 통증으로 이어질 수 있습니다. 복부에 힘이 들어가 있는 셋업 자세를 만들고 스윙을 하는 것이 좋습니다.

## 10. 스윙을 마친 후 피니쉬를 못잡고 휘청거리는데 무엇이 문제인가요? (리듬 & 밸런스)

스윙을 한 후 휘청거리는 이유는 결론적으로 밸런스가 좋지 않아 생기는 상황입니다. 먼저 스윙의 순서가 맞지 않은 경우가 대부분이라고 할 수 있고, 약간 체중이동으로 생기는 현상이기도 합니다. 마지막으로 오랜 습관적인 문제도 될 수 있습니다. 사람마다 골프의 목적이 조금은 다를 수 있지만 강하게 치는 것을 목적으로 하는 것보다 부드럽게 정확하게 치는 걸 목적으로 하는 것이 밸런스를 잡는데 유리하다고 생각합니다. 우선 피니쉬를 잡을 수 있는 스피드로 연습을 한 후 강한 스윙으로 레벨을 올리는 것이 바람직합니다. 연습장에선 반드시 스윙 시퀀스sequence 연습을 해주는 것이 중요합니다.

## 11. 셋업 시 무게 중심을 하체에 두면서 오른쪽 다리에 체중을 실어주지만 지속적인 오버 스윙을 하는 이유가 무엇일까요? (연결성connection-텐션tension)

체중을 오른쪽 다리에 실어줌과 함께 왼쪽 다리의 움직임에도 신경을 쓸 필요가 있습니다. 왼발이 지면을 누르며 버티는 동작은 전체 스윙의 연결성을 유지해 스윙의 텐션을 만들어 주는 역할을 합니다. 탑스윙까지 이어진 연결성이 오버 스윙을 절제시키는 핵심 역할을 합니다. 물론 스윙 시작점인 테이크어웨이의 동작부터 타이트한 텐션 유지에 집중해야 합니다.

## 12. 다운스윙에서 클럽을 끌고 내려온다면 탑스윙에서 클럽을 미리 던지라고 들었는데 맞는 방법일까요? (다운스윙 동시성)

다운스윙에서 클럽을 끌게 되면 좁은 다운스윙이 형성될 수 있습니다. 이 점을 방지하기 위해 탑스윙에서 클럽을 미리 던지는 동작은 이론적으로 틀리지 않습니다. 다만 손목이 너무 일찍 풀릴 정도로 클럽을 던지게 되면 또다른 미스 샷으로 전개될 수 있습니다. 클럽을 던진다는 생각보다 팔을 끌지 말고 내려주는 느낌이 더 좋은 팔 동작을 만들 수 있습니다. 또한 하체와의 동시성이 반드시 동반되어야 팔로만 치는 스윙을 방지할 수 있습니다. 몸의 연결성이 중요하고 팔과 몸이 따로 노는 느낌이 들지 않게 하는 것이 중요합니다.

### 13. 드라이버 샷이 잘 맞으면 아이언 안 맞고 아님 반대 현상이 나타나곤 합니다. 왜 이런 현상이 나타나는 걸까요? (스윙궤도의 이해)

먼저 둘 다 잘 맞지 않는 것은 여러 이슈가 있겠지만, 스윙 궤도와 관련이 있습니다. 클럽의 길이가 모두 다르기 때문에 스윙 플레인과 궤도가 다르게 형성되어야 하는데, 한가지 스윙 궤도로 접근하기 때문에 비슷한 길이의 한 종류 클럽은 괜찮지만 다른 길이의 클럽은 어려움을 겪고 있는 겁니다. 중급자 수준까지 누구나 겪는 과정이기에 너무 스트레스는 받지 않아도 됩니다. 단지, 이 시점에서 중요한 것은 각 클럽에 대한 셋업을 정확하게 하는 것이 최선입니다. 볼 위치, 스탠스 너비, 손 위치, 척추각과 기울임 등이 스윙 궤도에 많은 기여를 하기 때문입니다. 다른 기술적인 부분은 시간이 걸리므로 차근차근 습득해 나가길 권장합니다.

### 14. 웨지를 치면 타점이 정확하지 않습니다. 이유를 잘 모르겠습니다....

보통 아마추어들의 웨지 샷 실수는 3가지로 나눌 수 있습니다. 첫째는 필요 이상으로 크게 만드는 백스윙, 둘째는 손목 코킹을 배제한 뻣뻣한 백스윙, 마지막은 지나친 하체 움직임입니다. 첫 번째 문제는 크게 만든 백스윙에서 다운스윙 시 무의식적으로 스윙 스피드를 감속되는 현상입니다. 보통 감속의 반대로 가속이 붙어 임팩트가 되어야 타점이 정확해지는 데 감속으로 인해 불필요한 손목 동작을 만들어 뒤땅 또는 탑핑을 치게 됩니다. 백스윙 크기 조절에 대한 연습을 평소에 거울을 통해 연습하면 좋은 결과를 얻을 수 있습니다. 두 번째 경우는, 손목의 미세한 코킹 동작을 익혀야 합니다. 대부분 골퍼들은 하프스윙 위치가 되어야 손목 코킹을 느끼고 그보다 작은 크기 스윙에선 손목 코킹을 안 하는 경우가 종종 있습니다. 손목 코킹을 통해 부드러운 손목을 만들어야 다운스윙 시 헤드 무게를 이용한 정확한 타점이 이루어집니다. 작은 스윙이라도 헤드 무게를 느끼지 못하면 이 역시 뒤땅이나 탑핑을 유발할 수 있습니다. 마지막 세 번째 경우는 몸의 불필요한 움직임으로 인한 타점 미스입니다. 하체의 체중 분배 비율이 왼쪽이 많은 만큼 작은 하체 움직임으로 웨지를 다뤄야 하는데 그보다 과한 하체 움직임은 임팩트 타이밍과 타점에 영향을 미치게 합니다. 웨지 샷은 하체의 체중이동 보다 상체와 팔 조화에 중점을 두는 것이 효율적이라는 점을 잊지 않아야 합니다. 앞서 배운 웨지 섹션을 참고하시면 도움이 될 수 있습니다.

## 15. 퍼팅이 계속 불안정한 느낌이 지속되는데 어떻게 하면 좋을까요?

일단 퍼팅 루틴에 맞게 모든 준비를 마쳤다면 실행에 충실해야 합니다. 그중 퍼팅을 하고나서 바로 일어서는 동작을 유의해야 합니다. 퍼팅을 하고 나서 척추각을 유지한 채 머리만 돌려 볼과 라인을 확인하는 습관을 연습해야 합니다. 또한 치고 나서 잠시동안 피니쉬 자세를 유지해야 손목 움직임의 대한 피드백을 얻게 되어 자가 진단이 되기도 합니다. 또한 퍼팅 시 시선은 볼의 타점 위치를 주시해야 합니다. 대부분의 골퍼들은 볼의 주변을 대충 주시하는 경향이 있습니다. 볼이 타점될 위치를 집중하고 주시하는 것이 중요합니다. 이와 같이 퍼팅에선 작은 세부적인 동작에도 영향을 받을 수 있다는 점을 꼭 기억해야 합니다.

## 16. 벙커에서 치면 그린 반대편으로 날아가는 경우가 종종 있어 벙커 샷이 두렵습니다.

벙커에서 한두 번 이런 경험을 하고 나면 벙커 샷에 대한 두려움이 생길 수 있습니다. 이런 미스샷의 원인은 모래보다 볼이 먼저 맞는 현상입니다. 벙커 샷의 원리는 모래가 볼을 옮기는 것인데 다운스윙 시 손목을 풀어 클럽헤드가 먼저 빠져나가지 못하고 손이 클럽보다 앞서 끌고 들어가는 동작에서 볼이 먼저 맞는 실수를 하게 됩니다. 또한 볼을 손으로 띄운다는 목적으로 걷어 올리는 동작도 벙커에서 탑핑을 유발합니다. 정확한 벙커 샷 셋업을 숙지하였으면 자신 있게 볼 뒤 2~3cm 모래를 친다고 생각하고 클럽헤드를 손보다 먼저 보내주는 스윙을 구사하면 좋은 결과를 얻을 수 있습니다.

## 17. 벙커 샷이 자주 생크가 발생합니다. 이유가 무엇인지 궁금합니다.

벙커에서 생크가 나는 근본적인 원인은 셋업과 스윙 궤도에 있습니다. 먼저 볼위치가 너무 오른발 쪽에 있는지 확인해야 합니다. 그리고 과한 아웃투인 스윙을 해도 생크가 발생합니다. 에임을 지나치게 왼쪽으로 서지 않아야 합니다. 과한 왼쪽 에임은 볼 위치와 스윙 궤도에 지장을 줄 수 있기 때문에 정확한 셋업을 숙지해야 합니다. 앞서 벙커 섹션을 참고하시면 도움이 될 수 있습니다.

당신 골프 클래스를
높여줄 골프 상식

# Chapter 8

골프는 엄연한 젠틀맨의 게임이다. 골프의 발생지인 스코틀랜드에서 귀족들의 스포츠로 시작하여 남성은 정장과 타이, 여성은 드레스 복장을 하고 칠 정도로 엄격한 의상과 매너 그리고 에티켓을 중시했다. 시대가 변하면서 스윙에 편한 기능성 복장으로 바뀌고 대중화가 되면서 남녀노소 쉽게 접하게 되었지만 골프에 대한 품격과 위상을 높이는 에티켓과 매너는 아직도 중요하게 자리매김 하고 있다. 골프는 상대방과 최소한 6~7시간 정도를 같이 보내는 게임이다. 상호간의 비매너적인 행동은 하루종일 분위기를 껄끄럽게 만들 수 있다. 많은 골퍼들은 스윙 테크닉에 많은 시간을 할애하지만 정작 기본 에티켓과 룰에 대해 잘 모르는 골퍼들이 많다. 특히 골프 룰에 대한 지식이 쌓이게 되면 간혹 불리할 수 있는 상황을 유리하게 만들 수 있다. 이번 섹션에서 골프의 에티켓과 룰에 대해 자세하게 알아보도록 하자.

# 01 골프 코스 구성에 대해 알아보자

골프 코스는 18홀로 구성되며 크게 티샷을 하는 티잉 그라운드, 세컨드 샷을 하는 페어웨이, 그리고 퍼팅을 하는 그린으로 구분된다. 코스를 구성하는 18개 홀 중에서 1~9번 홀까지를 아웃 코스, 10~18번 홀까지를 인코스라고 한다. 일반적으로 국내에 있는 골프장들은 면적에 따라 18홀, 27홀, 36홀, 54홀, 72홀로 구성되어 있다. "라운드를 한다"는 것은 이 중 18홀 플레이를 하는 것을 말한다.

## 홀의 구성 Hole description

골프의 18홀은 파3홀과 파4홀, 그리고 파5홀 세 가지 형태의 홀로 구성된다. 보통 파3홀 4개, 파4홀 10개, 파5홀 4개로 구성된다. 따라서 (파3*4)+(파4*10)+(파5*4) 하면 파72 기준 타수가 된다. 이 기준 타수는 모든 홀에서 파par를 잡았을 때 나오는 스코어다. 72타보다 적게 치면 언더파가 되고, 72타보다 많이 치면 오버파가 된다. 보통 파3홀의 전장은 남자 110m~239m 이하, 여자는 90m~199m 이하로 구성된다. 파3홀의 의미는 한 번에 올려서 두 번 퍼팅을 하면 규정 타수인 3번에 끝내는 셈이다. 파4홀의 전장은 남자 240m~430m, 여자는 200m~339m 정도로 구성된다. 파4홀은 두 번에 그린에 올려 두 번 퍼팅을 하면 규정 타수인 4번에 끝내게 된다. 그리고 파5홀의 전장은 440m~550m, 여자는 390m~490m 정도로 코스 셋팅을 한다. 파5홀은 세 번에 그린에 올려 두 번 퍼팅을 하면 규정 타수인 5번에 끝내는 것이 된다. 당연히 대부분의 초보 골퍼들은 실행하기 어려운 타수이다.

이러한 홀로 구성되어 있는 코스를 간혹 대회 때 변화시키는 경우도 있다. 파5홀을 줄여서 긴 파4를 만든다던지, 전후반에 하나씩 줄이면 파70이 된다. 메이저 대회를 할 때 코스의 난이도를 높이기 위해 조정을 하기도 한다. 거리에 대한 정확한 규정은 없지만 코스마다 조금씩 다른 기준을 정해 코스 셋팅을 하기도 한다. 여기에 반영되는 부분은 당일의 날씨가 될 수 있다.

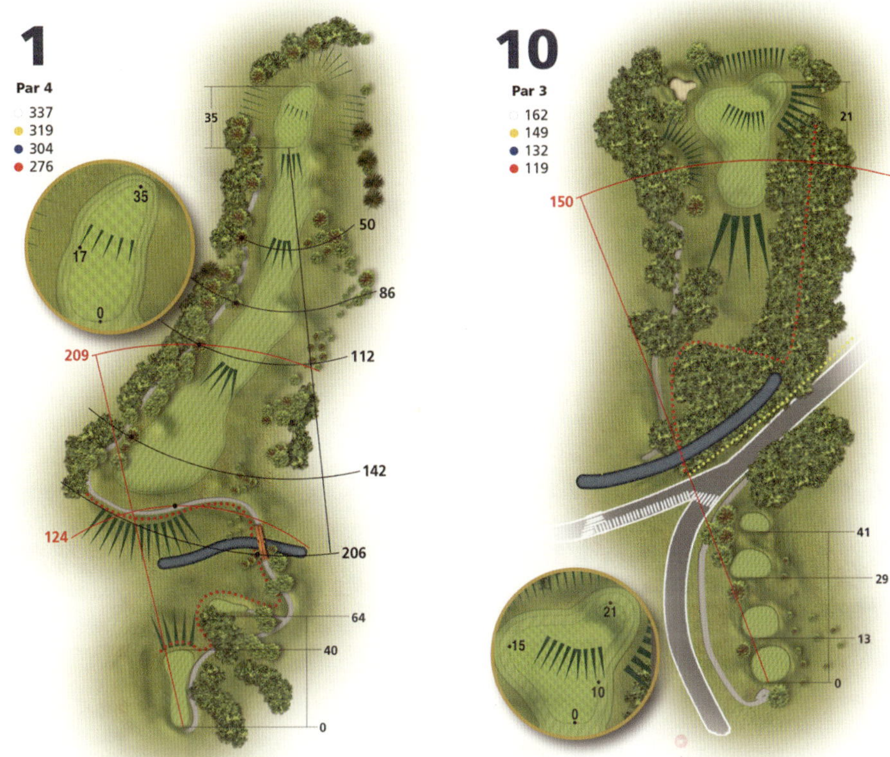

1
Par 4
337
319
304
276
35
17
0
35
50
86
209
112
142
124
206
64
40
0
10
Par 3
162
149
132
119
150
21
15
21
10
0
41
29
13
0

17
Par 5
460
444
424
397
14
66
99
107
163
179
191
225
234
242
230
13
12
14
0
47
64
0

## 코스의 구성 Course description

골프 코스는 티잉 그라운드, 페어웨이, 그리고 그린으로 구성된다. 이외에도 해저드와 오비(OB), 벙커, 러프 같은 요소들도 함께 구성이 되어 게임의 즐거움과 괴로움의 묘미를 더해준다. 이러한 장애물은 골퍼의 변별력을 구분할 수 있게 설계사의 의도가 포함된 것이라 생각하면 된다.

## 1. 티잉 그라운드 Teeing Ground

플레이어가 첫 샷을 하는 위치이고 홀의 시작점이다. 티잉 그라운드의 위치와 길이는 홀의 난이도에 큰 영향을 미친다. 자신의 핸디에 따라 적당한 티잉 그라운드 장소를 선택하는 것이 가장 좋다. 보통 챔피언티(백티)는 남자프로, 블루티는 싱글 골퍼, 화이트(레귤러)티는 일반 남성 또는 여자프로, 시니어티(남성 50세 이상), 레이디 티는 여성 골퍼가 티샷을 하는 것이 원칙이다.

## 2. 페어웨이 Fairway

티 박스와 그린을 연결하는 잘 관리된 잔디 지역으로 볼을 쉽게 칠 수 있는 최적의 장소이다. 페어웨이의 폭과 경사를 고려해야 한다.

## 3. 그린 Green

홀의 끝부분으로 볼이 잘 구를 수 있게 잔디를 촘촘히 깎아 놓은 원형 모양의 코스이다. 대부분 뒤쪽이 높고 앞쪽이 낮게 설계되어 있다. 그린에 올려 퍼터로 홀컵에 넣는 것이 골프의 최종 목적이다.

## 4. 아웃 오브 바운드 Out of Bound-O.B.

골퍼들이 가장 두려워하는 공포의 대상이다. 오비 말뚝은 보통 흰색으로 표시하는데, 이곳을 벗어나면 2벌타를 받는다. 주로 티샷으로 오비를 내는 경우가 많아 아마추어들이 드라이버에 목숨을 걸고 연습하는 이유도 여기에 있다. 오비가 많은 코스에서는 티샷에 각별히 신경써야 한다.

## 5. 워터 해저드 Water Hazard

볼이 해저드에 빠지면 1벌타를 받는다. 보통은 빨강색과 노랑색 말뚝으로 해저드 표시를 한다. 볼이 해저드 구역 안이라노 칠 수 있는 상황이라면 클럽을 지면에 대지 않고 플레이를 할 수 있다. 얕은 물 안에 있는 상황에선 신중히 생각하고 플레이를 결정해야 자칫 큰 실수를 피할 수 있다.

## 6. 러프 Rough

페어웨이를 벗어나 주위에 있는 풀이 긴 지역을 말한다. 러프가 긴 지역으로 들어가면 플레이가 상당히 어려워진다. 홀의 난이도를 높이고자 조성해 놓은 코스의 일부라고 보면된다. 러프가 상대적으로 짧은 지역을 비러프intermediate rough라고 하고 긴 지역을 헤비러프heavy rough라고 한다. 헤비러프 지역에선 샷을 할 때 여러가지 요건을 검토하면서 샷을 해야 한다.

## 7. 벙커 Bunker

벙커의 종류는 페어웨이 사이드에 있는 가드벙커Guard Bunker, 페어웨이 중앙에 있는 크로스벙커Cross Bunker, 그리고 그린 주변에 있는 그린사이드 벙커Greenside Bunker로 나뉜다. 벙커도 해저드에 속하므로 벙커에서 클럽이 절대로 모래면에 닿아서는 안 된다. 혹시라도 지면에 닿으면 2벌타를 받는다. 그린 사이드 벙커는 가끔은 러프보다 수월하게 빠져 나올 수 있어 선수들도 벙커쪽으로 과감하게 플레이 하기도 한다.

# 02 골프 코스 종류에 대해 알아보자
# Various golf courses

골프 코스 종류를 분류하는데 있어 가장 우선시 되는 부분은 코스의 지형과 위치이다. 코스 지형안에 포함된 산, 바다, 초원, 파크, 그리고 농장 같은 지형을 토대로 설계된 코스들로 분류된다고 보면 된다. 또한 지형과 디자인이 어우러져 비슷한 코스로 분류되는 경우도 종종 있기도 하다. 해안가를 끼고 있는 링크스 코스가 있는 반면에 해안 근처에 위치한 초원 코스도 설계되기도 한다. 또한 마운틴 코스지만 나무 숲 대신 온통 채석Quarry으로 둘러쌓인 코스로 설계된 곳도 있다.

## 1. 링크스 코스 Links Course

골프의 발상지인 스코틀랜드에서 시작된 정통 링크스 골프 코스는 세계에서 가장 오래된 코스 중 하나이다. 능선이나 솟아오른 땅을 의미하는 고대 영어 단어 "hlinc"에서 파생된 링크스라는 용어는 이러한 코스를 정의하는 지형을 완벽하게 포착한다.

링크스 코스는 실용성에 뿌리를 두고 있으며, 수세기 전 농부들에게는 거의 쓸모가 없었던 모래 토양에 종종 위치해 있다. 수역 근처에 위치한 이 모래 지형은 골프를 위한 완벽한 캔버스가 되었으며, 물결 모양의 페어웨이, 깊은 벙커, 키 큰 풀과 모래 언덕과 같은 자연적 위험이 풍경과 완벽하게 어우러져 있다. 끊임없이 변하는 날씨는 예측할 수 없는 요소도 더해져서 이러한 코스를 더욱 즐겁게 플레이 할 수 있습니다.

세인트 앤드류스 올드 코스St. Andrews Old Course는 아마도 전 세계적으로 가장 유명한 링크 코스일 것이다. 팟 벙커, 큰 더블 그린, 스윌컨 브릿지와 헬 벙커와 같은 상징적인 랜드마크로 유명합니다. 다른 주목할 만한 링크 코스로는 로열 카운티 다운Royal County Down과 미국 국경 내에 있는 페블 비치 골프 링크Peble Beach Golf Link, 그리고 밴던 듄스 골프 리조트Bandon Dunes Golf Resort가 있다.

## 2. 파크랜드 코스 Parkland Course

무성하고 나무가 늘어선 페어웨이와 잘 가꾸어진 조경을 갖춘 파크랜드 코스는 링크스 코스의 거칠고 바람이 휘몰아치는 디자인과는 극명하게 대조된다. 파크랜드 코스는 일반적으로 해안에서 떨어진 내륙의 공원과 같은 환경에서 찾을 수 있다.

일반적으로 파크랜드 코스는 세심하게 손질되고, 정교하게 만들어진 벙커, 물의 특징, 긴 러프와 같은 요소로 난이도를 강화한다. 마스터스의 본거지인 오거스타 내셔널 골프 클럽Augusta National Golf Club이 좋은 예가 된다. 파크랜드 코스는 종종 골프에 자연적으로 적합하지 않은 지역에 위치하여 유지 관리가 더 어렵고 비용이 많이든다. 지형의 자연스러운 기복과 다양성이 부족하여 코스 설계자에게도 더 많은 것을 요구하여 경관을 변형하도록 한다.

## 3. 히스랜드 코스 Heathland Course

히스랜드 코스는 링크스와 파크랜드 코스의 절충된 코스라고 볼 수도 있다. "히스랜드"라는
용어는 주로 영국에서 발견되는 개방적인고 훼손되지 않은 땅을 말하며, 헤더, 금빛 가시금
작화, 거친풀과 같은 식물이 특징입니다. 히스랜드 코스는 링크스 코스에서 영감을 얻었으며
파크랜드 코스에 비해 더 개방적인 레이아웃을 가지고 있다.

가장 잘 알려진 히스랜드 코스 중 하나는 영국의 선닝데일 골프 클럽Sunningdale Golf club으로
Old & New 두 개의 챔피언십 코스가 있다. 또 다른 주목할 만한 예로는 역시 영국의 버크
셔 골프 클럽Berkshire Golf Club이 있으며, 자연의 아름다움과 도전적인 디자인으로 유명하다.

히스랜드 코스는 미국에서 가장 희귀한 골프 코스 유형 중 하나이며, 히스랜드 스타일로 분
류되는 기준을 충족하는 코스는 극소수에(20~30개) 정도에 불과하다. 위스콘신의 휘슬링 스
트레이츠Whistling Straights가 대표적인 코스다.

## 4. 사막 코스 Desert Course

사막 골프장은 이름에서 알 수 있듯이 사막 풍경 속에 자리잡고 있으며 바위, 선인장, 모래 지역이 있는 험난한 지형을 특징으로 한다. 이러한 골프장의 주요 목표는 다른 골프장과 마찬가지로 페어웨이 정확도를 유지하는 데 있다. 하지만 사막 코스에서는 용서 없는 지형으로 인해 도전 정신이 더욱 필요하다.

울창한 초목이 없어 잘못 친 볼의 위치를 파악하기 쉽지만, 다른 뜻으론 빗나간 볼은 선인장 지대 등 위험한 지역에 떨어질 가능성이 높다는 것을 의미한다.

가장 유명한 사막 코스 중 하나는 애리조나주 TPC Scottsdale Stadium 코스로 PGA 투어 시합 Waste Management Phoenix Open 개최지이기도 하다. 이 지역의 다른 주목할 만한 사막 코스로는 Troon North와 We-Ko-Pa Golf Club이 있다.

## 5. 마운틴 코스Mountain Course

마운틴 골프 코스는 보통 산악 지역에 위치한 골프 코스를 의미한다. 산악 코스의 특징은 지형으로 인해 아름다운 자연 경관을 감상하며 산과, 숲, 계곡 등이 어우러져 독특한 풍경을 연출하기도 한다. 지형적으로 난이도가 있으며 언덕과 깊은 벙커 등을 고려해야 하고 고도가 높아져 볼의 비거리에도 영향을 미칠 수 있다. 또한 산악 지역의 급변하는 날씨로 인해 바람과 기온을 확인해야 한다. 산악 코스는 자연 환경을 보존하여 설계되어 주변 생태계를 존중하여야 한다. 일반 골프장 보다 다소 난이도는 높을 수 있다. 대표적인 마운틴 코스는 캐나다에 위치한 휘슬러 골프 클럽Whistler Golf Club이 있다.

# 6. 초원 코스Praiarie Course

초원 코스의 특징은 평탄하고 넓은 초원 지형에 위치해 긴 페어웨이와 넓은 그린을 보유한다. 주변의 자연 환경과 잘 어우러지는 디자인이 많아 아름다운 풍경을 감상하면 플레이 할 수 있는 장점이 있다. 개방된 공간에 위치하여 다소 바름의 영향을 받을 수 있고 다양한 장애물이 배치되어 있어 전략적인 플레이가 필요하기도 하다. 초급자부터 숙련자까지 다양한 난이도의 홀을 포함하고 있어 모든 수준의 플레이어가 즐길 수 있다. 대표적인 초원 코스는 미국 네브라스카에 있는 샌드 힐스Sand Hills 골프 코스이다.

# 클럽 선택은 타수와 직결될 수 있다

## 클럽의 구성

코스에서 플레이 할 때 골퍼가 사용 가능한 클럽의 갯수는 14개로 정해진 룰이 있다. 규정상 14개를 넘으면 벌타를 부여 받는다. 아마추어 골프의 경우 더 많은 클럽을 가지고 플레이를 하는데 그건 반드시 지켜야 할 상호간에 예의라 할 수 있다.

골퍼들이 평균적으로 가지고 다니는 골프 클럽은 드라이버 포함 우드 3~4개, 아이언 6~7개, 웨지 3개, 그리고 퍼터 1개이다. 골퍼 플레이 성향에 따라 우드 개수를 늘리거나 줄여도 14개 클럽만 넘지 않으면 상관없다. 보통 롱아이언을 다루기 어려운 골퍼는 하이브리드 클럽을 늘리는 선택을 한다. 여기서 중요한건 웨지 개수를 줄이지 않을 것을 권장한다. 아마추어 골퍼들은 간혹 롱게임을 중시해 긴 클럽의 개수를 늘리고 웨지 클럽 개수를 줄이는 선택을 한다. 그러나 골프 스코어는 숏게임에서 더 많은 영향을 미치기 때문에 웨지 개수는 줄이지 말아야 한다(정확한 설명은 웨지 섹션을 참고하면 도움이 된다).

클럽마다 숫자와 예전부터 내려오던 명칭이 정해져 있다. 1번 우드는 드라이버, 2번 우드는 브래시, 3번 우드는 스푼, 4번 우드는 버피, 5번 우드는 클리크라고도 한다. 일반적으로 드라이버를 빼놓고는 명칭 대신 클럽의 번호를 부른다. 클럽 중 2번 우드는 요즘에는 잘 사용하지 않으며, 4번 우드는 초보 여성 골퍼들이 선호한다.

## 클럽의 구조와 명칭

클럽의 구조는 클럽헤드, 샤프트, 그리고 그립 3가지 부분으로 나눠진다. 드라이버 헤드의 경우 브랜드 별로 모양과 크기 그리고 중량이 다르다. 골퍼마다 선호도가 달라 본인에게 맞는 헤드를 고르는 것이 좋은 방법이다. 아이언 헤드도 브랜드 별로 모양과 중량 그리고 페이스 로프크 각도에 조금씩 차이가 있다. 이외에 아이언은 단조(블레이드-머슬 백)클럽과 주조(캐비디-백) 클럽 디자인으로 나뉘기도 한다. 단조(블레이드) 클럽 디자인은 무게 중심이 가운데 몰려 있어 볼이 중앙 스폿에 맞을 경우 감이 매우 좋다. 또한 볼 구질을 만들기에 훨씬 용이하다. 하지만 조금만 중앙 스폿을 벗어나면 비거리나 방향성에 많은 차이가 있어 손실이 크다. 대부분의 아마추어 골퍼들에겐 블레이드 타입보다는 주조(캐비티 백) 디자인을 권장된다. 손의 감은 단조 클럽에 비해 떨어지지만 미스 샷에 대한 허용 범위가 넓어 만족도가 높다. 요즘엔 클럽 메이커의 발전에 따라 블레이드와 캐비디 백의 혼합용 클럽도 출시되고 있어 중상급자들의 선택 폭이 넓어졌다. 중요한건 모양이 아닌 실력에 의한 효율성을 우선시 하는 것이 나중에 후회를 덜하게 된다.

샤프트는 클럽헤드와 그립을 연결하는 부분으로, 클럽의 길이와 강성을 결정한다. 샤프트는 일반적으로 스틸 또는 그래파이트 샤프트로 제작된다. 스틸 샤프트는 다소 무겁지만 비틀림이 적어 그래파이트 샤프트보다 방향성과 비거리가 일정하다. 보통 투어프로들과 남성 골퍼들은 스틸 샤프트를 사용하고, 여성 골퍼들은 그래파이트 샤프트를 사용하는 경향이 있다. 요즘 그래파이트 샤프트는 스틸과 그래파이트 혼잡 재질이 생산되어 샤프트의 강도와 무게를 복합적으로 충족시키고 있다. 클럽 구성에 있어 헤드보다 샤프트가 더 중요한 역할을 하기에 본인에게 맞는 샤프트를 선택해야 유리한다.

그립은 클럽을 잡는 부분으로, 손과의 접촉을 통해 클럽을 조정한다. 골퍼의 체격, 신장 등이 다른 것처럼 골퍼마다 손의 사이즈도 다양하다. 샤프트와 마찬가지로 자신의 손 사이즈에 맞는 그립을 사용해야 한다. 손이 작은 남성 골퍼는 여성 그립이나 얇은 그립을 선호한다. 손이 큰 남성은 오버사이즈 그립 또는 그립 작업을 할 때 테이핑을 통해 그립을 두껍게 민드는 특별 주문을 하기도 한다. 손이 작은 여성 골퍼는 주니어 그립을 끼워도 된다. 하지만 교체된 그립은 클럽의 헤드 무게, 샤프트의 탄성에 영향을 미칠 수 있기 때문에 전문가의 도움을 받아야 한다.

**당신의 클럽 피팅은 선택이 아닌 필수가 될 수 있다(Importance of a club fitting).**

골프 클럽 피팅의 중요성은 이미 게임의 많은 비중을 차지하기 시작한건 사실이다. 웬만한 아마추어 골퍼들도 클럽 피팅에 조금씩 관심을 갖기 시작했다. 사실 피팅은 빼 놓을 수 없는 부분 중이 하나임은 틀림없다. 다만 초보자는 스윙이 일관성이 없기 때문에 실측이 어려워 점이 있어 상급자 만큼 효과를 얻지는 못한다. 다만 신체조건(신체조건, 팔길이 등)으로 피팅하는 방법을 사용한다. 대중적으로 생산되는 클럽을 모든 사람에게 적용할 수 없기 때문에 클럽 구입 시 어느 정도 골퍼의 신체조건에 맞는 클럽을 주문해야 하는 것이 필요하다. 예전엔 골프 클럽에 맞춰 치는 시대였다면, 지금은 클럽을 나한테 맞게 맞추는 시대가 되었다. 클럽 피팅은 골퍼가 원하는 느낌에 따라 차이가 있지만 보통은 3가지를 요소를 토대로 정해진다.

## 1. 클럽페이스 각도 & 클럽헤드 디자인 Clubface loft & Head design

헤드의 디자인은 골퍼의 성향이 주로 좌우하는 경향이 많다. 하지만 디자인보다 효율성에 관심이 있는 골퍼라면 클럽의 로프트에 대해서도 관심을 갖는 것이 좋다. 드라이버 헤드의 로프트가 구질에 변화를 주는 요소이기도 하기 때문이다. 탄도가 높이 띄는 로프트가 높은 헤드는 백스핀이 증가해 좌우 구질이 덜 발생한다. 아이언 헤드는 단조와 주조로 나누게 되는데 골퍼의 구력과 핸디에 따라 선택을 하는 것이 현명하다.

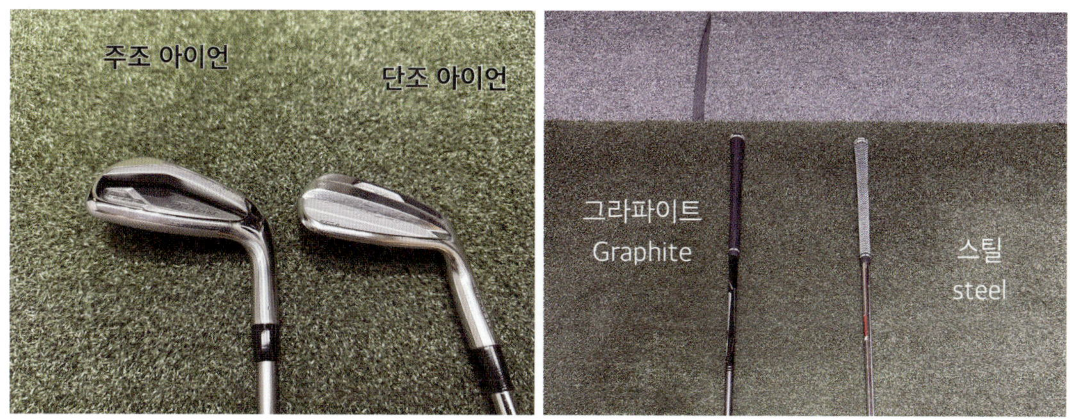


## 2. 라이 각도 Lie angle

라이 각도란 임팩트 때 샤프트와 클럽헤드가 이루는 각도를 말한다. 아이언 라이 각도가 맞지 않는 경우엔 어드레스가 잘못될 수 있기도 하다. 간단히 말하면 라이 각도는 샤프트의 기울기를 표시하는 수치인데 토우가 들린 라이 각을 업라이트, 힐이 들린 라이 각을 플랫하다고 설명한다. 아이언의 라이 각이 맞지 않으면 거리나 방향성에 영향을 준다. 골퍼의 신체 조건과 임팩트 시 손목의 위치에 따라 정해진다.

● 플랫 라이 각 Flat lie angle
클럽페이스 방향이 오른쪽으로 향하고 볼도 오른쪽으로 밀리게 된다. 임팩트 시 리딩에지의 토우toe 쪽 부분이 바닥에 닿는다.

● 정확한 라이 각 Square lie angle
클럽페이스 방향이 가운데로 향하고 볼도 타겟으로 날아간다. 임팩트 시 리딩에지의 중간 부분이 바닥에 닿는다.

● 업라이트 라이 각 Upright lie angle
클럽페이스 방향이 왼쪽으로 향하고 볼도 왼쪽으로 당기게 된다.
임팩트 시 리딩에지의 힐heel 쪽이 바닥에 닿는다.

핀을 노리는 클럽일수록 라이 각도가 맞지 않으면 핀을 향해 샷을 치기 어려울 수밖에 없다. 예전 선수들은 오랜 시간의 연습량으로 스윙을 만들어 치기도 했다. 하지만 시간이 오래걸릴 뿐만 아니라 지속성이 오래 가지도 못한다. 또한 중심을 벗어나는 타점이 만들어져 제대로 된 비거리가 나오질 않는다. 자신이 클럽에 맞추는 것보다, 클럽을 나에게 맞추는 골프가 훨씬 더 유리한 결과를 가져다 준다는 것을 기억하자.

### 3. 샤프트의 재질 및 강도 Shaft type & Flex

샤프트의 재질은 크게 스틸과 그래파이트 2타입으로 나뉜다. 스틸은 그래파이트 샤프트에 비해 보편적으로 무거워 남성들이 주로 사용한다. 여성 골퍼들은 대부분 그래파이트 재질의 샤프트가 사용하는데 있어 무리가 없다.

아이언 샤프트 강도 Shaft Flex

### 1. X 엑스트라 스티프Extra Stiff

가장 단단한 샤프트로 주로 남자 프로들이 사용한다.

### 2. S 스티프 Stiff

단단한 샤프트로 분류되고 스윙이 아주 빠른 여자 프로와 남자 상급자가 사용한다.

### 3. R 레귤러 Regular

보통 강도로 분류되며 일반 남성 골퍼와 일반 여자 프로가 사용 가능하다.

### 4. A 에버러지 Average

약간 부드러운 강도로 분류된다. 시니어 남자 또는 힘이 좋은 여자 골퍼가 사용 가능하다.

### 5. L 레이디스

가장 부드러운 강도로 분류된다. 일반 여자 골퍼들이 사용한다.

샤프트의 강도 외 샤프트의 중량과 성향 등이 샤프트 선택 시 고려해야 할 부분이기도 하다. 아이언 샤프트의 중량은 40~130g까지 다양하게 있어 본인과 맞는 중량을 고르는 게 중요하다.

**드라이버는 샤프트가 더 중요하다.**

## 무게와 강도 Shaft Flex & Weight

드라이버 샤프트의 무게는 아이언과는 조금 다르다. 드라이버 길이가 긴만큼 최고 중량이 아이언보다 훨씬 가볍다. 중량이 너무 무거우면 스윙 스피드를 낼 수 없기 때문이다. 드라이버 샤프트의 무게는 보통 40~70g으로 사용된다. 강도는 아이언과 마찬가지로 L 레이디스, A 시니어, R 레귤러, S 스티프, 그리고 X 엑스트라 스티프로 나뉜다. 샤프트의 강도는 무게가 높을 수록 같은 수치의 강도는 강해진다.

보통 골퍼들은 무게는 생각도 하지 않고 초보는 R(레귤러)를 쓰고, 힘이 좀 세면 S(스티프)를 쓰라고 한다. 꼭 틀린말은 아니지만 그렇다고 정답도 아니다. 무게가 다르고 각 제조사가 표기하는 강도가 다 틀리기 때문이다. 또한 같은 브랜드도 제조 국가에 따라 차이가 나기도 해서 실질적으로 확인해야 하는 것은 샤프트의 CPM(진동수)Cycle Per Minute이다. 1분동안 샤프트의 진동수를 확인하는 방법으로 진동수가 높을 수록 사프트는 단단하다. 피팅샵에서 사용하는 방법으로 진동수를 확인해 샤프트의 진정한 강도를 확인하는 방법이다. 진동수는 샤프트가 휘는 상태를 측정한다는 의미인데 진동수가 높은 샤프트는 휘었다가 원상태로 복귀하는 템포가 빠르다는 것을 의미한다. 이런 진동수가 높은 샤프트는 스윙 스피드가 빠른 골퍼한테 적갑하다. 상대적으로 스윙 스피드가 느린 골퍼는 진동수가 낮은 샤프트가 타이밍이 맞는다고 할 수 있다.

샤프트를 교체하고자 할 때는 주위의 도움을 받아 피팅 경험이 많은 전문 기술자에게 주문할 것을 권장한다. 드라이버 샤프트 비용이 그리 만만치 않아 독자들도 심사숙고해서 교체를 하길 바란다.

## 샤프트의 킥 포인트 Shaft Kick Point

샤프트 킥 포인트Kick point는 골프 클럽 샤프트의 중요한 특성 중 하나로, 샤프트가 휘어지는 위치를 나타낸다. 킥 포인트는 일반적으로 클럽 헤드가 임팩트에 도달하기 전에 샤프트의 휘어짐이 최대에 이르는 지점을 의미한다. 킥 포인트는 크게 3가지로 나눠진다.

### 1. 로우 킥 포인트 Low kick point

샤프트의 하단 헤드 가까운 부분에서 휘어지는 경우로, 높은 탄도의 볼 구질이 생성되고 스핀량이 많다. 주로 볼을 띄우기 어려움이 있고 헤드 스피드가 느린 골퍼에게 적합하다. 로우 킥 샤프트의 단점은 높은 탄도와 많은 스핀량으로 인해 바람의 영향을 받아 비거리와 방향성이 영향을 받을 수도 있다. 여성 및 초보 골퍼들은 부드러운 느낌의 스윙을 할 수 있어 오히려 비거리에 도움을 받을 수도 있다.

### 2. 미들 킥 포인트 Middle kick point

샤프트 중앙에서 휘어지는 경우로, 일반적인 비거리와 스핀량을 제공한다. 다양한 플레이어에게 적합하다. 평균적인 발사 각도를 제공하여 남성 상급자 또는 중간의 헤드 스피드를 가진 골퍼에게 적합하다.

## 3. 하이 킥 포인트 High kick point

샤프트의 그립쪽 상단 부분에서 휘어지는 경우로, 볼이 낮게 날아가고 스핀량이 적다. 거리와 방향성이 좋다. 투어프로들을 포함한 헤드 스피드가 빠른 골퍼들에게 적합할 수 있다. 특히 탄도가 높은 골퍼라면 탄도 개선에 도움이 되기도 한다. 미스 샷은 주로 우측으로 밀리는 볼 구질이 나올 수 있다.

결론적으로 샤프트 킥 포인트의 조정은 비거리를 늘릴수도 줄일수도 있고, 방향성을 개선하거나 악화시킬 수 있다. 따라서 각자의 클럽헤드 스피드와 근력을 토대로 자신에세 맞는 킥 포인트를 찾는 것이 중요하다. 킥 포인트와 스윙 스타일의 조합이 맞는 경우엔 최상의 퍼포먼스를 이끌어낼 수 있다.

## 샤프트의 토크 Shaft Torque

골프 클럽의 샤프트는 스윙 시 휘어지기도 하지만 비틀어지기도 한다. 샤프트의 비틀림 저항을 나타내는 표기를 샤프트 토크torque라고 한다. 이 비틀림의 지표는 클럽의 성능과 플레이어의 스윙에 중요한 영향을 미친다. 일반적으로 토크 측정은 2도에서 약 6도까지이다. 통상적으로 낮은 토크 샤프트는 2~3도는 스윙 스피드가 빠르고 샤프트가 단단한 골퍼에게 적합하다. 그리고 토크가 높은 샤프트 4~6도는 스윙 스피드가 느리고 샤프트 무게가 가벼운 골퍼에게 적합하다는 뜻이다. 평균적인 골퍼에게 2도와 같은 낮은 토크 수치의 샤프트는 마치 쇠파이프를 휘두르는 것처럼 빳빳하게 느껴질 것이다. 반면에 6도와 같은 높은 토크 수치는 샤프트가 유연하고 부드러운 느낌이 드는 것을 의미한다. 스윙의 궤도가 불안정한 골퍼일수록 토크 수치가 높은 샤프트 쪽이 미스를 줄여 준다. 프로들이 토크 수치가 낮은 샤프트를 선호하는 것은 자신의 의사대로 헤드를 조절할 수 있어 조금 더 공격적으로 스윙할 수 있기 때문이다. 클럽 헤드 스피드가 빠른 골퍼가 토크 수치가 높은 샤프트를 사용하게 되면 임팩트 시 샤프트가 지나지게 비틀려 볼이 왼쪽으로 휘어시기 쉽다. 반대로 클럽헤드 스피드가 느린 골퍼가 토크 수치가 낮은 샤프트의 클럽을 사용하면 탑스윙과 임팩트 시 샤프트가 비틀리지 않아 강한 샤프트 탄성을 느끼면서 볼은 낮은 탄도롤 오른쪽으로 휘어지기 쉽다.

본인에게 맞는 샤프트 토크를 찾는 것은 스윙을 큰 영향을 미친다. 드라이버 샷의 자신감도 본인의 스윙과 매치되는 샤프트를 장착했는지에 따라 달라질 수 있기 때문이다. 구력이 어느 정도 생기고 스코어 관리가 필요한 시점에서 클럽 피팅에 대한 조언을 전문가에게 얻는 것이 중요하다.

# 04 타수 계산은 정확히 해야 한다
## Score Keeping

골프는 홀별 타수 계산을 더해서 스코어가 정해지는 게임이다. 너무 많은 타수를 치는 골퍼를 제외하곤 정확한 타수 계산을 하는 게 골프를 대하는 진실된 자세이다. 골프는 타 종목과 달리 심판이 일일히 지켜보지 않아 속이려고 애를 쓰면 가능하기도 한 게임이다. 하지만 골프 게임은 단순히 좋은 스코어를 내는 것 외에 자신과의 약속이 담겨 있다. 아무도 보지 않는 상황에서도 진실되게 플레이 하는 것이 진정한 골퍼라 할 수 있다. 너무 치열하게 경쟁에 집중하다 보면 때론 돌이킬 수 없는 잘못을 하는 것을 프로 세계에서도 종종 보곤 한다. 아마추어라도 절대로 스코어와 상황을 진실되게 받아드리는 자세가 더욱 진정한 골퍼를 만드는 데 필요한 행동이다.

아마추어 골퍼 중에 첫 홀과 마지막 홀은 "일파만파"라고 적는 골퍼들도 있다. 모두 기분 좋게 시작해서 기분 좋게 마무리하자는 취지로 만들어진 거 같다. 하지만 이런 행동들이 오히려 기분을 상하게 하는 적도 있다. 본인의 정확한 스코어를 알고 싶은 골퍼들은 이런 행동을 반기지 않는다. 오히려 이런 행동으로 인해 골프가 더 늘지 않는 경우가 많고, 서로 신뢰만 잃게 되는 경우도 생긴다. 높은 스코어를 쳤어도 아무도 의식하지 않으니 염려말고 정확한 타수를 기입하기 바란다.

또한 상대방 스코어를 바로 마친 홀에서 물어보는건 골프 예의가 아니라는 것을 알고 있어야 한다. 상대와 친하다 하더라도 잘 친 상황이 아닌 경우엔 캐디에게 물어보는 것이 기본 예의라고 할 수 있다. 또한 라운드가 끝나고 다른 그룹의 점수가 궁금할 때도, 몇 개 쳤냐고 묻기보다 어떻게 쳤냐고 묻는 것이 예의다. 상대가 잘 쳤다고 하면 스코어를 물어봐도 된다. 하지만 상대가 못쳤다고 하면 굳히 스코어에 대해 물어보지 않는 것이 골프 예의다.

정확한 타수에 대한 계산과 타수를 물을 때에 대한 예의를 지킬 수 있는 골퍼가 되길 바란다. 이러한 격을 갖춘 골퍼는 기술이 조금 부족하더라도 많은 사람이 같이 치고 싶은 골퍼가 될 수 있다는 점을 기억하자.

실질적으로 아마 골퍼들 중 80% 이상은 보기 플레이어 이상이라고 보면 된다. 평균 타수가 90개 전후라는 것을 의미한다. 아마추어 골퍼 중 싱글 핸디(0~9) 골퍼는 5% 미만이라고 나와 있다. 이 말은 즉 골프를 잘치는 아마계어 골퍼는 그렇게 많지 않다는 말이다. 절대 본인의 실력을 과소평과 하지 말고 시간이 허락하는 대로 틈틈이 연습을 하면 된다는 확신을 갖기 바란다.

## 타수 계산 방법

- Hole in One(홀인원): Teeing 그라운드에서 한번의 샷으로 홀인
  주로 파3홀에서 가능하다.

- Albatross(알바트로스): 해당 홀의 규정 타수보다 3타 적은 타수로 홀인
  보통 파5홀 두 번째 샷이 들어가는 경우라 확률적으로 거의 희박하다.

- Eagle(이글): 해당 홀의 규정 타수보다 2타적은 타수로 홀인
  보통 파5홀에서 주로 나오는 스코어다. 간혹 파4홀에서 세컨드 샷이 들어가서 나오는 경
  우도 있다.

- Birdie(버디): 해당 홀의 규정 타수보다 1타 적은 타수로 홀인

- Par(파): 해당 홀의 규정 타수로 홀인

- Bogey(보기): 해당 홀의 규정 타수보다 1타 많은 타수로 홀인

- Double Bogie(더블 보기): 해당 홀의 규정 타수보다 2타 많은 타수로 홀인

- Triple Bogie(트리플 보기): 해당 홀의 규정 타수보다 3타 많은 타수로 홀인

- Quadriple(쿼드러플 보기): 해당 홀의 규정 타수보다 4타 많은 타수로 홀인

- Double Par(더블 파): 해당 홀의 규정 타수보다 2배 많은 타수로 홀인
  파3홀 → 6번에 홀인, 파4홀 → 8번에 홀인, 파5홀 → 10번에 홀인

- Under Par(언더 파): 규정 타수보다 적은 타수
  파72인 코스에서 68타를 치면 4언더 파라고 한다.

- Even Par(이븐 파): 규정 타수와 같은 타수
  파72인 코스에서 72타를 치는 경우를 말한다.

- Over Par(오버 파): 규정 타수보다 많은 타수
  파72인 코스에서 82타를 친 경우에 10오버 파라고 한다.

# 05 골프 에티켓과 룰은 당신의 명함이다
## Etiquette & Rules of Golf

골프 규칙 Rule of Golf

## 티잉 그라운드 Teeing Ground

1. 티잉 그라운드에서 연습스윙 도중 볼이 맞거나 그 영향으로 티에서 볼이 떨어져도 벌타는 없다. 단 이 룰은 오직 티잉 그라운드에서만 적용된다.

2. 연습스윙이 아닌 실제로 볼을 치려다 헛스윙을 하거나 볼이 떨어지면 1벌타를 부여 받는다.

3. 티잉 그라운드에서 티 샷 구역의 범위는 티 마커 사이 기준으로 뒤로 두 클럽 이내 거리의 사각형을 기준으로 한다. 볼만 구역 안에 있으면 스탠스는 구역 밖에 있어도 괜찮다.

4. 프로비저널 볼(잠정구)provisional ball은 로스트Lost(분실구) 또는 OB의 위험이 있을 때 다시 치고 나가야 한다. 반드시 동반자에게 잠정구를 친다고 말하고 볼의 번호와 마크를 애기해준다.

5. OB는 흰색 말뚝으로 표시하며 말뚝 경계선상에 일부가 걸쳐 있으면 OB가 아니다. 볼 전체가 말뚝 경계선에 벗어나야지만 OB로 간주한다.

## 코스 On course

1. 볼을 찾는 시간은 3분으로 룰이 개정됐다. 그 시간 안에 찾으면 인 플레이로 간주되어 치면 된다.

2. 언플레이어블Unplayable을 선언하게 되면 1벌타를 부여받고 3가지 중 하나를 선택하면 된다.

● 마지막 샷을 한 지점에서 다시 친다.

● 볼이 정지한 위치에서 홀과 가깝지 않은 지점으로 두 클럽 길이 이내로 드롭한다.

● 홀과 볼을 잇는 직후방으로 거리에 제한 없이 드롭해서 치면 된다.

3. 벙커에서 언플레이어블 볼을 선언할 경우 먼저 본인 볼을 확인해야 한다. 이 상황에선 4가지 옵션 중에 선택하면 된다. 벙커에서의 언플레이어블 볼 선언은 조금 복잡해서 신중하게 선택해야 한다.

- 마지막 샷을 한 지점에서 다시 친다(1벌타).

- 볼이 정지한 위치 기준으로 홀과 가깝지 않게 두 클럽 길이 이내로 벙커 안에서 드롭할 수 있다(1벌타).

- 볼이 정지한 위치 기준으로 깃대와 볼 직후방 선상 지점 벙커 안에서 드롭할 수 있다(1벌타).

- 볼이 정지한 위치 기준으로 깃대와 볼 직후방 선상 지점 벙커 밖에서 드롭할 수 있다(2벌타).

4. 벙커 내에서 샷을 할 때 클럽을 표면에 댈 수 없다. 그리고 스윙을 할 때도 모래에 닿으면 2벌타가 부여된다.

5. 정상적인 플레이 중에 일어난 클럽 손상이면 교체가 가능하다. 하지만 분노로 인한 행동으로 손상된 클럽은 교체가 불가능하다.

6. 볼 교체는 홀아웃을 한 후 동반자에게 얘기하고 교체 가능하다. 홀 중간에 교체는 볼이 찢어지거나 깨졌을 경우를 제외하고 불가능하다.

7. 볼은 놓인 그대로의 상태로 플레이 해야 한다. 다른 나뭇잎을 치우다 볼이 움직이게 되면 1벌타를 부여 받게 된다. 또한 볼 주변을 과하게 정리하면 자칫 라이 개선으로 오해의 소지를 불러올 수 있다(13번 룰을 참고하자).

8. 가끔 아마추어 사이에서 더블 히트Double hit라는 상황이 생긴다. 한 번 치고 공중에 있는 볼을 클럽이 한번 더 건드린 상황이다. 벌타없이 공중에서 한 번 친 것도 1타로 인정하면 된다.

9. 루스 임페디먼트Loose impediment를 제거할 때 볼이 움직이게 되면 1벌타가 주어지고 다시 제자리에 갖다 놔야 한다.

**루스 임페디먼트(Loose Impediment) 코스 내에 있는 자연적인 장애물. 볼에 부착해 있지 않은 것으로 돌, 나뭇잎, 나뭇가지 등으로 제거해도 벌타가 없다.**

10. 움직일 수 있는 장애물 중에서 워터 해저드 표시 말뚝은 해당된다. 하지만 OB 말뚝은 움직일 수 없다.

11. 오구 플레이는 해저드 이외 지역에서 동반자의 볼을 칠 경우엔 오구 플레이로 간주되어 2벌타를 받는다. 단, 해저드 안에서는 벌타가 없다.

12. 지면에 박힌 볼은 무벌타로 한 클럽 이내 드롭할 수 있다(스루 더 그린-러프를 제외한 코스 안에 페어웨이 및 그린).

13. 수리지 및 캐주얼 워터는 코스 안에 일시적으로 고인 물 또는 수리지로 정해진 표시된 지역을 말한다. 스탠스를 취해 질퍽거리는 정도면 1클럽 이내 무벌타 드롭할 수 있다.

14. 볼은 코스내 어디서든 있는 그대로 쳐야한다. 보는 사람이 없을지라도 볼을 건드리기 시
    작하면 매번 건드리고 싶은 유혹으로 좋은 플레이를 하지 못한다.

## 그린 Putting green

1. 볼 마커를 하는 위치는 정해지지 않았지만 오해의 여지가 없게 볼 뒤에 하는 것이 좋다. 다
   시 놓을 때는 같은 위치에 놓아야 한다.

2. 바람에 의해 볼이 움직인 경우에는 두 가지 다른 조항이 있다. 볼을 마크하기 전 바람의 의
   해 움직인 볼은 정지된 자리에서 퍼팅을 하면 된다. 하지만 이미 볼 마크를 하고 내려놓은
   볼이 바람에 의해 움직이게 되면 원래 위치로 돌아와 퍼팅해야 한다.

3. 퍼팅 루틴 시 실수로 볼 마커나 퍼터를 떨어뜨려 볼이 움직인 경우엔 벌타를 부여 받지 않
   고 제자리에 원 위치 시켜놓으면 된다.

4. 퍼팅 시 깃대를 꼽아도 되고 빼고 해도 된다.

5. 퍼팅 순서는 그린이 아니라도 멀리 있는 사람부터 하는 것이 맞다.

6. 퍼팅 그린에 먼저 올라온 볼을 그린 밖에서 친 동반자의 볼과 부딪친 경우는 아무도 벌타
   는 부여되지 않는다. 다만, 그린에 있는 볼은 원 위치 시키고, 그린 밖에서 친 볼은 정지된
   지점에서 플레이 하면 된다.

7. 퍼팅 전 스파이크 자국이나 볼 피치 마크 등을 정리할 수 있다.

모든 룰을 외울 필요는 없지만 간단한 룰 정도는 알아두면 오히려 도움이 될 때도 있다. 모든
룰은 목적은 벌타를 부여하기 위해서가 아니기 때문이다. 벌타와 드롭에 대해서도 간단하게
이해하면 된다. 벌타가 있는 드롭은 2클럽 안에서 실행해야 하고, 무벌타인 경우엔 1클럽 안
에서 드롭을 실행하면 된다.

## 골프 에티켓 Etiquette of Golf

## 티잉 그라운드 Teeing Ground

1. 티 샷 루틴이 시작되면 소리를 내지 않는다.
2. 티 샷 할 때 플레이어 직후방에 서있지 않고 뒤로 나와 있는다.
3. 연습스윙을 동반자나 카트 쪽으로 하지 않는다. 혹시 모를 부상 위험이 존재한다.
4. 티 박스에는 한 명씩 올라가도록 한다.
5. 연습 스윙은 가급적 두 번을 넘지 않도록 한다.

## 페어웨이 Fairway

1. 세컨드 샷은 멀리 있는 플레이어부터 치는 것이 순서다.
2. 동반자의 볼이 안 보이면 같이 찾아주는 것이 매너다.
3. 플레이어보다 앞쪽에 있거나 너무 가까이 서 있지 않는다.
4. 드롭해야 할 상황이면 동반자에게 알리고 드롭한다.
5. 멀리 있는 동반자가 문제가 있는 경우 경기 진행을 위해 양해를 구하고 먼저 친다.
6. 걷는 경우엔 빠르게 걷고 스윙은 천천히 하도록 한다.
7. 세컨드 샷 지점으로 갈 때 항시 3~4개 클럽을 가지고 간다. 정확한 거리를 판단하기 이전이다.
8. 샷을 하고 난 후, 디봇 자국을 원 상태로 복구해 놓는 매너를 보인다.
9. 큰 소리로 캐디나 동반자를 부르지 않는다.
10. 정확한 룰을 모르면 항상 동반자와 상의한다.
11. 벙커에 발자국을 남기지 말자.
12. 흡연자라면 꼭 흡연구역을 이용한다.
13. 다른 팀의 볼은 절대 건드리지 않는다.

## 퍼팅 그린 Putting Green

1. 그린에 올라오면 본인의 피치 마크를 수리한다.
2. 퍼팅하는 동반자의 퍼팅 라인 앞뒤 선 상에 서있지 않고 앞뒤로 빠져 있는 것이 좋다.
3. 동반자의 퍼팅 라인을 밟지 않도록 항시 조심한다.
4. 상대의 퍼팅 루틴이 시작되면 소리내지 않는다.
5. 퍼팅 그린에서 뛰지 않으며 발을 끌고 걷지 않는다.
6. 홀아웃하고 홀컵 주변 스파이크 자국을 수리한다.
7. 동반자가 멋진 퍼팅을 하면 기분 좋게 축하해 준다.
8. 컨시드 사인 없이 무조건 볼을 집어들지 말자. 동반자의 오케이 사인을 나와야 한다.
9. 라이 읽는데 너무 많은 시간을 소비하지 말자.

## 라운드 전후 Before & After the round

1. 복장은 과하지 않게 규정에 맞게 착용하는 것이 좋다. 남성의 경우 상의는 깃이 있는 셔츠를 입는 것이 바람직하다. 여성의 경우는 특별한 규정은 없지만 노출이 심한 의상은 피하도록 한다.

2. 1시간 전에 미리 도착해서 클럽하우스에서 인사로 시작하자. 가능하면 식사를 하면서 서로 편해지는 것도 좋은 생각이다. 바쁘게 도착해서 좋은 스코어를 내는 경우는 극히 드물다.

3. 티 타임 15분 전엔 카트에 도착해서 볼, 티, 거리측정기 등을 준비하고 간단한 스트레칭으로 준비를 마친다.

4. 캐디의 인격을 존중해야 한다. 나이가 어리다고 무시하거나 격에 떨어지는 언행을 하지 않아야 한다. 캐디도 게임의 일부라 생각하고 예의를 갖춰주면 본인에게 많은 도움이 된다.

5. 퍼팅 그린에서 간단하게 퍼팅 연습을 하고 나가는 습관을 갖자.

6. 티 박스에서 플레이에 혼동되지 않도록 서로의 볼을 확인하자.

7. 핸드폰 소리는 진동이나 무음으로 바꿔놓도록 하자.

8. 약간의 긴장감을 위한 작은 내기는 좋지만 무리한 금액은 동반자의 기분을 상하게 할 수 있다.

9. 라운드 하면서 불평, 불만을 늘어놓지 않는다(캐디, 코스 컨디션, 동반자 등등).

10. 볼이 옆 홀로 날아가면 포어Fore라고 외쳐준다.

11. 동반자의 스윙에 대해 절대 지적하지 않는 것이 좋다.

12. 같은 홀에 앞팀이 있을 때는 카트를 멀리 대고 기다리는 것이 매너다.

13. 홀아웃 후 스코어를 바로 파트너에게 물어보는 실례를 범하지 말아야 한다.

14. 라운드를 마치고 동반자와 캐디에게 즐거웠고 수고했다는 말로 감사의 표시를 전한다.

골프에 열정이 많은 골퍼는 하나같이 골프는 인생과 같다는 말을 한곤한다. 오르락내리락하는 스코어에 대한 인내, 라운드 시 동반자와의 관계성 등이 인생처럼 여러 가지를 말해준다. 이처럼 골프는 단순히 클럽으로 볼을 치는 것만이 아닌 다른 외적 요소들이 내재되어 있기 때문에 더욱 매력을 느끼는 게 아닌가 싶다. 골프 룰과 매너는 골프를 대하는 마음 가짐을 더욱 숙연하게 만들때가 있기도 하다. 앞서 서론에 언급했듯이, 골프 룰은 꼭 불리하게 작용되는 것이 아니라는 점을 이해했으면 한다. 미스 샷에 대한 벌타를 부여 받기도 하지만 때론 룰에 도움을 받아 더 나은 상황이 만들어 지기도 한다. 골프에 대한 룰은 너무 많지만 기본적인 룰만 알아도 플레이를 매끄럽게 진행하는데 도움이 될 수 있다. 또한 룰과 함께 중요한 부분은 에티켓과 매너이다. 아무리 좋은 기술을 가지고 있어도 좋은 매너가 뒷받침되지 않으면 좋은 기술력은 무의미해진다. 그만큼 골프는 매너의 게임이라 할 수 있다. 상대를 배려하고 겸손한 마음 자세에서 우리는 골프의 진정한 매력을 느끼곤 한다. 많은 골퍼들은 기술적 연습에 모든 시간을 할애하는데 여념이 없지만 진정한 골프의 매력은 매너가 싱글인 골퍼가 되는 것이다. 남을 속일 수 있어도 자신의 양심은 속일 수 없는 진실이 골프의 그 모든 것이라 할 수 있다.

# 06 골프 용어는 당신의 품격을 말한다
# Golf Terminology

- **가드 벙커**Guard bunker: 페어웨이를 벗어나 좌우 사이드에 위치한 벙커. 주로 OB와 헤저드로 향하는 미스 샷을 막아주는 역할을 한다.
- **겝 웨지**Gap Wedge: 피칭과 샌드웨지 사이의 거리를 커버할 수 있는 웨지 클럽. 보통 겝 웨지 로프트 각은 50~52도 정도로 구성된다.
- **그레인**Grain: 그린 위에서 잔디의 자라고 서있는 방향 또는 결
- **그루브**Groove: 클럽페이스의 가로로 세겨져 있는 홈
- **그린**Green: 핀과 홀컵이 있어 퍼팅을 하는 지역
- **그립**Grip: 골퍼가 손으로 클럽을 잡는 동작 또는 손으로 잡는 클럽의 한 부분
- **그라운딩 더 클럽**Grounding the club: 어드레스 할 때 볼 뒤에 클럽을 놓는 동작
- **넥**Neck: 클럽헤드와 샤프트의 연결을 위해 꺾여 있는 부분. 힐 위쪽을 말한다.
- **니블릭**Niblick: 무거운 클럽을 일컬어 쓰이던 말. 현대 시대에선 9번 아이언을 칭하는 용어
- **니클라우스 코스**Nicklaus course: 전설적인 골퍼 잭 니크라우스가 설계한 코스의 줄인 말
- **다운블로우**Down blow: 클럽페이스가 볼을 먼저 치고 지면을 맞는 다운스윙 타법
- **더프**Duff: 클럽헤드가 볼을 치기 전 뒤를 먼저 치는 뒤땅
- **더블 보기**Double Bogey: 홀에서 기준 타수보다 2타 많이 친 경우
- **더블 이글**Double Eagle: 파5홀에서 2번째 샷이 홀인 되는 경우. 스코어는 -3이 되는 아주 드문 경우. 알바트로스트와 같은 스코어
- **덕훅**Duck hook: 볼이 급격하게 왼쪽으로 휘는 심한 훅 구질
- **도미**Dormie: 홀매치 플레이 중 이긴 홀의 수와 남은 홀의 수가 같을 때
- **드라이버**Driver: 비거리가 가장 많이 나는 1번 우드. 주로 파4와 파5 홀에서 티샷으로 사용
- **드로우**Draw: 볼의 구질이 오른쪽에서 왼쪽으로 살짝 휘는 아주 유용한 샷. 페이드Fade 샷의 반대
- **드라이빙 레인지**Driving Range: 연습볼을 칠 수 있는 야외 연습장
- **드롭**Drop: 경기 중 볼을 집어 무릎 높이에서 떨어뜨리는 동작
- **디봇**Divot: 샷을 한 뒤 클럽 헤드의 의해 파여진 잔디 자국

- **딤플**Dimple: 볼의 체공 시간을 높이기 위해 디자인 된 볼 표면의 홈
- **라이**Lie: 볼이 멈춘 지면의 상태나 위치 또는 클럽헤드와 지면이 이루는 각도
- **라인 오브 플라잇**Line of Flight: 볼의 실제 경로
- **러프**Rough: 페어웨이를 벗어나 긴 풀이 있는 지역
- **로브 샷**Lob shot: 런이 거의 없고 살짝 착륙하는 짧고 높은 궤도의 샷. 일반적으로 좋은 라이에서 강한 스윙보다 부드럽게 스윙하는 샷
- **로프트**Loft: 클럽페이스 각도
- **루스 임페디먼트**Loose Impediment: 코스 내에 있는 자연적인 장애물. 볼에 부착해 있지 않은 것으로 돌, 나뭇잎, 나뭇가지 등으로 제거해도 벌타가 없다.
- **런**Run: 볼이 지면에 떨어지고 난 후 구르는 거리
- **레이드 오프**Laid off: 클럽샤프트 방향이 백스윙 탑에서 목표의 왼쪽을 가르키는 것을 말한다.
- **리버스 피봇**Reverse pivot: 백스윙 정점에서 체중이 오른발보다 왼발에 과하게 실리는 상태
- **리커버리 샷**Recovery shot: 미스 샷을 잘 만회하는 샷
- **릴리스**Release: 다운스윙 시 임팩트 이후 팔이 풀어지는 동작
- **매치플레이**Matchplay: 총 타수로 승부를 결정하는 것이 아닌 홀 별로 승패를 정하는 게임
- **바운스**Bounce: 샌드웨지의 넓은 밑바닥
- **보우드 리스트**Bowed wrist: 탑스윙의 왼손목 모양이 활처럼 휜 모양
- **볼 스피드**Ball speed: 임팩트 순간 클럽페이스에서 볼이 튕겨 나가는 속도
- **버디**Birdie: 한 홀에서 기준 타수보다 1타 적은 스코어
- **범프 앤드 런**Bump and Run: 보통 언덕이 있는 포대 그린에서 사용된다. 볼을 의도적으로 낮게 쳐서 지면의 먼저 맞쳐 속도를 줄여서 그린에 올리는 방법
- **벙커**Bunker: 페어웨이와 그린 주변에 모래로 형성되어 있는 지역. 헤저드의 일부라 클럽헤드를 지면에 대면 벌타가 부여된다.
- **베어 라이**Bare lie: 풀이 없고 맨땅 위에 볼이 위치한 상태
- **백 티**Back Tee: 티 빅스 가장 뒤쪽에 위치한 티. 챔피언 티라고 부르기도 함
- **백스핀**Backspin: 클럽페이스 각도와 헤드 스피드로 인해 볼이 착지후 뒤로 오는 현상. 보통 그린에서 많이 생긴다.
- **보기**Bogey: 한 홀에서 기준 타수보다 한타 많은 스코어
- **보기플레이어**Bogey Player: 라운드 스코어가 평균적으로 90타 전후를 치는 골퍼

- **생크**Shank: 클럽의 넥 또는 호젤 부분에 맞아 볼이 우측 45도로 바로 가는 미스 샷

- **셋업**Set up: 샷을 치기 위한 클럽과 몸의 정렬을 도와주는 어드레스 동작

- **솔**Sole: 클럽헤드의 바닥 부분

- **스메쉬 팩터**Smash factor: 임팩트 시 클럽페이스 타점의 정확도를 나타내는 수치

- **스루더그린**Through the green: 코스 내의 모든 해저드를 제외한 전 지역을 말한다.

- **스리쿼터 스윙**Three Quarter Swing: 전체 스윙 크기의 3/4 정도 크기의 스윙 모양

- **스웨이**Sway: 백스윙 시 오른쪽 힙 또는 상체가 우측으로 밀리는 현상

- **스윗스폿**Sweet Spot: 클럽페이스의 가장 가운데 자리, 가장 이상적인 타점

- **스윙 아크**Swing Arc: 스윙하는 동안 클럽헤드가 그리는 전체경로. 스윙의 너비와 길이

- **스윙 패스**Swing Path: 스윙이나 퍼팅을 하는 동안 클럽이 다니는 길

- **스윙 센터**Swing Center: 보통 상체의 아랫부분(명치)과 척추의 윗부분(경추) 부근의 한점을 중심으로 팔과 상체가 회전하여 스윙을 한다.

- **스윙 플레인**Swing Plane: 스윙 하는 동안에 클럽헤드가 움직이며 만드는 단면

- **스퀘어**Square: 골프에선 스탠스, 클럽페이스, 볼과의 접촉이 만드는 평행선. 주로 90도 각을 연상하면 된다.

- **스탠스**Stance: 볼을 치려고 준비하는 발의 위치

- **스핀 엑시스**Spin axis: 임팩트 타점의 스핀량으로 인해 좌우로 휘는 각도

- **슬라이스**Slice: 왼쪽에서 오른쪽으로 심하게 휘는 볼 구질

- **아웃투인**Out to In: 클럽헤드가 타겟 라인의 바깥에서 안쪽으로 진행되는 스윙궤도

- **야디지**Yardage: 보통 미국에서 사용하는 거리를 측정할 때 쓰는 용어. 유럽과 한국은 미터 M로 표기한다.

- **어드레스**Address: 스윙을 준비 하면서 몸과 클럽을 볼을 향해 셋업하는 동작. 플레이어가 스탠스를 마치고 볼을 치려고 클럽을 땅에 대는 순간

- **아웃오브 바운드**Out of Bound: 정해진 지역을 벗어나 플레이를 할 수 없는 지역으로 볼이 향한 경우. 보통 OB라고 한다.

- **어퍼블로우**Upper Blow: 스윙궤도가 최저점을 지나 올라가는 순간 볼이 상향 타격되는 타법

- **어프로치 샷**Approach Shot: 그린 주변에서 작은 스윙으로 퍼팅을 위해 그린에 올리는 샷

- **언더 파**Under Par: 정규 타수보다 1타라도 적게 치는 스코어

- **언코킹**Uncocking: 코킹한 손목을 임팩트 이후 릴리스를 통해 풀어주는 동작

- **언듀레이션**Undulation: 코스 또흔 그린의 표면이 높고 낮은 굴곡이 있는 지역
- **얼라인먼트**Alignment: 에임의 일부로써 타겟을 향해 몸과 클럽을 정렬시키는 과정
- **업 앤 다운**Up and Down: 그린 주변에서 실수한 샷을 성공적으로 만회한 현상
- **업라이트 스윙**Up-right Swing: 일반적인 스윙보다 팔의 위치가 높은 탑스윙 모양
- **에임라인**Aim Line: 볼에서 타겟까지의 눈에 보이지 않는 가상의 선
- **에그 프라이드**Egg Fried: 벙커에 빠진 볼이 모래속에서 달걀 프라이 모양을 한 상태
- **에펙스**Apex: 볼 높이의 최고 정점
- **엘레베리티드 그린**Elevated green: 그린 주변보다 그린 위치가 높은 경우를 말한다. 국내에 선 포대 그린이라고 한다.
- **앵글 오브 어프로치**Angle of Approach: 클럽헤드가 임팩트 순간 볼에 진입하는 접근 각도를 말함. 비거리와 탄도에 영향을 미친다.
- **오버스윙**Over Swing: 탑 포지션에서 샤프트 위치가 평행선보다 내려간 위치
- **오버래핑 그립**Overlapping Grip: 그립을 잡는 방법으로 오른손 새끼손가락을 왼손 검지손 가락 위해 올려 잡는 방법. 영국의 프로선수 해리 바든이 유행시켜 바든 그립이라고 한다.
- **오버 파**Over Par: 정규 타수보다 1타라도 많이 치는 스코어
- **오픈 스탠스**Open Stance: 가운데 기준에서 왼발을 약간 뒤로 빼서 몸을 열어주는 동작
- **왜글**Waggle: 스윙 하기 전에 경직된 몸을 이완시키기 위해 손과 클럽을 좌우 또는 위아래 로 움직이는 동작
- **워터 해저드**Water Hazard: 코스 안에 속해 있는 호수, 연못, 하천 등의 장애물
- **위크 그립**Weak Grip: 그립 타입의 한 종류로 왼쪽으로 과하게 돌려 잡는 방법
- **이글**Eagle: 한 홀에서 기준 타수보다 2타 적게 치는 스코어. 주로 파5에서 나오며, 가끔 파 4에서 나올 때도 있다.
- **이븐 파**Even Par: 정규 타수와 플레이어의 타수가 동일한 경우. 주로 72타를 친 경우를 말한다.
- **인투인**In to In: 정한 타겟으로 가장 정확하게 칠 수 있는 스윙궤도를 말함. 클럽헤드가 타 겟 라인의 안쪽에서 늘어와서 임팩트를 하고 다시 타겟 라인 안쪽으로 지나가는 스윙궤도
- **인투아웃**In to Out: 클럽 헤드가 타겟 라인의 안쪽에서 볼로 접근하여 임팩트를 한 후에 타 겟 라인의 바깥쪽으로 진행되는 스윙궤도. 볼의 시작 방향은 오른쪽으로 향한다.
- **인터로킹 그립**Interlocking Grip: 그립 잡는 방법으로 오른손 새끼손가락과 왼손 검지손가락 이 서로 교차해서 쥐는 방법

- **임팩트**Impact: 클럽헤드가 볼에 접촉되는 순간
- **입스**Yips: 잦은 실수로 인해 실패에 대한 두려움으로 호흡이 빨라지고 손에 가벼운 경련이 일어나 불안해하는 증세. 주로 퍼팅과 드라이버에서 나타난다(장기적 현상으로 이어지는 경우도 있다).
- **초크**Choke: 골퍼가 정상적인 능력대로 제대로 경기를 할 수 없는 경직되고 과민한 상태(주로 단기적 현상으로 나타남)
- **치킨 윙**Chicken Wing: 스윙 시 양쪽 팔꿈치가 심하게 꺾이면서 들리는 현상을 말한다.
- **칩 샷**Chip Shot: 낮은 탄도로 런 위주로 치는 어프로치 샷
- **캐리**Carry: 공중에서 볼이 날아가는 거리
- **캐스팅**Casting: 다운스윙에서 너무 일찍 풀린 손목 각도로 인해 파워와 제구력을 잃는 것
- **코일링**Coiling: 상체와 하체가 반대로 움직여 꼬임을 만드는 현상
- **코킹**Cocking: 백스윙 시 비거리를 내기위해 가슴 앞에서 손목을 위로 꺾는 동작
- **크로스 오버**Cross Over: 탑스윙 위치에서 클럽이 오른쪽(머리)을 가르키는 현상
- **크로스 핸드 그립**Cross Hand Grip: 퍼팅 그립 중 하나로 왼손이 오른손 밑에 위치하는 그립
- **컵 뤼스트**Cupped wrist: 탑스윙 위치에서 손목 모양이 앞으로 꺾어진 모양
- **클로즈 스탠스**Closed Stance: 오른발을 뒤로 빼서 몸이 닫힌 모양을 만드는 동작
- **타겟 라인**Target Line: 볼 뒤에서 정한 목표 지점까지의 가상의 선
- **테이크어웨이**Take away: 백스윙을 하기 위해 클럽을 옆으로 움직이는 동작
- **트랜지션**Transition: 백스윙에서 포워드스윙으로 방향을 전환시키는 다운스윙 동작
- **토우**Toe: 클럽헤드 중앙으로 부터 바깥쪽 부분
- **토우 샷**Toe Shot: 클럽의 바깥쪽 부분에 맞는 샷
- **티 업**Tee Up: 티에 볼을 올려놓는 과정
- **티 오프**Tee Off: 티에서 볼을 치고난 후를 말한다.
- **티잉 그라운드**Teeing Ground: 각 홀의 첫 티 샷을 치는 구역
- **파**Par: 각 홀마다 정해진 규정 타수
- **팔로스루**Follow-through: 임팩트를 한 후에 팔뚝이 회전하며 피니쉬로 가는 과정의 구간에서의 동작
- **퍼팅라인**Putting Line: 그린 위의 볼과 홀컵 사이 볼이 굴러갈 예상의 선
- **펀치 샷**Punch Shot: 낮은 탄도의 샷으로 손의 위치가 볼보다 많이 앞쪽에서 타격되는 샷

- **페어웨이**Fairway: 잔디가 가장 잘 정돈된 티 샷의 랜딩 지역
- **페이드**Fade: 볼 구질이 왼쪽에서 오른쪽으로 아주 적게 휘는 이상적인 구질을 말한다.
- **푸쉬 샷**Push Shot: 타겟 오른쪽으로 똑바로 가는 샷
- **푸쉬 슬라이스**Push Slice: 타겟 오른쪽으로 시작하여 점점 더 오른쪽으로 휘는 구질
- **푸쉬 훅**Push Hook: 타겟 오른쪽으로 시작하여 다시 왼쪽으로 휘는 구질
- **풀 샷**Pull Shot: 타겟 왼쪽으로 똑바로 가는 샷
- **풀 슬라이스**Pull Slice: 타겟 왼쪽으로 시작해서 다시 오른쪽으로 휘는 구질
- **풀 훅**Pull Hook: 타겟 왼쪽으로 시작하여 점점 더 왼쪽으로 휘는 구질
- **프리 샷 루틴**Pre-Shot Routine: 골퍼가 샷을 하기전 매번 반복하는 일련의 과정
- **프린지**Fringe: 그린 주변에 짧게 정리된 잔디 지역을 말한다.
- **플랫 스윙**Flat Swing: 일반적인 스윙보다 스윙플래인이 낮게 이동하는 스윙
- **플럽 샷**Flop Shot: 가파른 백스윙과 다운스윙 시 간결하게 긴 풀 밑을 지나가며 치는 샷
- **피니쉬**Finish: 밸런스를 위주로 한 골프 스윙의 마지막 자세
- **피봇**Pivot: 몸의 하체를 사용해 딛는 동작으로 힘을 실어주는 동작
- **피치 앤 런**Pitch and Run: 볼을 캐리와 런을 적절하게 섞어 구사하는 샷이다.
- **핀**Pin: 홀에 꽂힌 깃대를 말한다. 다른 말로 플래그와도 같은 의미다.
- **하프 스윙**Half Swing: 백스윙 시 왼팔이 향하는 위치가 9시를 가르키는 것을 말한다. 보통 풀 스윙에서 1/2 정도의 스윙 크기를 말한다.
- **핸드 퍼스트**Hand First: 그립을 잡은 손의 위치가 볼 보다 앞쪽에 놓인 위치를 말한다.
- **헤드 업**Head Up: 임팩트를 보지 못하고 머리가 미리 들리는 현상을 말한다.
- **호젤**Hosel: 클럽 헤드와 샤프트를 연결하는 넥의 윗 부분. 이 부분 가까이 맞게 되면 생크가 발생한다.
- **홀 아웃**Hole Out: 한 홀 플레이를 마치는 것을 말한다.
- **홀인원**Hole in One: 첫번째 샷이 홀에 들어가는것을 말한다. 주로 파3에서 나오며, 간혹 짧은 파4 홀에서도 나올때도 있다.
- **훅**Hook: 오른쪽에서 왼쪽으로 심하게 휘어 제어가 어려운 볼 구질을 말한다.

골프의 관련된 용어들은 많은 외래어로 되어 있다. 이러한 골프 용어를 조금씩 알아나가는 것도 골프기술 습득만큼 중요한 것이라 볼 수 있다. 골퍼의 기술력 평가는 스코어가 말해주지만, 제대로된 골프 용어의 표현력은 골퍼의 클래스를 높여주기도 한다.

# 지은이 | 한재준

미 하와이 주립 대학 경영학 전공
샌디에이고 골프 Master Teaching 전공 SDGA
미 PGA CLASS MEMBER

-JHGI 골프 인스티튜션 원장 2014~현재

-미 PGA-CJ Cup Vip 골프 클리닉 with 제이슨 데이(Jason Day) 진행 Korea 2018

-호주 빅토리아주 골프 대표팀 어드바이저 Melbon 2017

-국내 최초 토탈 골프 센터 설립 Cheong dam 2013

-대한골프운동과학회 회장 역임 2012

-골프 저널 매거진 칼럼 연재 2006~2008

-코오라우 골프 클럽 헤드프로 Hawaii 1997~1998

-TPI 타이틀리스트 Professional Level 획득 2006

-골프 스미스 골프 피팅 자격증 획득 Atlanta 2003

-미 중앙일보 골프 칼럼 연재 Atlanta 2004

-SDGA 섹션 토너먼트 우승 San Diego 1997

-야마하 아틀란타 오픈 준우승 Atlanta 2003

-경기도 여자 골프 대표팀 감독

## 한재준 원장의 골프, 의도와 반응에 답하다

| | |
|---|---|
| 초판발행 | 2025년 11월 15일 |
| 지은이 | 한재준 |
| 펴낸이 | 안종만·안상준 |
| 편 집 | 탁종민 |
| 기획/마케팅 | 정성혁 |
| 표지디자인 | BEN STORY |
| 제 작 | 고철민·김원표 |
| 펴낸곳 | (주) **박영사** |
| | 서울특별시 금천구 가산디지털2로 53, 210호(가산동, 한라시그마밸리) |
| | 등록 1959.3.11. 제300-1959-1호(倫) |
| 전 화 | 02)733-6771 |
| f a x | 02)736-4818 |
| e-mail | pys@pybook.co.kr |
| homepage | www.pybook.co.kr |
| ISBN | 979-11-303-2276-6    13690 |




| | |
|---|---|
| 정 가 | 23,000원 |